Michael Balint:
Regression
Therapeutische Aspekte
und die Theorie der Grundstörung

Aus dem Englischen von
Käte Hügel



Klett-Cotta
im
Deutschen
Taschenbuch
Verlag

dtv

Ungekürzte Ausgabe
Februar 1987
Deutscher Taschenbuch Verlag GmbH & Co. KG, München

Titel der englischen Originalausgabe:
The Basic Fault. Therapeutic Aspects of Regression
Tavistock Publications Limited, London

unter dem Titel: Therapeutische Aspekte der
Regression. Die Theorie der Grundstörung
ISBN 3-12-900600-1
Umschlaggestaltung: Boris Sokolow
Gesamtherstellung: C. H. Beck'sche Buchdruckerei, Nördlingen
Printed in Germany · ISBN 3-423-15028-9

## Das Buch

Im Mittelpunkt dieses Buches steht die Regression: die Rückkehr auf eine frühere Entwicklungsstufe. Der Psychoanalytiker Michael Balint untersucht ihre Quellen, Formen und Auswirkungen und vor allem ihre Handhabung durch den Therapeuten. Von zentraler Bedeutung ist dabei Balints Theorie von der »primären Liebe«, die er in positiver Auseinandersetzung mit Freud und dem »klassischen« Konzept des primären Narzißmus entwickelt hat: Gemeint ist damit die ursprüngliche, harmonische Verschränkung der Person mit den für sie wesentlichen Teilen ihrer Umwelt, mit ihren Liebesobjekten, also die frühe Mutter-Kind-Beziehung. Die Grundstörung dieser Beziehung, auf einer einfacheren und elementareren Ebene angesiedelt als der Ödipus-Komplex bei Sigmund Freud, ist für ihn maßgebliche Ursache seelischer Fehlhaltungen im Erwachsenenalter. Die Regression als Folge der Grundstörung ist für ihn damit nicht nur ein intrapsychisches Problem, sondern vor allem ein zwischenmenschliches. Diese Aspekte der Regression macht Balint nutzbar für die therapeutische Arbeit und rollt sie als Interaktion zwischen Patient und Analytiker auf. In dieser Arbeit versucht Balint, die Kluft zwischen Theorie und Technik der Psychoanalyse zu überbrücken. Er veröffentlichte das Werk in London unter dem Titel ›The Basic Fault. Therapeutic Aspects of Regression‹; die deutschsprachige Ausgabe erschien zuerst unter dem Titel ›Therapeutische Aspekte der Regression. Die Theorie der Grundstörung‹.

## Der Autor

Michael Balint wurde 1896 in Budapest geboren und starb 1970 in London. Nach psychoanalytischer Ausbildung bei Sandor Ferenczi ging er nach Berlin und kehrte nach einem biochemischen Zweitstudium nach Ungarn zurück. Er wurde 1935 Direktor des Psychoanalytischen Instituts in Budapest und mußte 1939 nach London emigrieren, wo er an der Tavistock-Klinik arbeitete. Neben den wegweisenden Studien zur Ich-Entwicklung und zur Mutter-Kind-Beziehung interessierte ihn vor allem die Rolle der zwischenmenschlichen Beziehungen, die ihn zum Konzept der sogenannten Balint-Gruppen – die gemeinsame Reflexion der therapeutischen Denk- und Handlungsweisen sowie des Patientenverständnisses – führten.

dtv dialog und praxis

Bruno Bettelheim: Kinder brauchen Bücher (15000)
Jerome D. Frank: Die Heiler (15001)
Arnold Lazarus/Allen Fay: Ich kann, wenn ich will (15002)
Erich Fromm: Psychoanalyse und Ethik (15003)
Rudolf Dreikurs/S. Gould/R. J. Corsini: Familienrat (15004)
Elise Freinet: Erziehung ohne Zwang (15005)
Erich Fromm: Psychoanalyse und Religion (15006)
Bruno Bettelheim: So können sie nicht leben (15007)
Walter Kempler: Grundzüge der Gestalt-Familientherapie (15008)
Katharina Zimmer: Sie wollten nur mein Bestes (15009)
Bruno Bettelheim: Kinder brauchen Märchen (15010)
Erich Fromm: Über den Ungehorsam (15011)
Carl-Heinz Mallet: Kennen Sie Kinder? (15012)
Carl-Heinz Mallet: Das Einhorn bin ich (15013)
Eva Jaeggi: Wir Menschenbummler (15014)
Jean Piaget: Das moralische Urteil beim Kinde (15015)
Arno Gruen: Der Verrat am Selbst (15016)
Erich Fromm: Sigmund Freuds Psychoanalyse (15017)
Erich Fromm: Über die Liebe zum Leben (15018)
Harriet S. Schiff: Verwaiste Eltern (15019)
Leo Navratil: Schizophrenie und Dichtkunst (15020)
Jean Piaget/Bärbel Inhelder: Die Psychologie des Kindes (15021)
Rudolf Dreikurs/Erik Blumenthal: Eltern und Kinder (15022)
Peter Schellenbaum: Das Nein in der Liebe (15023)
Christopher Lasch: Das Zeitalter des Narzißmus (15024)
Betty Jean Lifton: Zweimal geboren (15025)
Bruno Bettelheim: Freud und die Seele des Menschen (15026)
Cary L. Cooper: Streßbewältigung (15027)
Michael Balint: Regression (15028)
Ronald D. Laing: Das geteilte Selbst (15029)

Inhalt

# Vorwort

Die Probleme, die in diesem Buch behandelt werden, haben mich nun seit rund zehn Jahren beschäftigt. Gelegentlich habe ich einzelne Teile, die mir ausgereift erschienen, niedergeschrieben und veröffentlicht. In chronologischer Ordnung waren dies ›Die drei seelischen Bereiche‹ (1957), ›Primärer Narzißmus und primäre Liebe‹ (1960), ›Der regredierte Patient und sein Analytiker‹ (auch 1960) und ›Gutartige und bösartige Formen der Regression‹ (1965).

Diese einzeln publizierten Teile mußten nun miteinander verbunden, teilweise auch umgeschrieben werden, um sie in dem vorliegenden Buch zu vereinigen. Die stärkste Veränderung hat dabei die Abhandlung ›Der regredierte Patient und sein Analytiker‹ erfahren. Sie wurde erheblich erweitert und erscheint jetzt in ihrer ersten Hälfte als Teil III dieses Buches, während die ursprüngliche zweite Hälfte den Kern von Teil V bildet.

Ich danke den Herausgebern des ›International Journal of Psycho-Analysis‹, der ›Psyche‹, dem ›Psychoanalytic Quarterly‹, der Zeitschrift ›Psychiatry‹, des ›Journal for the Study of Interpersonal Processes‹ wie auch dem Verlag Grune & Stratton, New York, für die Erlaubnis, das früher dort veröffentlichte Material benutzen zu dürfen.

Auch diesmal wieder, wie bei jedem meiner Bücher, verdanke ich es der Hilfe meiner Frau, daß die Abfassung nicht noch viel mehr Zeit beansprucht hat, als es ohnehin der Fall war. Mehr als einmal, wenn ich mich ausweglos in meinen Ideen verfangen hatte, befreite mich das Durchsprechen mit ihr aus der Sackgasse und brachte mich auf die rechte Spur.

Gleichfalls zu Dank verbunden bin ich meiner Freundin und Kollegin, Dr. Mary Hare, sowie der Bibliothekssekretärin am Londoner Institut für Psychoanalyse, Miss Ann Hutchinson, für das Lesen der Korrekturen und höchst wertvolle Kommentare.

April 1967 *Michael Balint*

# Teil I
# Die drei seelischen Bereiche

## 1. Kapitel
## Zur Lokalisierung der therapeutischen Prozesse

Der erste Teil dieses Buches setzt sich aus so weitgehend in sich abgeschlossenen Kapiteln zusammen, daß es möglicherweise nicht ganz leicht ist, den übergeordneten Gedankengang zu verfolgen. Dieser Aufbau ergab sich dadurch, daß ich an mehreren Stellen erst einmal gewisse herkömmliche Anschauungs- und Denkweisen über wohlverbürgte klinische Beobachtungen beiseite räumen mußte, ehe ich zur folgenden Etappe meines eigenen Gedankenganges übergehen konnte.

Mit meinen analytischen Lesern möchte ich mich zunächst auf eine Voraussetzung einigen, nämlich daß sie wie der Autor selbst sich als im großen ganzen zuverlässige Fachleute betrachten, die keine elementaren Fehler machen, die also zur rechten Zeit einigermaßen korrekte Deutungen geben und das vom Patienten beigebrachte Material auf der genitalen wie der prägenitalen Stufe und sowohl in der Übertragung wie in der Realität möglichst weitgehend mit ihm durcharbeiten. Nachdem wir uns hierüber geeinigt haben, können wir vielleicht auch zugeben, daß auch wir zuverlässigen, erfahrenen Analytiker gelegentlich schwierige Patienten haben, denen wir ratlos und unsicher gegenüberstehen; ja daß, wie das Gerücht in jeder Zweiggruppe unserer Internationalen Vereinigung geht, auch dem erfahrensten und geschicktesten Analytiker gelegentlich einmal eine Kur mißlingt.

Wie geht das zu, und welche Erklärungen kann man für diese unerfreuliche Tatsache finden? Man könnte die Gründe für unsere Schwierigkeiten und Fehlschläge in drei Gruppen aufteilen: sie könnten beruhen a) auf ungeeigneter Technik, b) auf in der Persönlichkeit oder der Krankheit des Patienten liegenden besonderen Schwierigkeiten und c) auf der Unvereinbarkeit einer an und für sich guten Technik mit einem an und für sich prognostisch nicht ungünstigen Zustand des Patienten.

Zunächst haben wir uns zu fragen, warum manche Patienten schwieriger zu behandeln sind als andere und warum manche Analysen für den Analytiker – und seinen Patienten – weniger befriedigend verlaufen als andere. Wir könnten diese Frage auch anders formulieren, um vielleicht einen besseren Ansatzpunkt zu erhalten, nämlich: Worin bestehen die therapeutischen Prozesse, in welchen Bereichen der Seele spielen sie sich ab, und was innerhalb dieser Prozesse könnte man für die in der Analyse auftretenden Schwierigkeiten verantwortlich machen?

Trotz mehr als sechzigjähriger Forschung ist das Problem, welche Teile des seelischen Apparates der Psychoanalyse zugänglich sind oder, anders ausgedrückt, in welchen Bereichen der Seele der therapeutische Prozeß stattfindet, noch immer ungelöst. Übrigens beschreiben diese beiden Formulierungen nicht genau das gleiche, aber sie überschneiden sich doch weitgehend.

Man ist sich im allgemeinen darüber einig, daß eines der wünschenswerten Ziele der Therapie die Beeinflussung des *Über-Ichs* ist. Wir haben auch gewisse Vorstellungen davon, was in diesem Teil des psychischen Apparats vor sich geht, worin also die therapeutischen Vorgänge und die sich daraus ergebenden Veränderungen bestehen.

Wir wissen z.B., daß das Über-Ich sich hauptsächlich mittels Introjektion aufbaut, daß seine Hauptquellen die Triebwünsche erregenden, aber nie vollkommen befriedigenden Sexualobjekte der Frühkindheit, Kindheit und Pubertät sind; in einer Hinsicht könnte man sagen, das Über-Ich sei die Summe der seelischen Narben, die von diesen Objekten zurückgeblieben sind. Andererseits kann das Über-Ich sich auch im späteren Leben noch immer wieder durch neue Introjektionen ändern; ein überzeugendes Beispiel hierfür ist ja die analytische Behandlung selbst, in welcher der Analytiker teilweise oder sogar ganz introjiziert wird. Ich möchte hier zwischen Introjektion und einem anderen Prozeß unterscheiden, der für den Aufbau des Über-Ichs gleichfalls überaus wichtig ist, nämlich der Identifikation, die man auch als den zweiten Schritt nach der Introjektion auffassen kann: Das Individuum nimmt nicht nur das erregende, aber auch frustrierende Sexualobjekt in sich hinein, sondern es empfindet dieses von nun an als festen Bestandteil seines Ichs. Oft geht der Identifikation die Idealisierung voraus, oder beide sind eng miteinander verknüpft; andererseits kann eine hochgradige Idealisierung auch ein Hindernis für die Identifikation mit dem introjizierten Objekt sein. Dies ist alles recht gut bekannt. Dagegen weiß man kaum etwas über die Vorgänge, die notwendig sind, um eine Introjektion, Idealisierung oder Identifikation *aufzulösen.* In summa, wir besitzen einige Vorstellungen von den Prozessen, die zu neuen Introjektionen und Identifikationen führen, aber kaum eine Idee von den Vorgängen, durch welche bestehende Introjektionen oder Identifikationen rückgängig gemacht werden. Dies ist bedauerlich, denn es wäre für unsere Technik sehr wichtig zu wissen, wie man dem Patienten helfen kann, Teile seines Über-Ichs wieder loszuwerden.

Einigkeit herrscht ferner darüber, daß die analytische Therapie in der Regel darauf zielen sollte, das *Ich* des Patienten zu stärken, wenn auch unsere Vorstellungen von der Art dieser Stärkung und von den Techniken, die dahin führen, noch recht vage sind. Hier könnte unser Wissen folgendermaßen zusammengefaßt werden: Es ist der in engstem Kontakt mit dem Es stehende Ich-Bereich zu stärken, jener Teil des Ichs nämlich, der imstande ist, Triebbefriedigung zu genießen, ein erhebliches Ausmaß an Spannungszuwachs zu ertragen, Sorge zu tragen und Rücksicht zu nehmen, unbefriedigte Triebwünsche, aber auch Haß auszuhalten und zu tolerieren und die innere und äußere Realität zu prüfen und hinzunehmen. Dagegen darf jener Teil des Ichs, der intensive Triebbefriedigung nicht genießen kann oder nicht zu genießen wagt, der sich gegen jeden Zuwachs an emotionaler Spannung durch Verleugnung, Hemmung, Wendung ins Gegenteil oder Reaktionsbildungen wehren muß, d.h. jener Teil, der auf Kosten der inneren Realität sich der äußeren Realität und den Über-Ich-Forderungen angepaßt hat, nicht gestärkt werden; seine Macht ist vielmehr einzuschränken.

Die Frage, ob diese Stärkung des Ichs und die vorher erwähnten Umwandlungen des Über-Ichs nur zwei Seiten des gleichen Prozesses oder aber zwei mehr oder weniger selbständige Prozesse sind, ist bisher weder explizit gestellt noch wirklich diskutiert worden. Die gebräuchliche Formel lautet, daß das Ich auf Geheiß des Über-Ichs zwischen den Anforderungen der äußeren Realität und des Es zu vermitteln hat. Es wird dabei offengelassen, ob diese Mittlerinstanz auch ihrerseits die Macht besitzt, den Kompromiß zu beeinflussen, und ferner, worin die therapeutischen Prozesse bestehen, die auf diese Macht irgendwelchen Einfluß haben.

Noch größere Unsicherheit besteht über die Möglichkeiten und Wege, das *Es* zu beeinflussen. Hier haben wir kaum irgendwelche Vorstellungen, ob überhaupt und wie etwas Derartiges geschehen kann. Die Anhänger eines primären Todestriebes nebst primärem Sadismus, primärem Narzißmus und Destruktionstrieb müßten zu dem Schluß kommen, daß auch das Es durch unsere Therapie verändert werden muß. Eine Seite dieser möglichen Änderung ist schon von Freud in ›Die endliche und die unendliche Analyse‹ (1937) als ›Zähmung der Triebe‹ beschrieben worden. Im Sonderfall eines primären Sadismus bedeutet dies, daß man die destruktiven Impulse – von manchen Autoren *Destrudo* genannt – während der oder durch die analytische Behandlung – beziehungsweise durch Erziehung – mildern muß, indem man sie entweder an der Wurzel, d.h. im Es, beeinflußt oder sie auf alle Fälle mit mehr Libido »legiert«. Da die beiden theoretischen Begriffe »Triebmischung« und »Triebentmischung« sehr unbestimmt sind, ist es fast unmöglich, sie mit Sicherheit entweder dem Es oder dem Ich zu-

zuordnen; über die bloßen Namen hinaus können wir von den in ihnen vor sich gehenden Mechanismen und Prozessen noch kaum etwas sagen. Wir haben eine Idee, daß »Triebentmischung« wohl eng mit Frustration verkoppelt ist; ob man das gleiche auch in bezug auf das technisch so wichtige Gegenstück Befriedigung – Triebmischung sagen kann, ist unsicher.

Unter diesen Umständen kann es nicht wundernehmen, daß bisher noch von keiner Seite zuverlässige Methoden vorgeschlagen wurden, mit denen diese beiden Prozesse beeinflußt werden könnten. Wenn es möglich ist, »Triebmischung« und »-entmischung« durch Analyse zu beeinflussen, dann sicherlich auf keinem anderen Wege als durch Übertragung, also durch eine *Objektbeziehung.* Das bedeutet umgekehrt, daß die in der analytischen Situation angestoßenen Prozesse als stark oder intensiv genug aufgefaßt werden müssen, um in so tiefe seelische Schichten einzudringen und dort grundlegende Veränderungen zu bewirken. Wie dies geschieht und welche Art von Objektbeziehung dafür nötig ist, beziehungsweise wie stark sie sein muß, um diese Aufgabe zu leisten, ist in unserer Literatur noch nie richtig diskutiert worden.

Hier haben wir nun eine Antwort auf das Rätsel gefunden, von welchem wir ausgingen, nämlich wie es kommt, daß auch die erfahrensten Analytiker schwierige Fälle und selbst Fehlschläge aufzuweisen haben. Obwohl wir einige theoretische Vorstellungen von den seelischen Prozessen während der psychoanalytischen Behandlung besitzen, fehlt uns bis jetzt noch ein direktes, zuverlässiges Verbindungsglied zwischen diesen theoretischen Konzepten und unserer Technik. Mit anderen Worten, unsere derzeitigen theoretischen Vorstellungen über die therapeutischen Prozesse und ihre Lokalisierung in der Psyche erlauben uns noch nicht, mit Sicherheit anzugeben, welche spezielle Technik in einem bestimmten Fall ratsam und von welchen anderen technischen Maßnahmen abzuraten ist. Diese Tatsache ist die raison d'être für die Koexistenz der verschiedenen analytischen Schulen, jede mit ihrer eigenen Technik, die von derjenigen anderer Schulen erheblich abweicht, obwohl sie alle die gleichen Grundvorstellungen vom Aufbau der Psyche haben. Man muß hinzufügen, daß die Analytiker jeder dieser Schulen, ohne Ausnahme, ihre Erfolge, ihre schwierigen Fälle und ihre Fehlschläge aufzuweisen haben. Höchstwahrscheinlich haben die Vertreter der verschiedenen Schulen ihre Erfolge oder Fehlschläge bei verschiedenen Patiententypen; ferner dürften die verschiedenen Techniken auch verschiedene Arten von Erfolgen oder Mißerfolgen zeitigen. So wäre ein unparteiisches, aber kritisches Studium dieses Feldes für unsere Theorie der Technik von höchster Bedeutung. Leider gibt es noch keine solchen unparteiischen Studien; die Nachricht, daß die von der Amerikanischen Psychoanalytischen Vereinigung unternommene Übersicht – ein ganz vorsichtiger, vielleicht übervorsichtiger Versuch – aufgegeben werden mußte, zeigt an, wieviel Angst und Widerstand dabei aufgerührt worden sind.

# 2. Kapitel
# Deuten und Durcharbeiten

Der topische Gesichtspunkt scheint nicht viel zu einem besseren Verständnis unserer technischen Schwierigkeiten beitragen zu können; besonders liefert er keine genügend zuverlässigen Kriterien dafür, ob unter den gegebenen Umständen ein bestimmter therapeutischer Schritt richtig ist oder nicht. Dies war jedoch nicht anders zu erwarten. Wir dürfen nicht vergessen, daß die letzte Revision unserer Theorie der seelischen Instanzen und Ortsbestimmungen von Freud Anfang der zwanziger Jahre vorgenommen wurde, also vor über vierzig Jahren. Seither sind keine wesentlich neuen Ideen über den seelischen Apparat vorgebracht worden (abgesehen von den neuen Ich-Psychologien von Fairbairn, Hartmann und Winnicott). Andererseits sind ohne Frage unsere technischen Möglichkeiten und unser tatsächliches Können, und damit auch unsere technischen Probleme seither beträchtlich gewachsen. Ich habe diese neue Entwicklung in meinem Vortrag auf dem Züricher Kongreß (1949) dargestellt und zu zeigen versucht, daß Freuds Technik und seine theoretischen Konzepte eng miteinander verknüpft sind.

Freud selbst bemerkte in seinen beiden großen Monographien ›Das Ich und das Es‹ und ›Hemmung, Symptom und Angst‹, daß er sich in seiner Technik wie in seiner Theorie auf seine klinischen Erfahrungen mit Zwangskranken und Melancholikern stützte, weil, nach seinen eigenen Worten, bei diesen Patienten sowohl die seelischen Prozesse als auch die Konflikte in erheblichem Maße »verinnerlicht« seien. Das bedeutet, daß die ursprünglichen Konflikte, aber auch die Abwehrmechanismen und -prozesse, die zu ihrer Bewältigung mobilisiert wurden, bei diesen Patienten weitgehend innere Geschehnisse geworden sind. Umgekehrt sind äußere Objekte von ihnen nur schwach libidinös besetzt. So können bei diesen Patienten in erster Annäherung fast alle wichtigen psychischen Vorgänge, sowohl die pathologischen wie die therapeutischen, als innere Ereignisse aufgefaßt werden. Unter diesen Umständen konnte Freud die therapeutischen Veränderungen auf eine einfachere Weise beschreiben. Wenn äußere Vorgänge und Objekte nur schwach besetzt sind, ist der Einfluß der unterschiedlichen Analytikerpersönlichkeiten – vorausgesetzt, alle verfügen über eine »vernünftige« Technik – nur gering und kann praktisch vernachlässigt werden. Nun aber haben manche Analytiker vergessen, daß dies nur in diesen begrenzten Fällen und nur in erster Annäherung gilt, und propagieren die Forderung nach einer »korrekten Technik«, d.h. einer Technik, die für alle Analytiker, unabhängig von ihrer Individualität, korrekt ist. Wenn mein Gedankengang richtig ist, so ist die »korrekte Technik« eine Chimäre, eine phantastische Klitterung von unvereinbaren Stücken der Realität.

Eine wichtige Voraussetzung der »Verinnerlichung« ist eine verhältnismäßig feste Ich-Struktur, die die von diesem Prozeß verursachten Spannungen aushalten und ihren Druck mit Gegendruck erwidern kann, ohne zusammenzubrechen und ohne eine andere typische Abwehrform zu benützen, die man »Veräußerlichung« (externalisation) nennen könnte: also Agieren, Projektion, Verwirrung, Verleugnung, Depersonalisation usw. Bei Menschen, die zu anhaltender Verinnerlichung fähig sind, liefert das berühmte Freudsche Gleichnis eine gute Beschreibung dessen, was sich in der analytischen Behandlung tatsächlich ereignet. Da ist nämlich der Analytiker wirklich während der meisten Zeit der »wohl-geschliffene Spiegel«, der ohne Verzerrung nur reflektiert, was der Patient ihm vorhält. Ferner besteht hier, wie sich in allen von Freud publizierten Fällen zeigt, das dem Analytiker angebotene Material fast ausschließlich aus Worten, und dementsprechend werden auch Worte zurückreflektiert. Während dieses ganzen Vorganges der Kommunikation verstehen beide Partner – der Patient wie der Analytiker – in ausreichendem Maße, was der andere sagt und meint. Zwar stößt man auf Widerstände, die zu Zeiten sogar sehr intensiv sein können, aber man kann immer mit einem zuverlässigen und intelligenten Ich rechnen, das imstande ist, Worte aufzunehmen und sich von ihnen beeinflussen zu lassen. Das Ich ist also imstande, das zu leisten, was Freud das »Durcharbeiten« nennt.

Dies führt uns zu einer zweiten Antwort auf unsere Frage. Die soeben gegebene Beschreibung unserer Technik setzt nämlich erstens voraus, daß die Deutungen sowohl vom Patienten als auch vom Analytiker eben als Deutungen und nicht als etwas anderes erlebt werden. Dies scheint selbstverständlich, ist aber außerordentlich wichtig, wie wir gleich sehen werden.

Ferner ist die psychoanalytische Therapie, selbst im klassischen Falle des »wohl-geschliffenen Spiegels«, dem Wesen nach eine Objektbeziehung; alle Vorgänge, die schließlich zu therapeutischen Veränderungen in der Seele des Patienten führen, werden durch Geschehnisse in einer Zweier-Beziehung ausgelöst, d.h. durch etwas, was im wesentlichen zwischen zwei Menschen geschieht und nicht nur im Innern des einen von ihnen.

Diese grundlegende Tatsache konnte nur so lange vernachlässigt werden, als das hauptsächliche Studienobjekt Patienten waren, die zu starker Verinnerlichung fähig waren, also Patienten mit ziemlich kräftiger Ich-Struktur. Diese Menschen sind imstande, das, was ihnen ihr Analytiker anbietet, und das, was sie selbst in der analytischen Situation erleben, aufzunehmen und dann mit ihrem neuen Wissen zu experimentieren. Ihr Ich ist stark genug, um – wenigstens eine Zeitlang – den dadurch entstehenden Spannungen standzuhalten. Die Spannungen und der Druck, die durch die Deutungen erzeugt werden, können zu Zeiten erheblich sein, aber der Patient hält durch. Dies ist jedenfalls das Bild, das wir aus den Freudschen Fallberichten gewinnen.

Und damit kommen wir zu der zweiten möglichen Ursache der Schwierigkeiten und Mißerfolge von Analysen. Unsere Technik wurde für Patienten ausgearbeitet, die die Deutungen des Analytikers als Deutungen erleben und deren Ich stark genug ist, um die Deutungen in sich aufzunehmen und sie, mit Freud zu sprechen, »durchzuarbeiten«. Wir wissen, daß manche Patienten dazu nicht fähig sind, und daß es gerade diese Patienten sind, mit denen wir Schwierigkeiten haben.

## 3. Kapitel
## Die zwei Ebenen der analytischen Arbeit

Bei der Beschreibung der charakteristischen Atmosphäre, in welcher die klassische therapeutische Arbeit vor sich geht, spricht man in der psychoanalytischen Literatur gewöhnlich von »ödipaler« oder »genitaler«, im Gegensatz zur »prä-ödipalen, prä-genitalen oder prä-verbalen Ebene«. Da diese letzteren Begriffe meines Erachtens schon mit einer bestimmten Bedeutung vorbelastet sind, möchte ich im folgenden einen neuen, unbelasteten Begriff einführen, der uns, wie ich hoffe, von einem unbemerkten, aber haftenden Vorurteil befreien wird. Vorher wollen wir jedoch einmal prüfen, was diese gewöhnlich verwendeten Begriffe eigentlich bedeuten.

Der Ödipuskomplex war eine der größten Entdeckungen Freuds und wurde von ihm mit Recht als Kernkomplex der menschlichen Entwicklung beschrieben – in Gesundheit und Krankheit, Religion und Kunst, Zivilisation und Recht usw. Daß der Ödipuskomplex ein ziemlich frühes Entwicklungsstadium charakterisiert, hat Freud nicht daran gehindert, alle seelischen Erlebnisse des Kindes, seine Affekte und Empfindungen in diesem Alter in der Sprache der Erwachsenen zu beschreiben. (Um das leidige Problem der Chronologie zu vermeiden, lasse ich bewußt offen, um welche Lebensjahre es sich handelt. Es genügt für unsere Zwecke zu sagen, daß es ein sehr frühes Lebensalter ist.) In der Tat war Freuds Annahme eine kühne Projektion, ein sehr gewagter Rückschluß. Er nahm stillschweigend und ohne weitere Prüfung an, daß die Emotionen, Gefühle, Wünsche, Ängste, Triebe, Triebbefriedigungen und -versagungen sehr junger Kinder nicht nur ungefähr die gleichen sind wie die von Erwachsenen, sondern daß sie auch in der gleichen Wechselbeziehung zueinander stehen. Ohne diese Annahmen wäre es ja völlig ungerechtfertigt, diese Erscheinungen in der Sprache der Erwachsenen zu beschreiben.

Ich wiederhole, es war eine sehr kühne Annahme, die sich in der Folge aber durch ihre Ergebnisse rechtfertigte, und zwar durch Beobachtungen an normalen Kindern wie in klinischen Erfahrungen während der Analyse mit neurotischen Kindern. Ferner muß man betonen, daß diese Validierung, wenn sie auch schon mit der Analyse des »kleinen Hans« begann, in der Hauptsache gleichzeitig mit Freuds letzter Revision unserer theoretischen Begriffe über den seelischen Apparat, nämlich in den zwanziger Jahren stattfand.

Um möglichen Mißverständnissen zuvorzukommen, möchte ich hinzufügen, daß der Analytiker, wenn er auf dieser ödipalen Ebene arbeitet, das prä-genitale Material natürlich nicht mißachtet oder vernachlässigt; nur wird es in der Sprache der Erwachsenen bearbeitet, d.h. also auf die ödipale oder »verbale« Ebene gehoben. Dies ist ein wichtiger Punkt für unsere Technik, da sich daraus sogleich das Problem ergibt, was der Analytiker tun kann, wenn sich die Darstellung prä-genitalen Materials in der Sprache Erwachsener für den Patienten als unverständlich oder unannehmbar erweist, d.h. wenn es sich zeigt, daß es für den Patienten keinen direkten, einfachen Weg von der prä-verbalen zur ödipalen Ausdrucksweise gibt.

Unsere Technik hat sich seit den zwanziger Jahren sehr entwikkelt, und man kann wohl behaupten, daß wir heute Patienten behandeln können, die damals als unbehandelbar galten; auf alle Fälle können wir unsere durchschnittlichen Patienten besser, in größeren Tiefen und zuverlässiger verstehen als unsere Kollegen vor dreißig Jahren. Im Laufe dieser Entwicklung haben wir eine reiche Ernte klinischer Beobachtungen – aber auch neuer, uns Kopfzerbrechen bereitender Probleme eingebracht, alle im Zusammenhang mit und durch Beobachtungen in der psychoanalytischen Situation. In erster Annäherung können diese Ereignisse in Begriffen des Ödipuskonflikts und mit der Sprache der Erwachsenen beschrieben werden. Wir sind aber parallel zu unserer wachsenden Erfahrung und gesteigerten Beobachtungsfähigkeit auf Vorgänge gestoßen, die sowohl für die theoretische Beschreibung wie für unsere therapeutische Technik beträchtliche Schwierigkeiten bereiten.

So haben wir z.B. gelernt, daß manche Patienten die größten Schwierigkeiten haben, irgend etwas »in sich aufzunehmen«, das die in ihnen herrschende Spannung vermehrt, während andere alles mögliche »in sich aufnehmen« können, weil ihr innerstes Selbst ganz offenbar weitgehend unbeeinflußt davon bleibt. Wie gesagt, bereiten diese beiden Typen ernstliche theoretische und technische Schwierigkeiten, hauptsächlich wohl deshalb, weil ihre Beziehung zu ihrem Analytiker eine ganz andere ist, als wir sie auf der ödipalen Stufe anzutreffen gewohnt sind.

Aber diese soeben genannten Typen sind nur ein kleiner Ausschnitt aus der Menge der Patienten, die man als »sehr gestört«, »tiefgehend gespalten«, »schwer schizoid«, »hochgradig narzißtisch« zu bezeichnen pflegt oder von denen es heißt, sie besäßen »ein zu schwaches oder unreifes Ich« oder hätten »eine schwere narzißtische Kränkung« erlitten, womit immer gesagt sein soll, daß die Krankheitsursprünge jenseits des Ödipuskonflikts liegen.

Das vieldiskutierte theoretische Problem, ob diese Patienten schon krank in die Ödipusphase eintraten oder ob erst spätere traumatische Ereignisse die zur Ödipusphase gehörenden Abwehrmechanismen inaktivierten und die Patienten zwangen, wieder hinter die ödipale Stufe zu regredieren oder auszuweichen, ist in diesem Zusammenhang unerheblich. Hier handelt es sich lediglich um die Erkenntnis, daß es verschiedene Ebenen der analytischen Arbeit gibt.

Um zu illustrieren, um was für Probleme es sich auf dieser anderen Ebene handelt, sei ein Beispiel angeführt, das aus einem anderen Arbeitsbereich, nämlich den Forschungsseminaren über psychologische Probleme in der ärztlichen Allgemeinpraxis stammt, die an der Tavistock-Klinik abgehalten werden (M. Balint, 1964). Immer wieder pflegte dort der eine oder andere der Ärzte mitzuteilen, daß er seinem Patienten ganz genau erklärt habe, welche psychischen Zusammenhänge in seiner Krankheit bestünden; wenn er dann den tatsächlichen Erfolg seiner Bemühungen näher ansah, so ergab es sich wieder einmal, daß die Erklärung nur dem Arzt klar erschienen war, während sie dem Patienten nicht klargeworden war und ihm oft überhaupt keine Erklärung seines Zustandes bedeutet hatte. So erfolgte auf die Mitteilung eines Arztes, daß er irgend etwas klargemacht habe, im Seminar prompt die Frage: »Klar, aber wem?« Der Unterschied zwischen beabsichtigtem und tatsächlichem Erfolg beruht natürlich darauf, daß die gleichen Worte für den zwar anteilnehmenden, aber nicht betroffenen Arzt eine ganz andere Bedeutung haben als für den nur zu sehr betroffenen Patienten.

Oft steht der Analytiker vor derselben Erfahrung. Er gibt dem Patienten eine klare, genaue, wohlbegründete, zeit- und sachgerechte Deutung, und sie hat – oft zu seiner Überraschung, Enttäuschung, seinem Verdruß – entweder gar keine oder eine völlig unbeabsichtigte Wirkung. Mit anderen Worten, unsere Deutung war keineswegs klar oder wurde vom Patienten gar nicht als Deutung aufgenommen. In der Regel versuchen wir Analytiker, uns solche Enttäuschungen hinwegzuerklären und unsere Selbstsicherheit mittels folgender drei Gedankengänge wieder aufzurichten: Der Analytiker kritisiert sich selbst, er habe die wichtigere der bestehenden Ängste nicht gedeutet, habe sich also mißleiten lassen und etwas von sekundärer Wichtigkeit herausgegriffen. Darauf folgen dann gewöhnlich krampfhafte Anstrengungen zu erraten, was für unbewußte Phantasien im Patienten sein Verständnis für die Deutungen des Analytikers blockiert haben könnten. Oder der Analytiker erinnert sich des ewigen Streites über die relativen Vor- und Nachteile von Inhalts-, Widerstands- oder Übertragungsdeutungen, der ja endlos weitergeführt werden kann. Schließlich kann er sich dabei beruhigen, daß der Widerstand des Patienten im Augenblick zu stark war und es noch beträchtliche Zeit in Anspruch nehmen werde, ihn »durchzuarbeiten«. Diese letztere Formel ist um so einleuchtender, als sie schon von Freud gebraucht wurde.

Leider aber sind alle diese Beruhigungsformeln und Gedankengänge hier fehl am Platze, da sie sämtlich zur ödipalen Stufe gehören, d.h. voraussetzen, daß die Deutungen des Analytikers vom Patienten als Deutungen erlebt werden können. Nur für diesen Fall prägte Freud den Begriff des »Durcharbeitens«. Ein solches Durcharbeiten kann natürlich nur stattfinden, wenn und soweit der Patient imstande ist, die Deutung aufzunehmen, sie als Deutung zu erleben und sich von ihr beeinflussen zu lassen. Bei »tiefgestörten« Patienten ist dies häufig nicht der Fall. Wenn aber der Patient die Deutung des Analytikers nicht als solche erlebt, d.h. als einen Satz aus Worten, die für ihn das gleiche bedeuten wie für den Analytiker, so ist kein Durcharbeiten möglich. Der Prozeß des Durcharbeitens kann nur einsetzen, wenn unsere Worte für den Patienten ungefähr die gleiche Bedeutung haben wie für uns.

Auf der ödipalen Stufe besteht dieses Problem nicht. Dort sprechen Patient und Analytiker die gleiche Sprache, die Worte haben für beide die gleiche Bedeutung. Natürlich kann der Patient eine Deutung zurückweisen, kann sie als irritierend, ängstigend oder verletzend empfinden; aber es wird nicht in Frage gestellt, daß es eine Deutung war.

Die Voraussetzung zweier verschiedener Ebenen ergibt nun eine dritte Antwort auf unsere ursprüngliche Frage, jedoch nicht ohne auf weitere interessante Probleme zu verweisen. Bevor wir darauf eingehen, wollen wir noch einmal den bereits zurückgelegten Weg betrachten. Wir gingen von dem Befund – oder dem Allgemeinplatz – aus, daß selbst der erfahrenste Analytiker gelegentlich einen schwierigen oder sogar allzu schwierigen Patienten hat. Wir fragten uns, was eigentlich die therapeutischen Prozesse seien, in welchen Seelenbereichen sie stattfänden, was an ihnen für die Schwierigkeiten verantwortlich sei und schließlich, welche technischen Möglichkeiten wir haben, sie zu beeinflussen. Dann versuchten wir, uns einen Überblick über die gegenwärtige Theorie der analytischen Technik zu verschaffen, fanden aber, daß die topologische Annäherung nicht viel Hilfe gewährte. Wir gingen weiter und machten uns klar, daß alle unsere Beschreibungen der seelischen Vorgänge während der Therapie auf dem genauen Studium – so wie Freud es in den zwanziger Jahren einführte – solcher Patienten beruhen, die die Deutung des Analytikers als Deutung akzeptieren, »in sich aufnehmen« und »durcharbeiten« können. Schließlich fanden wir, daß es mindestens zwei Ebenen der analytischen Arbeit und vermutlich auch zwei Ebenen gibt, auf denen die therapeutischen Prozesse sich abspielen; die beiden Ebenen unterscheiden sich z. B. dadurch, ob die Sprache sich als brauchbares Verständigungsmittel erweist oder nicht.

Dieses wichtige Problem der unterschiedlichen Sprachen, das eine Kluft zwischen dem Patienten und dem Analytiker aufreißen und den Fortschritt der Behandlung blockieren kann, wurde erstmals von Ferenczi beschrieben, und zwar vor allem in seinem letzten Kongreßvortrag (1932) und in den posthum veröffentlichten ›Notizen und Fragmenten‹. Er nannte es die »Sprachverwirrung zwischen dem Kind (im Singular!) und den Erwachsenen (im Plural!)«. Seither wurden – obwohl gewöhnlich ohne Bezugnahme auf Ferenczis Pionierarbeit – mehrere Versuche unternommen, dieses Phänomen zu beschreiben. So ist die im vorigen Abschnitt gezogene Schlußfolgerung nur eine Neuformulierung von etwas an sich Bekanntem, nämlich daß die analytische Arbeit mindestens auf zwei Ebenen vor sich geht, einer bekannten und weniger problematischen, der sogenannten ödipalen Stufe, und der anderen, für welche man die Bezeichnungen prä-ödipal, prä-genital und prä-verbal zu verwenden pflegt.

Ich schlage vor, die Begriffe ödipale Ebene, ödipale Phase, Ödipuskonflikt, Ödipuskomplex beizubehalten, da sie die wichtigsten Züge der betreffenden Ebene bezeichnen. Mehrere Merkmale unterscheiden die Erscheinungen dieser Ebene von anderen. Erstens vollzieht sich alles seelische Geschehen auf dieser Ebene – ganz gleich, ob es sich um genitale oder prä-genitale Erlebnisse handelt – in einer Dreier-Beziehung, d. h. es sind außer dem Subjekt selber immer noch mindestens zwei Objekte beteiligt. Dies können zwei Personen sein, wie in der bekannten Ödipussituation, oder eine Person und ein Gegenstand, wie im Umkreis der Anal- und fast sicher auch der Oral-Erotik. Im ersteren Falle ist das zweite Objekt durch die Faeces und ihre vielfältigen Derivate vertreten, während im zweiten, jedenfalls in ihren späteren Stadien, neben der Quelle und dem Spender der Nahrung immer die Nahrung selber als weiteres Objekt auftritt. Obwohl diese beiden Sphären der Definition nach prä-genital sind, ist die Struktur der maßgebenden Beziehung – mit Sicherheit auf der analen und den späteren Phasen der oralen Stufe –, nämlich Subjekt und mindestens zwei weitere Objekte, derart, daß sie in den ödipalen Bereich geraten und auf das ödipale Niveau hinaufgehoben werden.

Das zweite wichtige Kennzeichen des ödipalen Bereiches ist, daß er stets mit Konflikten verbunden ist. Abgesehen von einigen wenigen, nicht eingehend genug erforschten Fällen, stammt der Konflikt aus der Ambivalenz, die aus der komplexen Beziehung des Individuums zu seinen beiden parallelen Objekten erwächst. Aber dieser Konflikt, obwohl in der Situation begründet, kann gelöst oder doch erheblich ausgeglichen werden. Vielleicht das besterforschte Beispiel ist der Konflikt, der sich ergibt, wenn eine – äußere oder innere – Autoritätsinstanz eine bestimmte Form der Triebbefriedigung vorschreibt oder verbietet. Ein solcher Konflikt führt schließlich zu einer Fixierung, wodurch ein gewisser Libidobetrag in einem fruchtlosen, ständige Spannung erzeugenden Kampf festgelegt wird. Die analytische Behandlung hat dann die Aufgabe, entweder durch Deutung oder indem sie dem Patienten die Möglichkeit bietet, in der Übertragung zu regredieren und eine bessere Lösung zu finden, diesen Libidobetrag wieder frei und verfügbar zu machen. Obwohl es keine ideale Lösung gibt, d.h. immer etwas Spannung verbleibt, die ertragen werden muß, ist es in den meisten Fällen möglich, eine Lösung zu finden, durch welche die Spannung erheblich reduziert wird.

Das dritte wichtige Kennzeichen der ödipalen Stufe ist die Tatsache, daß die Sprache der Erwachsenen als angemessenes und tragfähiges Kommunikationsmittel benutzt werden kann – bekanntlich war Ödipus ja ein erwachsener Mann. Falls jemals die Notwendigkeit entstehen sollte, für diese Ebene eine neue Bezeichnung zu prägen, so würde ich vorschlagen, sie *Ebene der normalen, konventionellen Umgangs- oder Erwachsenen-Sprache* zu nennen.

Es geschieht oft, daß in der Wissenschaft eine unglückliche Wahl der Begriffsbezeichnung zu Mißverständnissen führt oder die unvoreingenommene Erforschung des betreffenden Problems behindert. Um das hier zu vermeiden, sollten wir die erwähnten beiden seelischen Ebenen mit voneinander unabhängigen Bezeichnungen belegen. So wie die ödipale Stufe ihren Namen von einem ihrer Hauptkennzeichen führt, so sollte die andere Stufe auch ihren eigenen kennzeichnenden Namen erhalten und nicht prä-dies und -jenes, vor allem aber nicht prä-ödipal genannt werden, denn sie kann, soweit wir aus unseren klinischen Erfahrungen urteilen können, neben der ödipalen Ebene fortbestehen. Ich will die Frage hier offenlassen, ob es überhaupt Zeiten gibt, in welchen das Seelenleben nur auf einer der beiden Ebenen vor sicht geht. Andrerseits muß hervorgehoben werden, daß diese zweite Ebene unbedingt einfacher, primitiver ist als die ödipale. Ich schlage vor, sie

*Ebene der Grundstörung* zu nennen, und möchte unterstreichen, daß es sich um eine Störung, nicht um eine Situation, einen Konflikt oder Komplex handelt. Ich werde dies später noch näher erklären.

Die Hauptmerkmale der Ebene der Grundstörung sind, a) daß alle in ihr sich abspielenden Vorgänge zu einer ausschließlichen Zwei-Personen-Beziehung gehören – es gibt dabei keine dritte Person; b) daß diese Zwei-Personen-Beziehung sehr eigenartig und gänzlich verschieden ist von den wohlbekannten menschlichen Beziehungen auf der ödipalen Stufe; c) daß die auf dieser Ebene wirksame Dynamik nicht die Form eines Konfliktes hat, und d) daß die Erwachsenensprache oft unbrauchbar und irreführend ist, wenn sie Vorgänge auf dieser Ebene beschreiben will, da die Worte nicht mehr ihre konventionelle Bedeutung haben.

Einige dieser Merkmale sollen sogleich erörtert werden, während andere erst in späteren Abschnitten dieser Arbeit in ihrer Bedeutung klarer hervortreten werden. Zunächst das Wesen der primitiven Zwei-Personen-Beziehung auf dieser Ebene: In erster Annäherung kann man sie als eine primäre Objekt-Beziehung oder primäre Liebe betrachten, so wie ich sie an mehreren Stellen beschrieben habe (M. Balint, 1932, 1934, 1937, 1959; ferner im 12. Kapitel dieses Buches). Jeder zu dieser Beziehung hinzutretende Dritte wird als schwere Belastung und unerträgliches Spannungsmoment empfunden. Eine weitere wichtige Eigenschaft dieser Beziehung ist der enorme Intensitätsunterschied zwischen den Erscheinungsformen von Befriedigung bzw. Versagung. Während die Triebbefriedigung – das »Zueinanderpassen« von Objekt und Subjekt – ein Gefühl ruhigen, stillen Wohlbefindens erzeugt, das nur schwer beobachtet werden kann, da es so natürlich und leise erscheint, erweckt die Triebversagung – das Sich-nicht-Einfügen des Objekts – äußerst heftige und laute Reaktionen (s. auch das 18. Kapitel).

Im 4. Kapitel werde ich die Diskussion über das Wesen der Kräfte, die auf der Ebene der Grundstörung walten, noch einmal aufnehmen, möchte hier aber noch die eigenartige Vagheit der Sprache für diese Ebene herausheben. Dies kommt von dem Gewölk oder »Cluster« von Assoziationen, das sich auch noch in der Erwachsenensprache um jedes Wort zu ballen pflegt. Auf der Ebene der Grundstörung kann aber jede einzelne Assoziation aus dem »Cluster« ihr Recht auf den vollen Besitz des Wortes beanspruchen. Dies ist natürlich nicht nur auf der Ebene der Grundstörung der Fall, wie die praktische Unmöglichkeit beweist, exakte Definitionen zu finden, und zwar besonders in der psychologischen Wissenschaft. Um zu exakten Definitionen zu gelangen, muß man ein Wort aller seiner unerwünschten sonstigen Assoziationen entkleiden. Die Erfahrung beweist, daß dies nur selten möglich ist, da sich immer Leute finden, die hartnäckig glauben oder gar beweisen, daß die benützten Worte etwas anderes bedeuten, als der Autor der Definition auszudrücken beabsichtigt hatte. Auf dieses Problem wird noch im 20. Kapitel einzugehen sein.

# 4. Kapitel
# Der Bereich der Grundstörung

Falls man sich theoretisch über das Vorhandensein eines Bereichs der Grundstörung geeinigt hat, muß man weiter fragen, welche Vorgänge im Laufe der analytischen Behandlung signalisieren, daß diese Ebene erreicht ist. Nehmen wir einen ziemlich normalen Fall an, in dem die Behandlung eine Zeitlang gut gelaufen ist, Patient und Analytiker einander verstanden haben, die Spannungen und Anforderungen an beide, besonders aber an den Analytiker, maßvoll und vor allem immer verständlich waren. Plötzlich oder schleichend ändert sich das Klima der analytischen Situation ganz erheblich. Bei manchen Patienten geschieht das schon nach sehr kurzer Zeit oder sogar vom Beginn der Behandlung an.

Diese tiefgreifende Veränderung der Atmosphäre hat verschiedene Aspekte. Im Vordergrund steht die Tatsache, daß die vom Analytiker gegebenen Deutungen vom Patienten nicht mehr als Deutungen aufgefaßt werden. Statt dessen empfindet er sie als Angriffe, Forderungen, gemeine Unterstellungen, unverdiente Grobheit oder Beleidigung, Ungerechtigkeit oder zumindest Rücksichtslosigkeit; umgekehrt kann es auch sein, daß die Deutung des Analytikers als sehr angenehm und befriedigend empfunden wird, als erregend oder einlullend, als verführerisch, im allgemeinen als unbestreitbares Zeichen von Beachtung, Zuneigung oder Liebe. Es kommt hinzu, daß gewöhnliche Worte, die bis dahin eine feststehende, konventionelle, »erwachsene« Bedeutung besaßen und ohne weiteres benützt werden konnten, plötzlich unendlich bedeutungsschwanger und schwerwiegend im guten oder schlechten Sinne werden. In solchen Perioden kann jede kleinste Bemerkung, jede Geste oder Bewegung des Analytikers etwas zu bedeuten haben, das weit über alles hinausgeht, was er im realistischen Sinne beabsichtigt haben mochte.

Ferner scheint der Patient, was sehr unangenehm sein kann, den Analytiker irgendwie »durchschauen« zu können. Er fängt an, viel zuviel von ihm zu wissen. Dieses Wissen stammt nicht aus irgendeiner fremden Informationsquelle, sondern offenbar aus einer unheimlichen Begabung, die Motive des Analytikers zu »verstehen« und sein Verhalten zu »deuten«. Man meint fast, es mit Telepathie oder Hellseherei zu tun zu haben (s. M. Balint: Notes on Parapsychology and Parapsychological Healing, 1955). Der Analytiker bekommt das Empfinden, als könnte der Patient in ihn hineinblikken, ihn bespitzeln. Es handelt sich um ganz persönliche Dinge, die aber irgendwie immer auf den Patienten Bezug haben, die auf eine Weise absolut korrekt und wahr und zugleich außer jeder Proportion und daher unwahr sind – dies ist jedenfalls das Gefühl, das der Analytiker hat.

Wenn es nun der Analytiker verfehlt, sich hierauf »einzustellen«, wenn er also nicht so antwortet, wie es der Patient erwartet, so kommt es in der Übertragung zu keinen Anzeichen von Ärger, Wut, Verachtung oder Kritik, wie es auf der ödipalen Ebene der Fall wäre. Man kann einzig beobachten, daß es zu einem Gefühl der Leere, Verlorenheit, des Abgestorbenseins, der Sinnlosigkeit usw. kommt, verbunden mit scheinbar lebloser Hinnahme dessen, was dargeboten wird. Es wird alles ohne viel Widerstand angenommen, aber nichts scheint Sinn zu haben. Eine andere Reaktion auf das Verfehlen der richtigen »Einstellung« durch den Analytiker könnte wie Verfolgungsangst aussehen. Zwar ist die Angst im klinischen Sinne gewöhnlich sehr leicht, kaum bemerkbar, aber die Tatsache bleibt bestehen, daß die Patienten das Gefühl haben, jede Versagung sei ihnen absichtlich zugefügt worden. Sie können keinen anderen Grund für die Versagung ihrer Wünsche sehen als Bosheit, feindliche Absichten oder bestenfalls sträfliche Fahrlässigkeit. Gutes kann zufällig passieren, aber Versagungen sind unbestreitbare Beweise bösartiger, feindlicher Absichten ihrer Umwelt.

Es ist auffallend, daß dies einfach als schmerzliche Tatsache hingenommen wird und erstaunlich wenig Ärger oder gar Kampfbereitschaft mobilisiert. Noch auffallender ist, daß sich auch fast niemals ein Gefühl von Hoffnungslosigkeit entwickelt; Verzweiflung und Hoffnungslosigkeit scheinen eher zur ödipalen Stufe zu gehören; sie sind wahrscheinlich post-depressiv. Obgleich die Gefühle von Leere und Abgestorbensein (vgl. Enid Balint, 1963) sehr stark sein können, steht dahinter gewöhnlich eine ernsthafte, stille Entschlossenheit, durchzuhalten. Diese merkwürdige Mischung aus tiefem Leiden, Fehlen jeglicher billigen Streitsucht und unerschütterlicher Entschlossenheit, weiterzumachen, ist bei diesen Patienten wahrhaft ergreifend – und ein wichtiges diagnostisches Zeichen, daß die Arbeit die Ebene der Grundstörung erreicht hat.

Die Reaktion des Analytikers ist ebenfalls sehr charakteristisch und von seiner Reaktion auf Widerstand auf der ödipalen Ebene gänzlich verschieden. Ich will in den Teilen III, IV und V dieses Buches näher darauf eingehen. Hier soll nur angedeutet werden, daß ihn alles viel mehr berührt; er hat Schwierigkeiten, seine gewöhnliche Haltung anteilnehmender objektiver Passivität aufrechtzuerhalten, ja er ist ständig in Gefahr, emotionell-subjektiv mitgerissen zu werden. Einige Analytiker lassen sich absichtlich von diesem starken Strom ergreifen und müssen dann ihre Technik entsprechend ändern. Andere halten sich vorsichtig in den erprobten Grenzen und meiden die Gefahr der emotionellen Beteiligung. Bei noch anderen zeigt sich angesichts dieser Bedrohung – vielleicht als eine Reaktionsbildung – ein etwas omnipotentes Selbstvertrauen, mittels ihrer Interpretationstechnik mit jeglicher Schwierigkeit fertig werden zu können.

Eine Reihe weiterer wichtiger Phänomene gruppiert sich um das Thema der Anerkennung oder Dankbarkeit für die Arbeit des Analytikers. Auf ödipaler Ebene sind diese Gefühle – vorausgesetzt, daß die Arbeit des Analytikers den professionellen Standards entspricht – wertvolle Verbündete und können auf öden Strecken der Analyse beträchtlich weiterhelfen. Auf der Ebene der Grundstörung kann man sich durchaus nicht darauf verlassen, daß der Patient sich erinnert oder gar anerkennt, wie geschickt und verständnisvoll der Analytiker in der – ferneren oder nahen – Vergangenheit war. Ein Grund für diesen tiefreichenden Wandel ist, daß der Patient auf dieser Ebene fühlt, er habe ein Recht darauf, das zu erhalten, was er braucht. Ich werde auf diesen wichtigen Zug sogleich zurückkommen.

Wenn demnach der Analytiker nur tut, was seine Schuldigkeit ist, wird seine Leistung als eine Selbstverständlichkeit hingenommen und verliert all ihren Wert als Beweis seines Könnens, als besondere Gabe oder Gunstbeweis; mit der Zeit werden dann immer neue zusätzliche Forderungen erhoben. In der gegenwärtigen analytischen Literatur wird dies »Begehrlichkeit« oder sogar »orale Gier« genannt. Gegen die Bezeichnung »Gier« habe ich nichts einzuwenden, bin aber sehr dagegen, sie »oral« zu nennen, da ich dies für irreführend halte. Für das Verständnis dieses Syndroms ist nicht die orale Triebkomponente ausschlaggebend, sondern die Tatsache, daß es aus einer primitiven Zwei-Personen-Beziehung stammt, die »oral« sein kann, aber nicht sein muß. Um das Gebiet der Süchtigkeit anzuführen, in welchem die Gier einen wichtigen Faktor bildet: es gibt eine große Zahl zweifellos »oraler« Süchte, in erster Linie in bezug auf Nikotin und Alkohol, aber es gibt auch viele nicht-orale; ich nenne nur den Morphinismus, die Kokainsüchtigkeit, nicht zu vergessen die verschiedenen Formen süchtigen Kratzens, z. B. bei Pruritus.

Auf der ödipalen Ebene ist der Analytiker fast nie versucht, aus seiner mitfühlenden Passivität herauszutreten. Wenn er dagegen seine Passivität auf der Ebene der Grundstörung aufgibt, kann er in eine gefährliche Sucht-Spirale hineingeraten – eben wegen des eigenartigen Fehlens von Dankbarkeit oder der wachsenden Unersättlichkeit und Gier. Wenn er hart bleibt, so wird entweder die

Behandlung vom Patienten als aussichtslos abgebrochen, oder aber der Patient ist nach langem, hoffnungslosem Kampf gezwungen, sich mit dem Angreifer, als welcher der Analytiker empfunden wird, zu identifizieren; in einem meiner Seminare wurde der Vergleich gebraucht, der Patient werde gezwungen, sich eine ewig laufende innere Langspielplatte zu erwerben. Im 17. Kapitel gedenke ich, auf dieses wichtige technische Problem noch näher einzugehen.

Alle diese Vorgänge gehören ihrem Wesen nach in das Gebiet der *Zwei*-Personen-Psychologie und sind daher einfacher und elementarer als diejenigen, die zur ödipalen Drei-Personen-Ebene gehören. Ferner fehlt die Konfliktstruktur. Dies war der Grund, warum ich von einer Ebene der *Grund*-Störung *(basic fault)* spreche. Aber weshalb *Störung?* Erstens, weil die Patienten ihren Zustand oft mit diesem Wort beschreiben. Der Patient sagt, bei ihm sei etwas nicht in Ordnung, es fehle ihm etwas, und diese Störung müsse behoben werden. Es wird als eine Störung, ein Defekt empfunden, nicht als ein Komplex, ein Konflikt oder eine Lage, in der er sich befindet. Zweitens hat der Patient das Gefühl, daß es zu dieser Störung gekommen ist, weil jemand ihn enttäuscht hat oder seinen Verpflichtungen ihm gegenüber nicht nachgekommen ist; und drittens ist dieser Bereich regelmäßig von großer Angst umgeben, die sich gewöhnlich in der verzweifelten Forderung ausdrückt, der Analytiker möge – ja, dürfe ihn nicht auch enttäuschen.

Der Begriff *fault* (Störung) wird – mindestens in der englischen Sprache – in verschiedenen exakten Wissenschaften verwendet, um Zustände zu beschreiben, die sehr ähnlich dem sind, den wir hier diskutieren. In der Geologie und Kristallographie beschreibt man z. B. als »fault« eine Unregelmäßigkeit in der Gesamtstruktur, die unter normalen Verhältnissen unbemerkt bleibt, an deren Stelle es aber, falls Druck und erhebliche Spannungen auftreten, zum Bruch kommt.

Wir sind gewohnt, uns die dynamischen Kräfte der seelischen Vorgänge entweder in Gestalt eines biologischen Triebes oder in Gestalt eines Konflikts vorzustellen. Aber die aus der Grundstörung stammende Energie hat, obwohl sie hochgradig dynamisch ist, weder Trieb- noch Konfliktform. Es ist eine Störung, ein Defekt in der psychischen Struktur, eine Art Mangel, der behoben werden muß. Es ist nicht etwas Aufgestautes, für das man eine Abfuhr suchen muß, sondern eher eine Not, die entweder aktuell besteht oder schon fast das ganze Leben des Patienten hindurch bestanden hat. Ein Triebbedürfnis kann befriedigt, ein Konflikt gelöst werden, aber eine Grundstörung kann im besten Fall geheilt werden, vorausgesetzt, daß die seinerzeit fehlenden Bestandteile gefunden werden. Selbst dann kommt vielleicht nur eine Heilung mit Defekt zustande, vergleichbar einer einfachen, schmerzlosen Narbenbildung.

Ferner meine ich mit dem Wort »Grund« in meinem neuen Begriff »Grundstörung« nicht nur, daß es sich um Bedingungen handelt, die einfacher sind, als diejenigen, die den Ödipuskomplex charakterisieren, sondern auch, daß ihr Einfluß weiter reicht, sich möglicherweise über die gesamte psychobiologische Struktur des betreffenden Menschen erstreckt und in wechselndem Ausmaß Körper und Seele erfaßt. Dadurch erlaubt uns der Begriff der Grundstörung, nicht nur die verschiedenen Neurosen (und vielleicht sogar Psychosen), Charakterschwierigkeiten, psychosomatischen Krankheiten usw. als Symptome ein und derselben Ätiologie zu verstehen, sondern – wie unsere Studien über die medizinische Allgemeinpraxis ergeben haben – auch eine große Zahl normaler »klinischer Krankheiten« (M. Balint, 1957; M. und E. Balint, 1961; Lask, 1966; Greco und Pittenger, 1966). Ich meine damit, daß unter dem Einfluß mannigfaltiger emotioneller Erlebnisse, darunter auch der ärztlichen Behandlung, eine »klinische« Krankheit verschwinden und statt dessen eine psychische Störung auftreten kann und umgekehrt.

Meines Erachtens kann man den Ursprung der Grundstörung bis in die frühen Entwicklungsphasen des Individuums zurückverfolgen und stößt dort auf eine Diskrepanz zwischen seinen biophysischen Bedürfnissen und der materiellen und psychischen Versorgung, Wartung und Zuneigung, die ihm in diesem entscheidenden Zeitraum zuteil wurde. Dies führt zu einem Mangelzustand, dessen Folgen und Nachwirkungen nur noch zum Teil reversibel zu sein scheinen. Diese Diskrepanz kann auf kongenitalen Ursachen beruhen, d. h. die bio-psychischen Bedürfnisse des Säuglings waren einfach unerfüllbar (es gibt ja lebensunfähige Kinder, etwa Säuglinge mit angeborenen, progredienten Schäden wie der Friedreichschen Ataxie oder zystischen Nieren); sie kann auch milieubedingt sein, wenn etwa die Versorgung des Säuglings mangelhaft, nachlässig, unregelmäßig, überfürsorglich, übermäßig beschützend, grob, starr, sehr inkonsequent, übermäßig stimulierend oder verständnislos und gleichgültig war.

Meine Beschreibung läßt erkennen, daß ich das Hauptgewicht auf den Mangel an »Zu-einander-Passen« von Kind und jenen Personen lege, aus denen seine Umwelt sich zusammensetzt. Nebenbei gesagt, ist wahrscheinlich ein ähnlicher Mangel an gegenseitigem »Zu-einander-Passen« – nämlich die Inkongruenz der an sich korrekten Technik des Analytikers und der besonderen Bedürftigkeit des Patienten, von dem wir am Anfang dieses Buches sprachen –, eine der Hauptursachen für die Schwierigkeiten und sogar Fehlschläge, die dem Analytiker in seiner Praxis begegnen. Dies soll in Teil V noch näher erörtert werden.

Kehren wir zu unserem Thema zurück, wobei ich jedoch meine Leser auf meine subjektive Voreinstellung aufmerksam machen muß, auf Grund welcher ich die Prozesse, die schließlich zu einer Grundstörung führen können, ausdrücklich in Begriffen der Objektbeziehung beschreibe. Es ist natürlich eine sehr primitive, eigentümliche Objektbeziehung, die meines Erachtens von den zwischen erwachsenen Personen beobachteten Beziehungen gänzlich verschieden ist. Dennoch ist es unbedingt eine Zwei-Personen-Beziehung, in welcher jedoch nur der eine Partner zählt; einzig seine Wünsche und Bedürfnisse sind wichtig und müssen berücksichtigt werden; der andere Partner, der zwar als sehr mächtig empfunden wird, spielt nur insofern eine Rolle, als er willens ist, die Bedürfnisse und das Begehren des ersten Partners zu erfüllen, oder als er ihnen, im Gegenteil, die Befriedigung absichtlich versagt; seine sonstigen persönlichen Interessen, Bedürfnisse, Wünsche usw. existieren einfach nicht. Im 12. Kapitel soll diese Zwei-Personen-Beziehung eingehend beschrieben und gegen die Beziehungen abgegrenzt werden, die ich »primäre Objektliebe« oder »primäre Objektbeziehung« genannt habe.

## 5. Kapitel
## Der Bereich des Schöpferischen

Bis jetzt haben wir zwei mögliche seelische Ebenen oder Bereiche postuliert: den Bereich des Ödipuskonflikts und den der Grundstörung. Um das Bild zu vervollständigen, muß ich, wenn auch nur kurz, einen *dritten* Bereich erwähnen, bevor ich die Bedeutung meiner Hypothese für die Psychologie der menschlichen Seele zusammenfasse.

Während der Bereich des Ödipuskonflikts durch das Vorhandensein von wenigstens zwei Objekten neben dem Subjekt charakterisiert ist, der Bereich der Grundstörung durch eine sehr eigentümliche ausschließliche Zweier-Beziehung, ist der dritte Bereich dadurch gekennzeichnet, daß kein äußeres Objekt vorhanden ist. Das Subjekt ist mit sich allein, sein Hauptbestreben besteht darin, etwas aus sich selbst heraus zu erschaffen; dieses Etwas kann, muß aber nicht unbedingt ein Objekt sein. Ich schlage vor, hier von der Ebene oder dem Bereich des Schöpferischen oder der Kreativität zu sprechen. Das bekannteste Beispiel ist natürlich das Kunstwerk, aber es gehören noch andere Erscheinungen zu dieser Gruppe, so die Mathematik und die Philosophie, das Gewinnen von Einsicht oder Verständnis, und schließlich ein hochwichtiges Phänomen: die ersten Phasen einer – körperlichen oder seelischen – Erkrankung oder Genesung.

Trotz mancher Ansätze weiß man von diesen Prozessen nur sehr wenig. Das beruht zum Teil darauf, daß eben in diesem ganzen Bereich kein äußeres Objekt da ist, sich also keine Übertragungsbeziehung entwickeln kann. Wenn aber keine Übertragung besteht, ist unsere analytische Methode machtlos, und wir sind darauf angewiesen, aus Beobachtungen zu schließen, nachdem das betreffende Individuum jenen Bereich wieder verlassen hat. Sobald ein äußeres Objekt auf der Bildfläche erscheint, sei es ein vollendetes Kunstwerk, eine mathematische oder philosophische Theorie, eine in Worten ausdrückbare Einsicht oder Erkenntnis, oder aber sobald die Krankheit das Stadium erreicht, wo der Kranke zu jemandem darüber klagen kann, ist ein äußeres Objekt vorhanden, und wir können unsere analytischen Methoden ansetzen.

Das Fehlen einer Übertragung erklärt auch, warum unsere Versuche, diese so hochwichtigen seelischen Zustände zu verstehen, verhältnismäßig lahm erscheinen. Die meisten analytischen Theorien, die sich auf diese Zustände beziehen, folgen dem Beispiel der Sprache und betrachten das betreffende Individuum als eine Art

Erzeuger. Alle mir bekannten Sprachen beschreiben diese Zustände mit Worten, die von der Empfängnis, Schwangerschaft oder Geburt entliehen sind. Das Individuum empfängt eine Idee, geht mit ihr schwanger, hat Geburtswehen, gebiert etwas oder hat eine Fehlgeburt usw. Vielleicht ist es gleichfalls dem Fehlen einer Übertragung zuzuschreiben, daß unsere Psychologie der Schwangerschaft und Geburt verhältnismäßig schwach entwickelt ist. Auch dort versuchen wir, eine eindeutige Einer-Situation in eine Zweier-Situation umzuwandeln, um unsere gewohnten Methoden und Denkweisen anwenden zu können.

Hier begegnen wir wieder dem durch unsere konvenierte Erwachsenensprache geschaffenen Dilemma. Wir wissen, daß es im Bereich der Kreativität keine »Objekte« im eigentlichen Sinne gibt, aber wir wissen auch, daß während der meisten, oder wenigstens während einiger Zeit der betreffende Mensch dort dennoch nicht allein ist. Unsere Sprache hat keine Worte, um zu beschreiben oder auch nur anzudeuten, wer oder was dann anwesend ist. Um überhaupt darüber sprechen zu können, schlage ich vor, dieses Etwas »Prä-Objekt« zu nennen. »Objekt-Embryo« wäre schon zu definitiv (denkbar scheint mir auch »Objekt-Anlage«). Wenn ich Bion (1962 und 1963) richtig verstanden habe, befand er sich in dem gleichen Dilemma. Er schlug für seine speziellen Zwecke vor, von alpha- und beta-Elementen und von alpha-Funktionen zu sprechen.

Diese Andeutungen sollen besagen, daß die im schöpferischen Bereich existierenden »Prä-Objekte« so primitiv sein müssen, daß man sie nicht als »organisiert« oder »ganz« betrachten kann. Erst nachdem es der schöpferischen Arbeit gelungen ist, sie zu gestalten, zu organisieren, zu einem Ganzen zu machen, kann die verbale oder »ödipale« Interaktion zwischen ihnen und irgendwelchen äußeren Objekten stattfinden. Wahrscheinlich finden zwar primitive Interaktionen – solche, die den Ebenen der Grundstörung und der Kreativität entsprechen – schon vorher dauernd statt, aber sie sind schwer zu beobachten und noch schwerer zu beschreiben (M. Balint, 1959, besonders Kapitel 8 und 11).

Das einzige, was wir wissen, ist, daß der schöpferische Prozeß, in welchem das »Prä-Objekt« in ein eigentliches Objekt verwandelt wird, unvorhersagbar ist. Wir wissen nicht, warum er in manchen Fällen gelingt und in anderen scheitert, warum er manchmal unendlich lange Zeit braucht, ein andermal mit blitzartiger Geschwindigkeit abläuft. Die Geschichte der schöpferischen Akte in Kunst und Wissenschaft enthält viele spannende Anekdoten, klärt uns aber nicht weiter auf. Wir wissen z. B., daß Goethe fast sein ganzes Leben lang mit dem Faust-Thema beschäftigt war; er begann den Urfaust in seinem 21. Lebensjahr und schrieb bis zu seinem Tode 1832 am zweiten Teil. Flauberts normale Tagesproduktion war eine oder zwei Seiten; für seine ›Madame Bovary‹ brauchte er sieben Jahre. Vermeer und Giorgione waren sehr langsame Arbeiter; auch von Beethoven kann man das im großen ganzen sagen. Leonardo malte an seiner ›Mona Lisa‹ fünfzehn Jahre – um nur ein paar Beispiele zu nennen. Mozart dagegen war ein sehr schneller Arbeiter (das berühmteste Beispiel hierfür ist die Ouvertüre zu ›Don Giovanni‹),[1] ebenso Haydn und Bach. Balzac schrieb sehr schnell; noch schneller schreibt Simenon, der für einen Roman gewöhnlich 14 Tage braucht. Der größte Teil des Lebenswerks von van Gogh ist in zwei Jahren gemalt worden. Wir glauben zu wissen, daß heftige Konflikte auf ödipaler Ebene die Geschwindigkeit des kreativen Prozesses beschleunigen oder hemmen können, aber ausschlaggebend scheint doch die seelische Veranlagung, die Struktur des schöpferischen Bereichs in dem betreffenden Individuum zu sein.

Dies alles sagt wenig aus, besonders wenn wir es mit dem Wissen vergleichen, das wir über die unter dem Druck von Konflikten entstehenden unbewußten Vorgänge und Mechanismen besitzen. Das ist um so merkwürdiger, als der Analytiker doch über eine einzigartige Gelegenheit verfügt, Menschen zu beobachten, die in den Bereich der Kreativität hinabgestiegen sind. Ich meine die schweigenden Patienten, ein technisches Problem, das uns viele Rätsel aufgibt. Die gewöhnliche analytische Einstellung hierzu geht von der Annahme aus, Schweigen sei nur ein Widerstandssymptom gegen irgendwelches unbewußte Material, das entweder aus der Vergangenheit des Patienten oder aus der aktuellen Übertragungssituation stammt. Man muß zugeben, daß diese Deutung fast immer korrekt ist: der Patient *läuft vor etwas davon* – gewöhnlich vor einem Konflikt; aber es ist ebenso korrekt zu sagen, daß er zu etwas *hinläuft*, nämlich zu einem Zustand, in dem er sich relativ sicher fühlt und etwas mit dem Problem tun kann, das ihn beunruhigt oder quält. Dieses Etwas, das er schließlich ans Licht bringt und dem Analytiker vorlegt, ist auch eine Art »Schöpfung« – wohl nicht immer eine echte, aufrichtige, tiefsinnige oder künstlerische, aber doch eine schöpferische Leistung, ein Produkt seiner

[1] »Zwei Tage vor der Premiere seines ›Don Giovanni‹ in Prag hatte Mozart die Ouvertüre noch nicht einmal begonnen. Seine Freunde, der Operndirektor, das ganze Orchester warteten in fieberhafter Spannung, während der Meister selbst ganz sorglos und unbekümmert an einer heiteren Abendgesellschaft teilnahm. Erst spät am Abend schrieb er die Partitur in einem Zuge und ohne jegliche Korrektur nieder; er sagte dazu, die ganze Ouvertüre habe plötzlich und in ihrem ganzen Umfang vor seinem geistigen Auge gestanden.« (E. Weiss, 1957, S. 213)

Kreativität. Nun können wir zwar während des eigentlichen schöpferischen Tuns nicht mit ihm sein, aber in den Augenblicken kurz davor und unmittelbar danach sind wir mit ihm, und wir können ihn außerdem während seines Schöpfungsaktes von außen beobachten. Wenn wir hier unsere Einstellung ändern könnten, wenn wir, statt das Schweigen nur als Widerstandssymptom zu betrachten, es als eine mögliche Quelle der Information studieren würden, so könnten wir vielleicht etwas über diesen seelischen Bereich erfahren.

# 6. Kapitel
# Zusammenfassung

So sehen wir uns also vor wenigstens drei seelischen Bereichen, deren jeder, wie zuerst von Rickman (1951) vorgeschlagen, durch eine Zahl gekennzeichnet ist. Wir könnten statt von Bereichen auch von Räumen, Sphären, Feldern, Stufen, Orten oder Instanzen sprechen oder auch noch andere Bezeichnungen wählen. Jede hat ihre eigene Aura von Assoziationen, und es fällt mir schwer zu entscheiden, welche Bezeichnung die geeignetste ist. Im gegenwärtigen Zeitpunkt ziehe ich vor, entweder von Bereichen oder von Ebenen zu sprechen, ohne doch sagen zu können, warum ich gerade diese zwei bevorzuge.

Derjenige dieser Bereiche, der am besten erforscht ist, ist durch die Zahl 3 charakterisiert und kann als *Bereich des Ödipuskonflikts* bezeichnet werden. Der Ödipuskonflikt wird mit Recht als Kernkonflikt beschrieben, denn jegliche menschliche Entwicklung – individueller oder kollektiver Art – muß ihn durchlaufen, und der betreffende Mensch oder die betreffende Kultur ist durch die Lösung, die in diesem Kampf gefunden wurde, für immer geprägt. Das ganze Gebiet ist durch die Tatsache gekennzeichnet, daß bei allem, was geschieht, außer dem Subjekt immer noch mindestens zwei Objekte beteiligt sind. Die Kraft, die auf dieser Ebene wirksam ist, hat die Gestalt eines Konflikts; dieser ergibt sich in der Regel aus der Ambivalenz, die infolge der verwickelten Beziehungen des Individuums zu seinen beiden gleichzeitig erlebten Objekten entsteht.

Diese Ebene ist aus zwei Gründen die am besten bekannte. Erstens ist die Beziehung zwischen dem Subjekt und seinen Objekten den Beziehungen des Erwachsenenlebens schon sehr ähnlich, und zweitens ist die Erwachsenen-Sprache einigermaßen geeignet, die Beobachtungen zu beschreiben.

Der zweite Bereich ist, wie ich in den vorstehenden Kapiteln zu zeigen versucht habe, von dem erstgenannten sehr verschieden. Es ist der *Bereich der Grundstörung*. Dieser ist durch die Zahl 2 charakterisiert, d.h. es sind daran zwei, und immer nur zwei Menschen beteiligt. Ihre Beziehung ist jedoch nicht so wie zwischen Erwachsenen, sondern viel primitiver. Ein weiterer Unterschied ergibt sich durch das Wesen der in diesem Bereich wirksamen Dynamik. Im Bereich des Ödipuskomplexes hatte diese dynamische Kraft die Form eines Konfliktes. Im Bereich der Grundstörung hat diese Kraft – obgleich auch hochgradig dynamisch – nicht die Gestalt eines Konflikts. Wie im 4. Kapitel beschrieben, hat sie vielmehr die Form eines Fehlers in der Grundstruktur, einer Störung, eines Mangels, der nach Ausgleich verlangt. Hier ergeben sich zahlreiche technische Probleme, die ich in den Teilen III bis V zu diskutieren gedenke. Für die theoretische Beschreibung ergibt sich jedoch die große Schwierigkeit, daß, wie gesagt, die Erwachsenen-Sprache weitgehend versagt.

Der dritte Bereich wäre dann der des *Schöpferischen,* der durch die Zahl 1 charakterisiert ist. Hier ist kein äußeres Objekt beteiligt, und es gibt infolgedessen keine Objektbeziehung und keine Übertragung. Daher ist unser Wissen über die hier herrschenden Prozesse so gering und unsicher. Unsere analytischen Methoden lassen sich auf diesen Bereich nicht unmittelbar anwenden, so daß wir auf nicht beweisbare Rückschlüsse und Vermutungen angewiesen sind.

Wie weit erstrecken sich diese Bereiche in der Psyche? Auf diese höchst interessante Frage kann ich nur eine sehr unvollständige Antwort geben. Zweifellos erstrecken sich alle drei über das Ich; ob sie das Über-Ich erreichen, vermag ich nicht zu beantworten, noch kann ich in bezug auf das Es mit Sicherheit etwas aussagen. Alle jüngsten Fortschritte in der Theorie des psychischen Apparates bezogen sich jedenfalls hauptsächlich oder sogar ausschließlich auf das Ich. Das gilt sowohl von Fairnbairn wie von Hartmann und Winnicott; so befinde ich mich wenigstens nicht in schlechter Gesellschaft.

Bevor ich diesen Teil abschließe, möchte ich noch einige einschränkende Bemerkungen anfügen. Die erste betrifft die Bedeutung unserer Beobachtungen für die allgemeine menschliche Entwicklungslehre. Es wird gewöhnlich angenommen, daß die in der psychoanalytischen Behandlungssituation beobachteten Erscheinungen als repräsentativ für die gesamte menschliche Entwicklung gelten dürfen (M. Balint, 1956). Unausgesprochen beeinflußt diese Vorstellung viele unserer theoretischen Annahmen. Ich halte sie jedoch für unzutreffend. Erstens wird nicht alles, was der Analysand in seiner Entwicklung erlebt hat, in der psychoanalytischen Situation wiederholt; zweitens wird das, was wiederholt wird, durch die besonderen Bedingungen der Psychoanalyse hochgradig entstellt. Schon Freud empfahl, die analytische Behandlung in einem Zustand der Enthaltsamkeit, d.h. der Versagung, durchzuführen. Obwohl diese Maxime vielleicht nicht so bedingungslos befolgt wird, wie ihre Worte besagen, muß man zugeben, daß der Patient während der Behandlung sich damit abfinden muß, daß er mehr Versagung als Befriedigung erfährt. Ob dieses Mißverhältnis auch für die gesamte menschliche Entwicklung gilt, muß erst noch untersucht werden. Bis dahin sollten wir zur größeren Sicherheit annehmen, daß wir in unserer Praxis doch ein recht schiefes Bild zu sehen bekommen und daß diese Entstellung durch unsere wohlerprobte Technik zustande kommt, die dem Patienten Versagung auferlegt und ihn zu gleicher Zeit in seinen Befriedigungen hemmt oder sie ihm nimmt. Ungenügende Beachtung dieser Entstellung führte in der analytischen Theorie dazu, daß die psychische Bedeutung der Versagung und Ambivalenz übermäßig betont wurde.

Wohl werden während der analytischen Behandlung dauernd vergangene und gegenwärtige Ereignisse aus dem Bereich des Ödipuskonflikts bearbeitet, aber alles doch hauptsächlich indirekt, nämlich durch die mündlichen Berichte des Patienten. In direkter Form beobachten wir in der analytischen Situation eine Zwei-Personen-Beziehung, und damit einen Teil des Bereiches der Grundstörung. Natürlich drücken wir unser Erleben in der Erwachsenen-Sprache aus, d.h. wir müssen sie auf die Ödipus-Ebene und damit die Ebene der normalen Umgangssprache erwachsener Menschen heben. Wenn meine Vorstellungen richtig sind, muß auch dies eine gewisse Entstellung mit sich bringen, wodurch sich vielleicht erklärt, warum Theorie und Technik der Psychoanalyse seit Freuds letzten großen Monographien so weit auseinanderklaffen. Ich versuche in diesem Buch, die Kluft zu überbrücken und unsere klinische Erfahrung zu benutzen, um eine neue Theorie der Seele und speziell des Ichs zu entwickeln, in welcher Freuds klassische Ich-Psychologie als ein Grenzfall enthalten ist.

Zweitens möchte ich betonen, daß ich in diesem Teil meines Buches bewußt die Frage der Chronologie offengelassen habe, weil ich glaube, daß unser gegenwärtiges Wissen nicht ausreicht, um dieses verzwickte Problem mit Sicherheit zu entscheiden. Es wäre verlockend, aber vermutlich gründlich falsch, anzunehmen, daß das logisch Einfache auch das chronologisch Frühere sein müsse, um so zu einer aufsteigenden Reihe: Ebene der Kreativität – Ebene der Grundstörung – Ebene des Ödipuskomplexes zu gelangen. Wir wissen von der Embryologie her, daß sehr oft eine frühe komplexe Struktur sich allmählich vereinfacht und manchmal in späteren Stadien sogar ganz verschwindet (vgl. M. Balint, 1959, Kapitel 7). Es wäre daher denkbar, daß die früheste Ebene diejenige der primären Liebe und damit auch diejenige der Grundstörung ist, aus welcher sich die Ebene des Ödipuskonflikts durch Differenzierung herausentwickelt, während andererseits die Ebene der Kreativität durch Vereinfachung entsteht.

Diese letztere Vorstellung möchte ich nun als Arbeitshypothese benutzen und untersuchen, ob wir mit ihrer Hilfe zu einem besseren Verständnis einiger der ungeklärten Probleme unserer Theorie und Technik gelangen können.

Auf seiten der Theorie sind es die zwei alten, weitgehend miteinander verbundenen Probleme Narzißmus und Regression. Obwohl beide auch Bezüge zur Ebene des Ödipuskomplexes haben, gehören sie eigentlich zum Bereich der Grundstörung. Solange wir diese Tatsache nicht richtig bewerten konnten, wurde das Auftreten narzißtischer oder regressiver Züge in der Übertragung immer als ominöses Zeichen betrachtet. In Teil II und III werden wir untersuchen, wieweit diese Verallgemeinerung berechtigt war und in welchen Fällen sie sich als falsch erwiesen hat. Nach dieser Klarstellung sollen in den beiden letzten Teilen des vorliegenden Buches die Folgerungen für unsere Technik erörtert werden.

# Teil II
# Primärer Narzißmus und primäre Liebe

## 7. Kapitel
## Freuds drei Hypothesen

Es ist eine merkwürdige, aber leicht nachzuweisende Tatsache, daß Freud jahrelang nebeneinander drei verschiedene, sogar sich gegenseitig ausschließende Ansichten über die frühesten Beziehungen des Menschenkindes zu seiner Umwelt vertrat. Die älteste Hypothese erschien 1905 in den ›Drei Abhandlungen zur Sexualtheorie‹ und blieb in allen späteren Ausgaben unverändert, obwohl gerade dieses Buch und die ›Traumdeutung‹ diejenigen seiner Werke sind, die Freud in jeder neuen Auflage auf den letzten Stand seiner Erkenntnisse zu bringen suchte, indem er sie mehrmals revidierte und durch die inzwischen gemachten Entdeckungen ergänzte. Eigenartigerweise steht der hier gemeinte Absatz im letzten Teil der dritten, abschließenden Abhandlung, die den Untertitel ›Die Objektfindung‹ trägt, eine knappe, elegante Formulierung, die im Englischen durch die umständlichere ›The Finding of an Object‹ wiedergegeben ist (Standard Edition, Bd. VII, S. 222).

Freud sagt dort: »Als die anfänglichste Sexualbefriedigung noch mit der Nahrungsaufnahme verbunden war, hatte der Sexualtrieb ein *Sexualobjekt außerhalb des eigenen Körpers* in der Mutterbrust. Er verlor es nur *später,* vielleicht gerade zur Zeit, als es dem Kinde möglich wurde, die Gesamtvorstellung der Person, welcher das ihm Befriedigung spendende Organ angehörte, zu bilden. *Der Geschlechtstrieb wird dann in der Regel autoerotisch,* und erst nach Überwindung der Latenzzeit stellt sich das ursprüngliche Verhältnis wieder her. Nicht ohne guten Grund ist das Saugen des Kindes an der Brust der Mutter vorbildlich für jede Liebesbeziehung geworden. Die Objektfindung ist eigentlich eine Wiederfindung.« (Ges. W., Bd. V, S. 123; Hervorhebungen von M. B.)

Wie erwähnt, blieb diese Stelle in allen späteren Auflagen unverändert. Freud fügte jedoch 1915 eine Fußnote an, in der er auf seine Entdeckung einer zweiten Art der Objektfindung, der narzißtischen, hinweist. Man kann unschwer zeigen, daß Freud noch viele Jahre nach der Einführung der psychoanalytischen Narzißmus-Theorie nicht beabsichtigte, die der primären Objektbeziehung zugunsten des primären Narzißmus aufzugeben.

Zum Beweis meiner Behauptung zitiere ich zwei Stellen aus Freuds Arbeiten jener Jahre. Die eine steht in der 21. seiner ›Vorlesungen zur Einführung in die Psychoanalyse‹, die bekanntlich im Wintersemester 1916/1917 zum letztenmal gehalten und 1916 und 1917 veröffentlicht wurden. Freud führt zunächst aus, daß einige der Komponenten des Sexualtriebes von vornherein ein Objekt haben, so der Bemächtigungstrieb (Sadismus), der Schau- und Wißtrieb. Er fährt fort: »Andere, die deutlicher an bestimmte erogene Körperzonen geknüpft sind, haben es nur im Anfang, solange sie sich noch an die nicht sexuellen Funktionen anlehnen, und geben es auf, wenn sie sich von diesem loslösen.« Er meint hier vor allem die orale Triebkomponente. Zwei Sätze weiter sagt er: »Der orale Trieb *wird autoerotisch*, wie es die analen und die anderen erogenen Triebe von vornherein sind. Die weitere Entwicklung hat, um es aufs knappste auszudrücken, zwei Ziele: erstens, den Autoerotismus zu verlassen, das Objekt am eigenen Körper wiederum gegen ein fremdes Objekt zu vertauschen, und zweitens, die verschiedenen Objekte der einzelnen Triebe zu unifizieren, durch ein einziges Objekt zu ersetzen.« (Ges. W., Bd. XI, S. 340–341.)

Das andere Zitat stammt aus Freuds Beiträgen in M. Marcuses ›Handwörterbuch der Sexualwissenschaft‹, und zwar aus dem Beitrag ›Die Objektfindung und der Ödipuskomplex‹. Dort heißt es: »Der orale Partialtrieb findet zuerst seine Befriedigung in *Anlehnung* an die Sättigung des Nahrungsbedürfnisses und sein Objekt in der Mutterbrust. Er löst sich dann ab, wird selbständig und gleichzeitig autoerotisch, d. h. er findet sein Objekt am eigenen Körper.« (Ges. W., Bd. XIII, S. 221)

Bekanntlich wurden diese Beiträge 1922, kurz vor dem Berliner Kongreß, geschrieben, dem letzten, an dem Freud persönlich teilnahm. Dort kündigte er seine neuen Ideen über die Struktur der Psyche an und leitete damit eine Entwicklung ein, die zu der heutigen Ich-Psychologie geführt hat. Wie der soeben zitierte Satz beweist, hatte Freud damals die Vorstellung einer primären Objektbeziehung noch keineswegs aufgegeben.

Die beiden anderen Hypothesen über die frühesten Beziehungen des Individuums zu seiner Umwelt sind erstmals in der Arbeit ›Zur Einführung des Narzißmus‹ 1914 veröffentlicht worden, obwohl die eine dieser Hypothesen in den Jahren zuvor schon mehrere Vorläufer hatte[1]. Diese ältere Hypothese wird in der Narzißmusarbeit ganz kategorisch und ohne Einschränkungen ausgesprochen. Freud fragt im ersten Teil dieser Abhandlungen: »Wie verhält sich der Narzißmus, von dem wir jetzt handeln, zum Autoerotismus, den wir als *einen* Frühzustand der Libido beschrieben haben?« und antwortet: »Es ist eine notwendige Annahme, daß eine dem Ich vergleichbare Einheit nicht von Anfang an im

[1] Siehe die Analyse des Falles Schreber, die weiter unten angeführt wird; ferner ›Eine Kindheitserinnerung des Leonardo da Vinci‹ (1910, Ges. W., Bd. VIII, S. 170) und ›Totem und Tabu‹ (1913, Ges. W., Bd. IX, S. 109–110).

Individuum vorhanden ist; das Ich muß entwickelt werden. Die autoerotischen Triebe sind aber uranfänglich; es muß also irgend etwas zum Autoerotismus hinzukommen, eine neue psychische Aktion, um den Narzißmus zu gestalten.« (Ges. W., Bd. X, S. 141–142; Hervorhebung durch M. B.)

Von Ernest Jones erfahren wir (Sigmund Freud, Bd. II, S. 322), daß Freud, als er am 10. November 1909 auf einer Tagung der Wiener Psychoanalytischen Gesellschaft erstmals von »Narzißmus« sprach, diesen Begriff in dem oben angeführten Sinne verstand. Er sagte dort: »Der Narzißmus war eine notwendige Zwischenphase beim Übergang von Autoerotismus zum Alloerotismus.« Dies stimmt gut mit dem Satz aus der Analyse des Falles Schreber überein: »Untersuchungen der letzten Zeit haben uns auf ein Stadium in der Entwicklungsgeschichte der Libido aufmerksam gemacht, welches auf dem Wege vom Autoerotismus zur Objektliebe durchschritten wird. Man hat es als Narzissismus bezeichnet; ich ziehe den ... Namen Narzißmus vor ... Eine solche *zwischen Autoerotismus und Objektwahl vermittelnde Phase* ist vielleicht normalerweise unerläßlich; es scheint, daß viele Personen ungewöhnlich lange in ihr aufgehalten werden, und daß von diesem Zustande viel für spätere Entwicklungsstufen erübrigt.« (Ges. W., Bd. VIII, S. 296–297). In dieser, schon 1911 veröffentlichten Erwägung verwendet Freud den Begriff »Narzißmus« zum dritten Mal (etwas früher findet er sich in der Leonardo-Arbeit; auf das erste Mal werden wir gleich zu sprechen kommen).

Zwei Punkte sind hier von Interesse. Erstens scheint Freuds Beschreibung in diesen beiden Zitaten ganz eindeutig: die ursprünglichste Form der Umweltbeziehung des Individuums ist autoerotisch. Darauf folgt die narzißtische Phase, aus welcher sich dann die Objektbeziehungen entwickeln. Offenbar ist das die Entwicklung, die zu der Art der Objektwahl führt, von welcher Freud in der Arbeit ›Zur Einführung des Narzißmus‹ als vom narzißtischen Typus der Objektfindung spricht. Sie sollte als eine Alternativ- oder Parallel-Entwicklung zu jener betrachtet werden, die Freud in den ›Drei Abhandlungen‹ und den anderen, oben genannten Schriften beschrieben hatte. Diese beginnt mit der primären Objektbeziehung und führt zu einer Objektfindung, die von Freud später als »Objektwahl nach dem Anlehnungstypus« bezeichnet wurde.

Nun zu dem zweiten Punkt: In den oben zitierten Sätzen stellt Freud fest, daß der Narzißmus seinem Wesen nach eine Sekundärerscheinung ist, eine »vermittelnde Phase«. Ich wiederhole den entscheidenden Satz: »Es muß also irgend etwas zum Autoerotismus hinzukommen, eine neue psychische Aktion, um den Narzißmus zu gestalten.« Man beachte, daß diese Behauptung ganz ohne Einschränkungen gemacht wird. Dies ist um so überraschender, als sie im nächsten Absatz gleich nach Freuds berühmtem Amöbiengleichnis[2] steht: »Wir bilden so die Vorstellung einer ursprünglichen Libidobesetzung des Ichs, von der später an die Objekte abgegeben wird, die aber, im Grunde genommen, verbleibt und sich zu den Objektbesetzungen verhält wie der Körper eines Protoplasmatierchens zu den von ihm ausgeschickten Pseudopodien.« (Ges. W., Bd. X, S. 141) Ich werde auf diesen Widerspruch gleich zurückkommen, wende mich aber vorher der dritten Hypothese Freuds zu.

Bemerkenswerterweise enthält die Arbeit ›Zur Einführung des Narzißmus‹, in welcher die Hypothese des primären Narzißmus eingeführt wird, keine genaue Beschreibung dieses Begriffes. Dennoch ist es eine unbestrittene Tatsache, daß der primäre Narzißmus zur Standardtheorie über die ursprünglichsten Beziehungen des Individuums zu seiner Umwelt geworden ist. Freud kam in seinen späteren Werken immer wieder darauf zurück. Es ist ferner interessant, daß er diese Hypothese während der weiteren 25 Jahre seines Schaffens nicht änderte. Zum Beweis hierfür zitiere ich zwei Stellen. Die eine ist in dem Zusatz enthalten, den Freud anläßlich der dritten Auflage zu den ›Drei Abhandlungen‹ verfaßte: »Die narzißtische oder Ichlibido erscheint uns als das große Reservoir, aus welchem die Objektbesetzungen ausgeschickt und in welches sie wieder einbezogen werden, die narzißtische Libidobesetzung des Ichs als der in der ersten Kindheit realisierte Urzustand, welcher durch die späteren Aussendungen der Libido nur verdeckt wird, im Grunde hinter denselben erhalten geblieben ist.« (Ges. W., Bd. V, S. 119)

Das zweite Zitat stammt aus Freuds letzter, unvollendeter Arbeit, dem ›Abriß der Psychoanalyse‹, an dem er 1938 und 1939 schrieb; es steht im 2. Kapitel unter der Überschrift ›Trieblehre‹: »Es ist schwer, etwas über das Verhalten der Libido im Es und im Überich auszusagen. *Alles, was wir darüber wissen, bezieht sich auf das Ich, in dem anfänglich der ganze verfügbare Betrag von Libido aufgespeichert ist. Wir nennen diesen Zustand den absoluten primären Narzißmus.* Er hält solange an, bis das Ich beginnt die Vorstellungen von Objekten mit Libido zu besetzen, narzißtische Libido in *Objektlibido* umzusetzen. Über das ganze Leben bleibt das Ich das große Reservoir, aus dem Libidobesetzungen an Objekte ausgeschickt und in das sie auch wieder zurückgezogen werden, wie ein Protoplasmakörper mit seinen Pseudopodien ver-

[2] Siehe jedoch die weiter oben genannte Stelle aus ›Totem und Tabu‹.

fährt. Nur im Zustand einer vollen Verliebtheit wird der Hauptbetrag der Libido auf das Objekt übertragen, setzt sich das Objekt gewissermaßen an die Stelle des Ichs.« (Ges. W., Bd. XVII, S. 72 bis 73; Hervorhebung von M. B.) Die hier in Freuds eigenen Worten wiedergegebene Beschreibung ist zur offiziellen Version geworden und wird in dieser Form an allen psychoanalytischen Instituten der Welt gelehrt.

# 8. Kapitel
# Unstimmigkeiten

Diese drei Theorien, nämlich *primäre Objektliebe, primärer Autoerotismus* und *primärer Narzißmus,* scheinen einander zu widersprechen. Dennoch hat Freud meines Wissens in seinen Schriften diese Widersprüche niemals erörtert; im Gegenteil, es liegt uns noch aus dem Jahre 1923 der gedruckte Beweis vor, daß er an allen drei Hypothesen gleichzeitig festhielt. Dies kann doch nur bedeuten, daß er nicht der Meinung war, sie widersprächen einander oder schlössen einander aus.

Ehe wir uns nun der näheren Betrachtung dieses merkwürdigen Problems zuwenden, sollten wir uns erinnern, daß die Psychoanalyse in getreuer Nachfolge Freuds die Bezeichnung Narzißmus zur Beschreibung zweier ähnlicher, aber keineswegs identischer Zustände benutzt. Der eine, von Freud primärer oder absoluter Narzißmus genannt, ist keine klinische Beobachtungstatsache, sondern eine reine Hypothese; wir *nehmen an,* daß zu Anfang alle Libido im Ich – oder im Es – aufgespeichert ist. Der andere Zustand, in der Regel schlichtweg Narzißmus ohne jedes Attribut genannt, obwohl man genaugenommen von sekundärem Narzißmus sprechen müßte, *läßt sich klinisch beobachten;* er bezeichnet einen Zustand, in welchem ein Teil, vielleicht sogar ein sehr großer Teil der Libido, der vorher äußere Objekte besetzt hielt, abgezogen und auf das Ich – d. h. eindeutig nicht auf das Es – konzentriert wird. Diese Unterscheidung ist für die folgenden Kapitel des Teils II sehr wichtig.

Ohne die Notwendigkeit der Lösung oder wenigstens Versöhnung der genannten Widersprüche in Worten zu erwähnen, versuchte Freud im Jahre 1917 in seinen ›Vorlesungen‹, eine Synthese der drei Hypothesen herzustellen. In der XXVI. Vorlesung, die die Überschrift ›Die Libidotheorie und der Narzißmus‹ trägt, schreibt er: »Ich habe bisher wenig Gelegenheit gehabt, Ihnen von den Grundlagen des Liebeslebens, soweit wir sie erkannt haben, zu sprechen, kann es auch jetzt nicht nachholen. Ich will nur so viel herausheben, daß die Objektwahl, der Fortschritt in der Libidoentwicklung, der nach dem narzißtischen Stadium gemacht wird, nach zwei verschiedenen Typen erfolgen kann. Entweder nach dem *narzißtischen* Typus, indem an die Stelle des eigenen Ichs ein ihm möglichst ähnliches tritt, oder nach dem *Anlehnungstypus,* indem die Personen, die durch Befriedigung der anderen Lebensbedürfnisse wertvoll geworden sind, auch von der Libido zu Objekten gewählt werden.« (Ges. W., Bd. XI, S. 441)

Ich möchte noch ein weiteres Zitat aus derselben Vorlesung anführen. »So war also der Autoerotismus die Sexualbetätigung des narzißtischen Stadiums der Libidounterbringung.« (Ges. W., Bd. XI, S. 431)

Kein Zweifel, Freud legt hier eine scheinbar umfassende Theorie vor: das früheste Stadium ist der primäre Narzißmus, aus dem sich alle die anderen Gestaltungen der Libido als spätere Phasen entwickeln. Aber trotz aller Vorteile von Einfachheit und Leichtverständlichkeit löst diese Theorie die oben erwähnten fundamentalen Unstimmigkeiten nicht, sondern schafft zusätzlich neue Probleme. Um diese Behauptung zu belegen, muß ich eine merkwürdige Fußnote erwähnen, die Freud dem dritten Kapitel von ›Das Ich und das Es‹ hinzufügte. Diese Arbeit wurde erstmals im Jahre 1923 gedruckt (dem gleichen Jahr, in dem die Beiträge zum ›Handwörterbuch der Sexualwissenschaft‹ erschienen, in welchen Freud noch einmal die primäre Natur der Objektliebe feststellte). Der Untertitel dieses Kapitels lautet ›Das Ich und das Über-Ich‹, und die Fußnote steht ziemlich zu Anfang dieses Kapitels. Freud beschreibt darin die Ich-Veränderungen, die stattfinden können, nachdem das Es – nicht das Ich, wie es in dem oben angeführten Zitat aus dem ›Abriß‹ heißt – gezwungen worden ist, eines seiner Liebesobjekte aufzugeben; diese Veränderungen sind nach Freud Introjektion und Identifikation. In der Fußnote heißt es: »Als das große Reservoir der Libido, im Sinne der Einführung des Narzißmus, müssen wir jetzt nach der Scheidung von Ich und Es das Es anerkennen. Die Libido, welche dem Ich durch die beschriebenen Identifizierungen zufließt, stellt dessen *›sekundären Narzißmus‹* her.« (Ges. W., Bd. XIII, S. 258)

An einer späteren Stelle des gleichen Werkes, im 4. Kapitel, wiederholt Freud diese Idee in vielleicht noch deutlicherer Form: »Zu Uranfang ist alle Libido im Es angehäuft, während das Ich noch in der Bildung begriffen oder schwächlich ist. Das Es sendet einen Teil dieser Libido auf erotische Objektbesetzungen aus, worauf das erstarkte Ich sich dieser Objektlibido zu bemächtigen und sich dem Es als Liebesobjekt aufzudrängen sucht. Der Narzißmus des Ichs ist so ein sekundärer, den Objekten entzogener.« (Ges. W., Bd. XIII, S. 275)

Der Zweck dieser beiden Sätze ist offensichtlich, eine unklare Situation im Lichte der neuen Erkenntnisse zu klären. Dies leisten sie auch in einem gewissen Maße – jedoch, wie wir gleich sehen werden, nicht auf die Dauer, da sie zur gleichen Zeit neue Probleme aufwerfen und weitere Widersprüche enthalten. Wir erfahren, daß das große Reservoir der Libido das Es und nicht das Ich ist, wie vorher und auch in späteren Arbeiten nach Erscheinen von

›Das Ich und das Es‹ behauptet wird. Weiter erfahren wir, daß die libidinösen Besetzungen des Ichs, insbesondere derjenigen seiner Teile, die sich durch Introjektion und Identifikation verändert haben, jetzt definitiv als sekundärer Narzißmus bezeichnet werden, mögen sie auch noch so früh im Leben des betreffenden Individuums stattfinden. Die nächste Frage müßte dann folgerichtig lauten: Gibt es im Ich überhaupt einen primären Narzißmus? Bemerkenswerterweise stellt Freud diese Frage hier nicht.

Wo ist dann aber der Ort, und was ist die Rolle des primären Narzißmus? Und lassen sich diese beiden Aussagen mit der üblichen Version vereinbaren, etwa mit dem angeführten Satz aus dem ›Abriß‹: »Alles, was wir darüber (nämlich über die Libido) wissen, bezieht sich auf das Ich, in dem anfänglich der ganze verfügbare Betrag von Libido aufgespeichert ist. Wir nennen diesen Zustand den absoluten, primären Narzißmus«?

In seiner editorischen Bemerkung zu ›Das Ich und das Es‹ unternimmt James Strachey unter der Überschrift ›Das große Libido-Reservoir‹ einen Lösungsversuch[1]. Er vermutet, daß Freud, ohne es selbst zu bemerken, das Bild des »großen Reservoirs« in zweierlei Sinne benutzte: a) im Sinne einer Art von Vorratstank, b) im Sinne einer nahrungspendenden Quelle. Das erste bezieht sich offenbar auf das Ich, das letztere auf das Es. Dies ist eine sehr einleuchtende Hypothese, ganz im Sinne Freuds, und sie würde, falls wir sie annehmen wollen, diesen Widerspruch lösen. Jedoch kommt man nicht darum herum, daß Freud eben nie etwas dergleichen ausgesprochen hat; und wenn dadurch auch das Es als Quelle des primären Narzißmus definiert würde, bleibt immer noch unklar, *was* beim primären Narzißmus besetzt wird. Es kann nicht das Ich sein – in diesen frühen Phasen ist es fraglich, ob schon ein Ich existiert, das besetzt werden könnte; es kann auch nicht das Es sein – denn dann würden die Funktionen von »Vorratstank« und »Nahrungsquelle«, die Strachey eben erst säuberlich getrennt hatte, wieder vermischt werden. (H. Hartmann, 1956, S. 433)

Oder aber man könnte Hartmanns etwas strenge Kritik übernehmen, daß »Freud, wie es auch andere taten, den Begriff ›Ich‹ in mehr als einem Sinne gebrauchte, und nicht immer in dem bestdefinierten. Gelegentlich ... bedeutet ›Ich‹ auch ›die eigene Person‹ oder das ›Selbst‹.«

Hartmann schlägt dann vor, zwischen zwei Bedeutungen des Begriffs »Ich« zu unterscheiden: »Die eine bezieht sich auf die

[1] Ich hatte den Vorzug, diese Bemerkungen im Manuskript lesen zu dürfen. Sie sind inzwischen in der englischen ›Standard Edition‹ der Werke Freuds, Bd. XIX, erschienen.

Funktionen und Besetzungen des Ichs als eines Systems (im Unterschied zu den Besetzungen der anderen Teile der Persönlichkeit), die andere bezieht sich auf die Besetzung der eigenen Person im Gegensatz zu der anderer Personen (Objekte) ... Jedenfalls wurde zu jener Zeit der Terminus Narzißmus gebraucht, um sowohl die libidinöse Besetzung des Ichs wie auch die der eigenen Person zu erfassen. Von diesem Gebrauch stammte auch die häufig benutzte Formulierung, daß zu Beginn des Lebens alle Libido im Ich ruht, von der später Teile ausgesendet werden, um die Objekte zu besetzen. In diesem Falle scheint es vollständig klar, daß Freud sagen wollte, daß die Besetzung der eigenen Person derjenigen der Objekte vorausgeht – wenn aus keinem anderen Grund so aus dem, daß er, wenigstens zu jener Zeit, nicht annahm, daß irgend etwas Ich-Ähnliches bei der Geburt vorhanden ist.« (H. Hartmann, 1956, S. 436)

Hartmann folgert, daß entscheidend für die Definition des Narzißmus die libidinöse Besetzung der eigenen Person anstelle der Objekte sei.

Hiergegen lassen sich mehrere Einwände erheben. Erstens wird das wahre Problem durch eine Petitio principii umgangen, indem vorausgesetzt wird, was erst zu beweisen wäre. Das Fatale ist eben, daß unsere gegenwärtige Theorie der Psyche und die Hypothese des primären Narzißmus miteinander in scheinbar unlösbarem Widerspruch stehen. Hartmann versucht, die Situation durch eine Verlegenheitsannahme zu retten, anstatt den Fehler in den beiden Theorien oder mindestens in einer von ihnen zu suchen. Wir werden zu diesem methodischen Ansatz gleich zurückkehren. Zunächst betrachten wir die Bedeutung des neuen Konzepts »libidinöse Besetzung der eigenen Person«. Zu diesem Zweck müßten wir definieren, was »die eigene Person« ist. Soll es die Gesamtsumme alles Bewußten und Vorbewußten sein? Soll es das ganze Ich und das Über-Ich umfassen oder nur diejenigen Teile dieser beiden Instanzen, die bewußt sind, unter Ausschluß des Es? Oder soll das Es miteinbezogen werden? In diesem Fall müßten wir fragen, wie das möglich sein soll, da wir doch keinen bewußten Zugang zum Es haben und man sich nur schwer vorstellen kann, wie man es als »Selbst« fühlen kann. So muß man wohl zugeben, daß Ausdrücke wie »die eigene Person« oder »das Selbst« ebenso vage und ungreifbar sind wie Charakter, Persönlichkeit usw., die auch undefinierbar und unscharf, im Notfall vielleicht einmal nützlich, aber als Auswege aus einem theoretischen Dilemma doch unbrauchbar sind.

Tatsächlich würde sich ein Teil, wenngleich nicht der ganze innere Widerspruch der Theorie des primären Narzißmus auflösen, wenn wir die neue, ursprünglich von Hartmann, Kris und Loewenstein vorgeschlagene Terminologie übernähmen. Wir müßten jedoch zwei Fragen stellen: Ergeben sich als Folge dieser revidierten Terminologie irgendwelche neuen Komplikationen, und zweitens: würde Freud sie akzeptiert haben? Beide Fragen sind nicht schwer zu beantworten. Eine Definition des Narzißmus als libidinöse Besetzung des Selbst würde uns zwingen, neben einem allgemeinen Selbst-Narzißmus noch die besonderen Formen eines Es-Narzißmus, Ich-Narzißmus und Über-Ich-Narzißmus zu unterscheiden – jeder davon möglicherweise noch in der primären und sekundären Form. Vielleicht könnte diese scheinbar präzise Unterteilung in Zukunft einmal nützlich sein – vorausgesetzt, daß man das Selbst dann genau genug definieren und vom Ich, Es und Über-Ich unterscheiden kann. Gegenwärtig erwarte ich mir davon nur unnötige *theoretische* Komplikationen.

Überdies kann diese neue Terminologie unsere *klinisch* begründeten Zweifel an der primären Natur aller jener neuen Arten von narzißtischer Besetzung nicht beheben. Falls wir nicht annehmen wollen, daß nicht nur die *Anlage,* sondern irgendwelche wesentlichen Teile des Über-Ichs phylogenetisch präformiert sind, muß seine Besetzung sekundär sein, denn diese stammt von den Besetzungen der Objekte her, die im Laufe der Ontogenese introjiziert wurden, wie Freud in »Das Ich und das Es« beschreibt. Wenn wir Freud darin folgen, daß das Ich sich in einem Reifungsprozeß entwickelt, dann müßte sich seine Besetzung etwa im gleichen Verhältnis herausbilden, d. h. sie kann nicht primär sein. So bleibt nur der Es-Narzißmus als möglicherweise primärer Zustand. Nun kann man sich wohl mit James Strachey das Es als Quelle oder sogar als Reservoir aller Libido vorstellen, doch nicht als deren ursprüngliches Objekt. Man hat sich die Libido immer als fließend, eine Strömung vorgestellt; wie aber können Quelle und Mündung eines Stromes identisch sein, es sei denn, der Strom träte aus seiner Quelle aus, wendete sich nach außen, um dann seine Richtung zu ändern und zu seinem Ursprung zurückzukehren. Ohnehin würde ein solches Bild wieder nur auf den sekundären Narzißmus passen. Andererseits würde eine Quelle ohne Abfluß zu einer wachsenden Aufstauung führen, und das ist es vielleicht, was Freud meinte, als er schrieb: »Aber endlich muß man beginnen zu lieben, um nicht krank zu werden, und muß erkranken, wenn man infolge von Versagung nicht lieben kann.« (Ges. W., Bd. X, S. 151)

Das Problem der topographischen Zuordnung desjenigen Teils des seelischen Apparates, der durch den hypothetischen primären Narzißmus besetzt sein soll – im Unterschied zur *Quelle* aller Libido –, ist von Freud niemals gelöst worden und wird meines

Erachtens auch durch die Überlegungen von Hartmann, Kris und Loewenstein nur umgangen und nicht wirklich beantwortet. Wenn wir die beiden Zitate aus ›Das Ich und das Es‹ mit den oben angeführten Sätzen aus den ›Drei Abhandlungen‹ beziehungsweise dem ›Abriß‹ vergleichen, müssen wir allerdings zugeben, daß die Vermutung von Hartmann, Kris und Loewenstein wohlbegründet zu sein scheint. In dieser Hinsicht ist die Einführung des »Selbst« nützlich, da sie – scheinbar – eine ziemlich unklare Theorie aufhellt; aber wir müssen fragen, ob sie darüber hinaus noch etwas mehr leistet. Können wir insbesondere auf ihrer Grundlage klinische Vorhersagen machen, oder kann sie uns helfen, oft beobachtete klinische Erscheinungen zu erklären, die bisher unverständlich waren? Die Antwort auf beide Fragen muß nein lauten. Überdies machen die genannten Autoren bei ihrer Einführung des »Selbst« nicht einmal den Versuch einer Lösung der wichtigen chronologischen Unstimmigkeit, die wir im 11. Kapitel noch erörtern werden.

Ungeachtet Hartmanns strenger Kritik war Freud nun durchaus kein nachlässiger Autor. Es muß also einen Grund geben, weshalb er immer wieder zur Besetzung des Ichs zurückkehrte, wenn er von Narzißmus sprach. Wie Eduardo Weiss hege auch ich starke Zweifel, ob Freud jemals den neuen Formulierungen von Hartmann, Kris und Loewenstein zugestimmt haben würde. Freud hatte gewiß nie den Ehrgeiz, ein pedantisch genauer Theoretiker zu sein; aber er war ein hervorragender Beobachter. Je genauer man seine klinischen Beschreibungen untersucht, desto stärker ist man von ihrer Wahrhaftigkeit und Tiefe beeindruckt. Ich meine daher, daß die Ursache des inneren Widerspruchs in der Theorie des primären Narzißmus nicht mit nachlässigem Sprachgebrauch oder der Unfähigkeit zusammenhängt, klar zu sehen und exakt zu definieren, sondern mit Freuds Abneigung, klinische Beobachtungen zugunsten einer sauberen Theorie zu unterdrücken oder zu modifizieren[2]. Der Grund, weshalb er immer wieder auf die libidinöse

[2] Vielleicht war die Idee des primären Narzißmus der Versuch, einen persönlichen psychischen Konflikt zu lösen. An zahllosen Stellen in seinen Schriften nimmt Freud Bezug auf seine innige Verbundenheit mit seiner Mutter – also eine Objektwahl nach dem Anlehnungstyp. Wir wissen auch von seiner tiefen Zuneigung zu Männern, einer starken Strömung, die sein ganzes Leben durchzieht und spätestens im Alter von zwei Jahren mit der Beziehung zu seinem Neffen John begonnen hatte – eine Objektwahl nach dem narzißtischen Typus. Es gibt viele Anzeichen in Freuds Lebensgeschichte, z. B. seine lange Verlobungszeit und späte Heirat, die dafür sprechen, daß es ihm nicht leichtfiel, für diese Konflikte eine befriedigende Lösung zu finden. Es wäre denkbar, daß die Theorie des primären Narzißmus, unabhängig von ihrer wissenschaftlichen Bedeutung, zusätzlich dem Zweck gedient hat, diese beiden einander befehdenden Strebungen zurückzudrängen und an ihrer Stelle eine theoretische Struktur zu errichten, die konfliktfrei war – wenigstens für ihren Schöpfer.

Besetzung des Ichs zurückkam, wenn er von Narzißmus sprach, ist einfach der, *daß er eben das beobachtete, daß es das ist, was man beobachten kann;* alles andere ist Spekulation, die plausibel oder falsch sein kann, aber keine beobachtbare klinische Tatsache ist.

## 9. Kapitel
## Klinisches zum Narzißmus

In seiner Schrift ›Zur Einführung des Narzißmus‹ (1914) sagt Freud, nicht glatte Theorien und spekulative Ideen seien »das Fundament der Wissenschaft, auf dem alles ruht; dies ist vielmehr allein die Beobachtung. Sie sind nicht das Unterste, sondern das Oberste des ganzen Baues und können ohne Schaden ersetzt und abgetragen werden«. (Ges. W., Bd. X, S. 142) In diesem Sinne wollen wir die klinischen Beobachtungen betrachten, die Freud anführt, um die Existenz des Narzißmus zu beweisen. Die Verfechter seiner Theorie werden zunächst mit Freud sagen, der primäre Narzißmus könne durch klinische Beobachtungen weder bewiesen noch widerlegt werden, da es sich hierbei nur um eine Hypothese handele; dann aber werden sie, genau wie Freud, klinische Beobachtungen anführen, um diese Hypothese *annehmbar* zu machen. Ich möchte nun in diesem Kapitel zeigen, daß die Beobachtungen, auf die Freud und die Theoretiker nach ihm ihre Hypothese eines primären Narzißmus stützten, sämtlich nur das Vorhandensein von *sekundärem* und nicht von primärem Narzißmus beweisen. Man kann die Hypothese eines primären Narzißmus daran anheften, sie jedoch nicht daraus ableiten.

Freud zählt in seiner ›Narzißmus‹-Arbeit fünf klinische Fakten auf, die seine Narzißmushypothese begründeten – in seiner Beweisführung führt er dann sogar acht an. Zunächst erwähnt er das Studium der Schizophrenie und der Homosexualität und fährt dann fort: »Immerhin bleiben uns einige andere Wege offen, um uns der Kenntnis des Narzißmus anzunähern ...: Die Betrachtung der organischen Krankheit, der Hypochondrie und des Liebeslebens der Geschlechter.« (Ges. W., Bd. X, S. 148)

Die drei hier nicht erwähnten, aber in der späteren Beweisführung herangezogenen Beobachtungen sind: 1. Verschiedene psychotische und normale Formen der Überschätzung von Selbst und Objekt, 2. der Schlaf und 3. Beobachtungen an Kleinkindern und Säuglingen. Es kann nicht zweifelhaft sein, daß wir es im Falle von organischer Krankheit und Hypochondrie mit sekundärem Narzißmus zu tun haben, d.h. mit von den Objekten abgezogener Libido. Aber wie steht es mit den anderen klinischen Beobachtungen?

Beginnen wir mit den Beobachtungen an der Homosexualität und am Liebesleben der Geschlechter. Freud nimmt auf seine Hypothese der »Objektfindung« in den ›Drei Abhandlungen‹ Bezug und fährt dann fort: »Neben diesem Typus und dieser Quelle der Objektwahl, den man den *Anlehnungs*typus heißen kann, hat uns aber die analytische Forschung einen zweiten kennen gelehrt, den zu finden wir nicht vorbereitet waren. Wir haben, *besonders deutlich bei Personen, deren Libidoentwicklung eine Störung erfahren hat,* wie bei Perversen und Homosexuellen, gefunden, daß sie ihr späteres Liebesobjekt nicht nach dem Vorbild der Mutter wählen, sondern nach dem ihrer eigenen Person.« Er meint hier den narzißtischen Typus der Objektfindung. Der Absatz schließt: »In dieser Beobachtung ist das stärkste Motiv zu erkennen, welches uns zur Annahme des Narzißmus genötigt hat.« (Ges. W., Bd. X, S. 154)

Welchen Narzißmus meint Freud hier? Der von mir hervorgehobene Satz läßt auf sekundären Narzißmus schließen. Es stimmt mit dieser Vermutung gut überein, daß Freud zur Beschreibung des Anlehnungstypus eine Entwicklung heranzieht, die als normal bezeichnet werden kann, während er bei der Beschreibung des narzißtischen Typus auf schwer pathologische Zustände zurückgreift. Betrachtet man aber primären Narzißmus als eine Stufe der normalen Entwicklung, so ist es recht merkwürdig, daß aus ihm keine normalen, sondern nur pathologische Typen hervorgehen sollten. Ein weiteres Argument für meine These, daß der narzißtische Typus der Objektwahl auf sekundärem und nicht auf primärem Narzißmus beruht, findet sich in dem historisch bedeutsamen Satz, in welchem Freud das Wort »Narzißmus« zum erstenmal im Druck verwendet. Er steht in einer Fußnote, die er 1910 den ›Drei Abhandlungen‹ beifügte: »... Wir haben bei allen untersuchten Fällen festgestellt, daß die später Invertierten in den ersten Jahren ihrer Kindheit eine Phase von sehr intensiver, aber kurzlebiger Fixierung an das Weib (meist an die Mutter) durchmachen, nach deren Überwindung sie sich mit dem Weib identifizieren und sich selbst zum Sexualobjekt nehmen, das heißt vom Narzißmus ausgehend, jugendliche und der eigenen Person ähnliche Männer aufsuchen, die sie so lieben wollen, wie die Mutter sie geliebt hat.« (Ges. W., Bd. V, S. 44) Dies ist wiederum eine sehr kategorische Feststellung. Sie stützt sich aber auf Beobachtungen, die von jedem bestätigt werden können, der jemals Homosexuelle analysiert hat. Zugleich ist sie das stärkste Argument für die sekundäre Natur des narzißtischen Typus der Objektwahl.

Es gibt eine weitere Gruppe von klinischen Beobachtungen, die Freud, obwohl er sie in dieser Aufzählung nicht ausdrücklich erwähnt hat, sehr häufig heranzog, um das Vorhandensein von Narzißmus zu beweisen; diese Gruppe umfaßt alle möglichen Formen unrealistischer Fehleinschätzungen, von der psychotischen Megalomanie über die Überschätzung der eigenen Person oder des Liebesobjektes bis zur Idealisierung. Natürlich besteht in jedem Falle von Überbewertung eines äußeren Objektes die erste Besetzung aus Objektlibido, die in einem zweiten Schritt durch narzißtische Libido verstärkt werden mag – gewiß kein einleuchtendes Argument für den primären Narzißmus. Die sekundäre Natur des im psychotischen Größenwahn auftretenden Narzißmus ist noch leichter zu beweisen. Ähnlich leicht zu beweisen ist es, daß die Bildung des Ich-Ideals und überhaupt jeglicher Idealisierung auf sekundärem Narzißmus beruht[1]. Jedes Ideal beginnt damit, daß etwas von äußeren Objekten, gewöhnlich den Elternfiguren, Abgeleitetes, nach ihnen Geformtes verinnerlicht wird. Diese Gebilde nennen wir Introjekte; selbstverständlich werden nur bedeutungsvolle äußere Objekte introjiziert, solche also, die stark libidinös besetzt sind.

Eng verbunden mit dem Phänomen der Idealisierung ist die Selbstüberschätzung, die man bei primitiven Völkern und bei Kindern findet und die in der analytischen Theorie gewöhnlich »Allmacht« oder »Omnipotenz« genannt wird. Gelegentlich wird diese Bezeichnung ausdrücklich durch Adjektive wie »illusorisch« oder »halluzinatorisch« qualifiziert, aber diese Bedeutung ist in der Bezeichnung »Omnipotenz« ohnehin enthalten. Schon das allein läßt erkennen, daß diese gut belegte klinische Beobachtung ihrer Natur nach sekundär, d.h. eine Folge von Versagung ist. Ferner erweist sich in der Analyse von Erwachsenen – wie übrigens auch von Kindern – die omnipotente Haltung in der Regel als ein verzweifelter Versuch, sich gegen erdrückende Gefühle von Ohnmacht zu wehren. Soviel mir bekannt ist, stimmen die ethnologischen Befunde bei primitiven Völkern mit dieser Erklärung überein. Ferner scheint mir, daß unsere Vorstellungen über kindliche Omnipotenz, die ja hauptsächlich auf Extrapolierungen aus Beobachtungen an Erwachsenen oder älteren Kindern stammen, nicht ohne weiteres ein Beweis für primären Narzißmus sind, sondern allein für sekundären Narzißmus sprechen.

Das nächste Phänomen, das von Freud zugunsten des Narzißmus herangezogen wird, ist der Schlaf, den er merkwürdigerweise in seiner oben erwähnten Aufzählung nicht nennt. Er erwähnt ihn, fast wie einen späteren Einfall, am Schluß seiner Diskussion über die Änderungen der Libidoverteilung bei organischen Erkrankungen. Er sagt dort: »In beiden Fällen sehen wir, wenn auch nichts anderes, Beispiele von Veränderungen der Libidoverteilung infol-

[1] Vgl. auch ›Das Ich und das Es‹, Kap. III.

ge von Ichveränderung.« (Ges. W., Bd. X, S. 149) Diese unangreifbare Beschreibung läßt darauf schließen, daß diese narzißtischen Zustände sekundärer Natur sind.

Vom biologischen wie vom psychologischen Gesichtspunkt aus betrachtet, zeigt der Schlaf ohne Zweifel eine Reihe sehr primitiver Züge. Daher ist er auch seit der ›Traumdeutung‹ immer wieder als Beispiel für Regression herangezogen worden, und oft wurde argumentiert, daß der Schlaf, besonders der tiefe, traumlose Schlaf, beim normalen Menschen dem hypothetischen Zustand eines primären Narzißmus am nächsten komme, abgesehen von dem ebenso oft erwähnten fötalen Zustand. Nach der Ansicht von Freud, Ferenczi und vielen anderen Autoren weisen diese beiden Zustände so viele ähnliche Züge auf, daß sie zusammengenommen ein höchst eindrucksvolles Argument ergeben.

Nun kann man zwar die regressive Natur des Schlafs nicht bestreiten, aber man muß fragen, auf welche Fixierungsstelle der Schläfer sich zurückziehen möchte. Ist die Antwort »auf den primären Narzißmus« wirklich die einzige Möglichkeit? Ich möchte hierzu auf ein höchst interessantes und anregendes, leider fast vergessenes Buch hinweisen, nämlich S. Ferenczis ›Versuch einer Genitaltheorie‹ (1924), und aus dem Kapitel ›Coitus und Schlaf‹ den ersten Absatz zitieren: »Wir haben zu oft und zu eindringlich auf die weitgehende Analogie zwischen den Tendenzen, die in der Begattung und im Schlaf realisiert sind, hingewiesen, als daß wir uns der Aufgabe entziehen könnten, diese zwei biologisch so bedeutsamen Einrichtungen auf ihre Ähnlichkeiten und Unterschiede etwas näher zu prüfen. In den ›Entwicklungsstufen des Wirklichkeitssinnes‹ war der erste Schlaf des Neugeborenen, zu dem ihm die sorgfältige Isolierung, Einhüllung, Erwärmung seitens der Pflegeperson verhilft, als eine Nachahmung der Existenz im Mutterleibe beschrieben. Das durch das Geburtstrauma erschütterte, ängstlich schreiende Kind beruhigt sich bald in dieser Situation, die ihm einerseits real, andererseits auf psychisch-halluzinatorischem Wege, d.h. illusionär, die Empfindung verschafft, als hätte die große Erschütterung gar nicht stattgefunden. Freud sagt denn auch (Vorlesungen zur Einführung), daß der Mensch eigentlich nicht vollkommen geboren werde, sondern die Hälfte seiner Lebenszeit gleichsam im Mutterschoße verbringe, indem er sich zur Nachtruhe begibt.« (Ferenczi, 1924, S. 97)

Anscheinend kann beim Koitus kein Orgasmus erreicht werden, kann der Mensch aber auch nicht einschlafen, wenn zwischen ihm und seiner Umwelt nicht ein »harmonischer« oder wenigstens friedlicher Zustand hergestellt ist. Zu den Vorbedingungen dieses friedlichen Zustandes gehört es, daß die Umwelt die Aufgabe übernimmt, das Individuum vor störenden Reizen von außen zu schützen und auch selbst keine aufregenden oder unlustvollen Reize auszusenden. Mit dieser Vorstellung stimmt die klinische Beobachtung überein, daß bei fehlender sexueller Befriedigung als eines der ersten Symptome Schlaflosigkeit auftritt. So ist der Zustand, dem der Schläfer sich in seiner Regression zu nähern sucht, vielleicht nicht der primäre Narzißmus, sondern eine Art ursprünglichen Friedens mit seiner Umwelt, in welchem, um einen modernen Ausdruck zu gebrauchen – die Umwelt das Individuum »trägt«.

Aus der reichen Literatur über den Schlaf möchte ich noch einen Autor zitieren: Mark Kanzer (1955, S. 261), dessen Beobachtungen für unser Thema relevant sind. Er schreibt: »Einschlafen ist nicht einfach narzißtische Regression ... Der Schläfer ist nicht wirklich allein, sondern ›schläft mit‹ seinem introjizierten guten Objekt. Dafür sprechen die verschiedenen Schlafgewohnheiten – das Verlangen des Kindes nach Anwesenheit der Eltern, des Erwachsenen nach der seines Sexualpartners, des Neurotikers nach Licht, Spielzeug, Zwangszeremoniellen – alles Vorbedingungen des Schlafes.« Als weitere introjektive Handlungen bei Erwachsenen zählt Kanzer auf: essen, trinken, das Einnehmen von Pillen, baden; bei Kindern: gestillt, gewiegt, in den Schlaf gesungen werden. Natürlich ist Bertram Lewins »Traumhintergrund« dem Traumpartner gleichzusetzen. Kanzer faßt zusammen: »So ist der Schlaf, zumindest nach der frühesten Säuglingszeit, eher ein sekundär- als ein primärnarzißtisches Phänomen, und der Schläfer teilt seinen Schlaf mit einem introjizierten Objekt.« (S. 265)

Demnach ist auch der Schlaf, der zunächst so beweiskräftig schien, keineswegs ein ganz zweifelsfreier Beweis für die Existenz des primären Narzißmus. Wohl zieht das Individuum sich von der Welt der Objekte zurück, wenn es Schlaf sucht, und ist allem Anschein nach mit sich allein. Rückzug und Alleinsein, die als Narzißmus gedeutet werden, zeigen jedoch bei näherer Betrachtung, daß der Schläfer nur versucht, die Last seiner Alltagsbeziehungen abzuwerfen und eine primitivere, befriedigendere Form der Beziehung zu Objekten aufzunehmen, deren Interessen mit den seinigen identisch sind. Beispiele solcher Objekte sind: ein bequemes Bett, das Kissen, das Haus, das Zimmer, Bücher, Blumen, Spielsachen, die Übergangsobjekte (Winnicott, 1951) usw. Natürlich sind das alles Repräsentanten oder Symbole innerer Objekte, die ihrerseits aus frühen Umweltberührungen stammen, von sättigenden Stillmahlzeiten, warmen, weichen Hüllen, vom Erlebnis, von der Mutter sicher gehalten und geliebkost, gewiegt und in den Schlaf gesungen zu werden usw. Die angeführten Beobachtungen zeigen, daß der Schläfer zu dieser Welt regrediert und nicht zu einem primären Narzißmus, in welchem es keine beziehungshaltige Umwelt gibt.

## 10. Kapitel
## Schizophrenie, Sucht und andere narzißtische Zustände

Die vorletzte der klinischen Beobachtungen, die Freud anführte, um seine Einführung des Narzißmus zu rechtfertigen, ist die schizophrene Regression. Nach der herrschenden Meinung zieht der Schizophrene sein Interesse von der äußeren Welt ab – jedenfalls ist das der Eindruck, den sein Verhalten erweckt. Ich habe schon darauf hingewiesen, daß Freud jedesmal, wenn er auf die Dynamik der schizophrenen Regression zu sprechen kommt, etwa mit folgender Wendung beginnt: »... daß die durch Versagung frei gewordene Libido nicht bei Objekten in der Phantasie bleibt, sondern sich aufs Ich zurückzieht ...« (Ges. W., Bd. X, S. 152) Diese Formel kehrt bei jeder Betrachtung der Schizophrenie wieder. Wenige Jahre nach Veröffentlichung der Arbeit ›Zur Einführung des Narzißmus‹ erscheint jedoch eine neue Wendung, die von da an häufig mit der erstgenannten zusammen auftritt. In den ›Vorlesungen zur Einführung in die Psychoanalyse‹ (1916/1917) erörtert Freud die Fixierungspunkte, zu welchen die verschiedenen Neuroseformen regredieren, und stellt hinsichtlich der Schizophrenie fest: »... die maßgebliche Fixierung, welche ... den Durchbruch zur Symptombildung gestattet, liegt anderswo, wahrscheinlich im Stadium des primitiven Narzißmus, zu welchem die Dementia praecox in ihrem Endausgang zurückkehrt.« (Ges. W., Bd. XI, S. 457) Das ist eine theoretische Aussage, und sie krankt ebenfalls an den inneren Widersprüchen, die der Hypothese des primären Narzißmus anhaften. Welche klinische Beobachtungen werden zugrunde gelegt?

In der Frage, ob Psychotiker durch eine Psychoanalyse völlig geheilt werden können oder nicht, gehen die Meinungen auseinander; Übereinstimmung herrscht jedoch darüber, daß sie für die psychoanalytische Behandlung keineswegs unzugänglich sind. Allerdings muß die normale, d.h. die Standard-Technik der Psychoanalyse für die Psychosetherapie erheblich modifiziert werden. Diese wohlfundierte klinische Erfahrung bedeutet theoretisch folgendes: a) Der Eindruck, der Schizophrene habe sich von der äußeren Welt zurückgezogen, ist nur teilweise richtig; er hat sich nur von der Welt der normalen, d.h. Drei-Personen- oder ödipalen Beziehungen zurückgezogen; b) er ist dagegen zu einer anderen Art von Beziehung fähig, und alle Modifikationen der Technik verfolgen das Ziel, dem Patienten diese Beziehungsmöglichkeit zu verschaffen.

Ich kann die reichhaltige Literatur zu diesem Thema hier nicht besprechen; ich beschränke mich auf die Feststellung, daß diese Art der Beziehung – und die entsprechende Technik – sehr viel mehr vom Analytiker verlangt als die Standard-Technik. Das soll nicht heißen, daß der Analytiker alle Bedürfnisse des Patienten sofort und bedingungslos befriedigen müsse, aber er muß imstande sein zu beweisen, daß er den Patienten versteht und in »Harmonie« mit ihm arbeiten, sich auf ihn »einstimmen« kann.

Dies gilt übrigens für alle regredierten Patienten, nicht nur für Schizophrene. Alle scheinen hochgradig empfindlich auf die Stimmungen des Analytikers zu reagieren, und je tiefer der Patient regrediert ist, um so sensibler wird er. Was ein Gesunder oder auch ein Neurotiker überhaupt nicht bemerken würde, berührt oder, besser gesagt, verstört den regredierten Patienten zutiefst. Zur Vermeidung solcher Störungen muß der Analytiker mit seinem Patienten »gleichgestimmt« sein. Solange er das durchhalten kann, wird die analytische Arbeit stetig vorwärtsgehen, einem ungestörtem Wachstum vergleichbar. Wenn er jedoch die Wellenlänge des Patienten verliert, wird dieser mit Angst, mit lärmenden, aggressiven Symptomen oder mit Verzweiflung reagieren. Diese Harmonie oder diese Gleichstimmung muß das ganze Leben des regredierten Patienten einschließen, nicht nur sein Verhältnis zum Analytiker. Es liegt im Wesen der analytischen Situation, daß diese Harmonie immer nur für kurze Perioden aufrechterhalten werden kann; von Zeit zu Zeit muß der Analytiker sich vom Patienten distanzieren, um die Situation »objektiv« zu überblicken und vielleicht sogar eine wohlüberlegte Deutung zu geben. In der Regel können diese Patienten Beziehungen zu einem realen äußeren Objekt nur für kurze Zeitspannen ertragen; folglich müssen diese Zeiten für die analytische Arbeit genutzt werden. Wenn aber die Umwelt, d.h. das Alltagsleben, zu große Anforderungen an den Patienten stellt, wird von seiner verfügbaren Libido zuviel abgezogen, und für die Analyse bleibt nicht genug übrig. Daher die mitunter fast unzumutbaren Forderungen mancher Analytiker an die Angehörigen ihrer Patienten, sie müßten sich ganz auf den Patienten einstellen, ihn »tragen«, um zu erreichen, daß der Patient alle ihm verbliebene Libido auf die therapeutische Beziehung zum Analytiker konzentrieren kann.

Erst wenn man die Wichtigkeit dieser Vorbedingung erkennt, versteht man, warum in so vielen Behandlungsberichten von Schizophrenen alsbald der betrübliche Schlußsatz auftaucht: »Äußerer Umstände wegen mußte die Behandlung an diesem Zeitpunkt unterbrochen werden«, oder »Leider griffen die Angehörigen hier ein, und die Behandlung mußte abgebrochen werden.«

Eine der theoretischen Schlußfolgerungen aus dieser Vorbedingung der Harmonie ist die Vorstellung der »schizophrenogenen Mutter«, d.h. einer Mutter, die keine Harmonie mit ihrem Kinde herstellen konnte. Ein weiser, vielerfahrener Kliniker (Hill, 1955, S. 108–109) schreibt: »Solche Mütter lieben ihre Kinder, die später psychotisch werden, zugleich maßlos und mit Vorbehalt. Die Bedingungen für ihre Liebe sind jedoch so, daß das Kind sie niemals erfüllen kann ... Die Mütter sahen nur die äußere, normal erscheinende Außenseite des Kindes und hatten keine Ahnung, was in dem Kinde innerlich vorging.« Eine sehr interessante klinische Beschreibung der Bedeutung einer harmonischen Umgebung für die Anstaltsbehandlung von Schizophrenen findet sich in dem Buch von Stanton und Schwarz (1954), in welchem überzeugend dargestellt wird, daß jegliche Disharmonie in der Umgebung, z.B. zwischen Ärzten und Pflegepersonal, unweigerlich zur Verschlechterung des Zustandes der Patienten führt.

Es scheint also, daß auch der so gut belegte, klinisch beobachtbare schizophrene Rückzug nicht als Beweis für einen primären narzißtischen Zustand herangezogen werden kann. Es wäre in der Tat richtiger zu sagen, daß der Schizophrene eine sehr viel engere Bindung an seine Umwelt hat, jedenfalls in weit höherem Maße von dieser Umwelt abhängig ist als der sogenannte »Normale« und der Neurotiker. Freilich wird eine oberflächliche Beobachtung seines Verhaltens diese enge Bindung und diese unerhörte Abhängigkeit nicht enthüllen; im Gegenteil, was man sieht, sind Rückzug und Abbrechen aller Kontakte. In dieser Hinsicht ist die schizophrene Regression der frühkindlichen oder sogar fötalen Phase vergleichbar, in welchen wir dieselben Bedingungen finden: scheinbare narzißtische Unabhängigkeit, kein Bewußtsein von der äußeren Welt, nur flüchtige und scheinbar unwesentliche Kontakte mit Teilobjekten, was alles von modernen Forschern, z.B. von R. Spitz (1946) in seinen Beobachtungen der Auswirkung früher Entbehrung, festgestellt worden ist; dahinter aber besteht eine enorme Abhängigkeit und das große Bedürfnis nach »Harmonie«. Wir werden dieses Thema im nächsten Kapitel sowie in den Teilen III und V wieder aufnehmen.

Diese von merkwürdigen Widersprüchen gekennzeichnete Einstellung des Schizophrenen zu seiner Umwelt ist demnach nur eine gesteigerte Form der Verhaltensweisen, die man allgemein bei sogenannten narzißtischen Personen findet. Obwohl sie ihr Interesse auf ihr Ich – oder ihr Selbst, um mit Hartmann zu sprechen – konzentrieren, und obwohl sie scheinbar sehr wenig Liebe für andere Menschen übrig haben, sind sie alles andere als sicher und unabhängig; man kann sie auch nicht als stabil, selbstgenügsam oder selbstzufrieden bezeichnen. In der Regel sind sie sehr gekränkt, wenn die Umwelt sie nicht so behandelt, wie sie es erwarten; sie sind leicht verletzt, und Kränkungen nagen lange an ihnen. Im realen Leben können diese narzißtischen Menschen selten auf eigenen Füßen stehen. Häufig leben sie mit ihrem abgespaltenen Gegenbild zusammen, nach dem Muster der bekannten Paare Faust–Mephisto oder Don Quixote–Sancho Pansa oder Don Juan–Leporello. In allen diesen Fällen – wie in der psychoanalytischen Literatur vielfach dargestellt worden ist, von Otto Rank (1924) bis zu Helene Deutsch (1937) – ist der unscheinbarere, nicht-narzißtische Partner, der zu Objekt-Liebe fähig ist, der eigentlich Unabhängige, derjenige, der mit den Forderungen des Alltags fertig wird; ohne ihn und seine Hilfe und Dienste könnte der glänzende, scheinbar so unabhängige narzißtische Held nicht bestehen und müßte elend zugrunde gehen. Im realen Leben ist es sehr oft die Mutter, die als der unscheinbare Partner des narzißtischen Helden fungiert.

So kommen wir zu dem Schluß, daß es in Wirklichkeit gar keine echt narzißtischen Menschen gibt. Der Narzißt ist in Wirklichkeit unerhört abhängig von seiner Umwelt und kann seinen Narzißmus nur unter der Bedingung aufrechterhalten, daß die Umwelt willens ist oder dazu gezwungen werden kann, für ihn zu sorgen. Dies gilt ganz allgemein, vom größten Diktator bis zum elendesten Katatoniker.

Den raschen Wechsel von reifer Objektbeziehung über Narzißmus bis zu der eben beschriebenen Primitivform und wieder zurück kann man häufig in der Analyse von Alkoholikern, besonders von sogenannten Quartalssäufern beobachten. Ihre oft recht intensiven Objektbeziehungen sind schwankend und zerbrechlich. Infolgedessen geraten diese Menschen leicht aus dem Gleichgewicht, und sehr häufig ist die Ursache ihres Zusammenbruchs eine Interessenkollision mit ihrem wichtigsten Liebesobjekt. Eine solche Unstimmigkeit erscheint ihnen so überwältigend, daß sie sich außerstande fühlen, die Situation zu retten. Sie ziehen dann praktisch alle Objektlibido auf sich selbst zurück, niemand gilt ihnen mehr etwas, nur der Narzißmus bleibt ihnen übrig. Einerseits fühlen sie sich im Mittelpunkt jeglicher freundlichen wie feindlichen Aufmerksamkeit, andererseits fühlen sie sich völlig verloren und verlassen.

In diesem Zustand beginnen sie dann zu trinken. Es gibt natürlich auch andere auslösende Ursachen. Welches aber auch immer der Grund ist, die erste Wirkung des Rausches ist unweigerlich ein Gefühl, daß nun alles wieder gut ist, kein Zwist zwischen dem Trinker und seiner Umwelt mehr besteht. Meiner Erfahrung zufolge ist das Sehnen nach diesem Gefühl von »Harmonie« die entscheidende Ursache der Trunksucht oder auch jeglicher anderen Form von Süchtigkeit. An diesem Punkt setzen alle möglichen Sekundärprozesse ein, die die Harmonie bedrohen, und in seiner Verzweiflung trinkt der Alkoholiker mehr und mehr, um sich wenigstens für kurze Zeit in diesen Glückszustand zurückzuversetzen.

Ein höchst bedeutsamer Zug in diesem Zustand von Harmonie, in den sich der Betrunkene eingehüllt fühlt, ist die Empfindung, daß es in dieser Welt des Rausches keine Liebes- oder Haßobjekte gibt, vor allem nichts, was Ansprüche an ihn stellt. Die Harmonie kann so lange bestehen, als der Trinker imstande ist, alles fernzuhalten, was etwas von ihm fordern würde; viele Quartalssäufer schließen sich ein und betrinken sich in der Einsamkeit; andere entfliehen ihrer allzu vertrauten Welt der Objekte und Menschen und suchen sich eine völlig neue Umgebung, zu der sie keine ursprüngliche Beziehung haben und die daher nichts von ihnen fordern kann, vor allem keine dauerhafte libidinöse Bindung. (Eine eindrucksvolle Darstellung dieser beiden Welten – der normalen mit ihren dauernden libidinösen Verpflichtungen und der Welt des Trinkers mit nur ganz flüchtigen Besetzungen – ist Chaplins Film ›City Lights‹.) In dieser anderen Welt des Trinkers werden Menschen nur ertragen, solange sie mitfühlend und freundlich sind; die leiseste Kritik oder der geringste Interessenkonflikt führt zu heftigen Reaktionen, eben weil der Trinker das verzweifelte Bedürfnis hat, die Harmonie in seiner vom Alkohol geschaffenen Welt ungestört zu erhalten.

Noch eine weitere Gruppe klinischer Beobachtungen gehört in unseren Zusammenhang. Es ist die analytische Atmosphäre, die bei der Behandlung gewisser schwieriger Patienten anscheinend notwendig ist. Die Schwierigkeit kann in der Regression des Patienten bestehen, in seinem starken Narzißmus, der Art seiner Erkrankung oder seiner Charakterstruktur. Diese Menschen werden in der Literatur gewöhnlich als »seelisch tief gestört« bezeichnet. Es war bei eben solchen Patienten, daß ich zuerst erkannte, daß sie zu ihrer Umwelt eine bestimmte primitive Beziehung besitzen. Man könnte gegen mich einwenden, daß meine Beschreibung zwar auf gewisse Erscheinungen in der Behandlung zutreffe, die aber nicht vom Patienten, sondern durch meine Technik geschaffen worden seien. Um meinen Kritikern den Wind aus den Segeln zu nehmen, zitiere ich eine Analytikerin, deren klassische Technik über jeden Zweifel erhaben ist: Phyllis Greenacre. Sie schreibt (1953, S. 48): »Ich möchte nun beschreiben, auf welche Art und Weise meiner Ansicht nach dieser übermäßige Narzißmus und diese Angst im Laufe der Analyse gehandhabt werden können – eine Technik, die sogar unabdingbar notwendig ist, damit die ›richtige‹ Analyse, die in erster Linie Störungen der Libidoentwicklung behandelt, in Gang kommen kann. Gewiß ist das Übermaß an Narzißmus in diesen Fällen ein Problem, das den Analytiker bedrängt und abschreckt. Ich neige aber dazu, zu glauben, daß der Narzißmus mit vorsichtigen Mitteln so weit erzogen werden kann, daß der Patient die Unlust der Analyse ertragen kann, vorausgesetzt, daß man gleichzeitig auf die blinden Ängste acht gibt, die ihrer unsicheren Charakterstruktur zugrunde liegen.« Wenn man diese Sätze mit einer Beschreibung der Bedürfnisse der schizophrenen Patienten im regredierten Zustand vergleicht, wird man erkennen, daß hier von der gleichen klinischen Erfahrung die Rede ist.

Über die Patienten, die in einem Panikzustand in die Analyse kommen, sagt Greenacre: »Es ist in diesen frühen Phasen äußerst wichtig, die verständnisvolle Mitarbeit jener Menschen zu gewinnen, die den Patienten die übrigen dreiundzwanzig Stunden des Tages umgeben, sei es in der Klinik oder zu Hause; ein Großteil des Gewinns aus der therapeutischen Stunde kann durch feindselige, überbesorgte oder zu aktive Freunde und Verwandte wieder verlorengehen.« (Greenacre, 1953, S. 54–55) Das könnte auch ich nicht anders ausdrücken.

Wenige Seiten weiter (S. 57–60) setzt Greenacre das, was sie »Erziehung des Narzißmus« nennt, anscheinend mit Stärkung des Ichs gleich. Ich habe gegen diese Beschreibung nichts einzuwenden und möchte nur darauf hinweisen, daß die von Greenacre vertretene Methode vorschreibt, der Analytiker müsse zu Beginn mit seinem Patienten möglichst »gleichgestimmt« sein und dann schrittweise und vorsichtig versuchen, zu einem normalen Objekt zu werden, d.h. einem, das auch Rechte geltend machen kann. Natürlich bedeutet diese »Gleichstimmung« nicht notwendigerweise, daß der Analytiker automatisch alle Wünsche, Sehnsüchte und Bedürfnisse des Patienten befriedigt, aber es bedeutet allerdings, daß er sich ehrlich bemühen muß, die Beziehung zu seinem Patienten so eng wie möglich der »harmonischen Verschränkung« anzunähern, wie ich diese Beziehung nenne und im 12. Kapitel noch eingehender erörtern werde.

Ich möchte hier einen wichtigen Zusatz einfügen. Greenacres Beschreibung der analytisch zu beobachtenden Erscheinungen wie auch ihre technischen Empfehlungen könnten uneingeschränkt als Illustration von Ereignissen dienen, die zum Bereich der in Teil I dargestellten Grundstörung gehören. Wir finden die ausschließliche Zwei-Personen-Beziehung, die bedingungslose Forderung, daß der eine Partner – der Analytiker – mit dem anderen – dem Patienten – jederzeit »gleichgestimmt« sein müsse, die Konfliktlosigkeit, die relative Bedeutungslosigkeit der gewohnten Formen der Deutung usw. usw. Ich nehme an, daß das Studium des klinischen Bildes der narzißtischen Störungen, ihre Metapsychologie und vor allem ihre Therapie ganz erhebliche Fortschritte machen werden, wenn man sie im Sinne der Theorie der Grundstörung angeht. Ein Versuch in dieser Richtung wird in den Teilen III und V dieses Buches unternommen.

Wie wichtig diese andere Betrachtungsweise sein könnte, wird in einem neueren, im übrigen ausgezeichneten Aufsatz von W. G. Joffe und J. Sandler sehr deutlich gezeigt. Er hat den Titel ›Disorders of Narcissism‹ (1965) und enthält keinerlei Kritik der Theorie des primären Narzißmus. Die Autoren bemühen sich zu zeigen, daß man, um den Narzißmus und seine Störungen zu verstehen, neben der Triebbefriedigung auch »Abweichungen von einem Idealzustand des Wohlbefindens ... als Gefühl und Vorstellung« in Rechnung stellen müsse. Dieser »Idealzustand des Wohlbefindens« ist, wie ich im 12. Kapitel darstellen werde, das Endziel der primären Liebe, ja, allen menschlichen Strebens, und eine schwere Störung der Frühphase führt zu einer spezifischen Grundstörung. Nur wenn man es, wie diese Autoren, unterläßt, die dynamische Struktur des »Idealzustandes des Wohlbefindens« zu untersuchen, kann man dessen Objektbeziehungscharakter verkennen und ihn ohne weiteres mit dem primären Narzißmus gleichsetzen. Im übrigen bezieht sich ihre Diskussion, obwohl die Autoren dies nicht ausdrücklich sagen, allein auf Erscheinungen, die zum Bereich des sekundären Narzißmus gehören, und in dieser Hinsicht stimme ich mit praktisch allen ihren Schlußfolgerungen überein.

Halten wir als Ertrag dieses Teils unserer Diskussion fest, daß der Schizophrene – entgegen theoretischen Annahmen – durchaus imstande ist, selbst im tiefregredierten Zustand, auf seine Umwelt zu reagieren und daher auch für eine analytische Therapie erreichbar ist. Der Kontakt ist jedoch schwach und empfindlich wegen des zwingenden Bedürfnisses des Schizophrenen nach einer »harmonischen« Beziehung. Dies läßt darauf schließen, daß sein narzißtischer Rückzug sekundär und eine Folge von Versagung ist. Die übrigen, in diesem Abschnitt kurz behandelten Zustände – Alkoholismus und »tief gestörte« oder »narzißtische« Patienten – bieten das gleiche Bild dar: überall dasselbe primitive Bedürfnis nach Harmonie, Enttäuschung infolge der übermäßigen Forderungen an den Partner im allgemeinen und an den Analytiker im besonderen, und Rückzug in sekundären Narzißmus.

## 11. Kapitel
## Pränatale und frühe postnatale Zustände

Unser Überblick über die klinischen Fakten, mit denen Freud die Einführung des Narzißmus begründete, führte uns zu dem Schluß, daß alle bis auf zwei eindeutig Fälle von sekundärem Narzißmus sind. Wir fanden nur zwei Erscheinungen, die nicht ausschließlich mit sekundärem Narzißmus erklärt werden können: die regressiven Zustände der Schizophrenie und der tiefe, traumlose Schlaf. Selbst hier aber scheint es, daß der Fixierungspunkt, auf den der Patient zu regredieren versucht, nicht unbedingt der primäre Narzißmus ist, sondern eine sehr primitive Form von Beziehung, bei der eine wahrscheinlich noch undifferenzierte Umwelt sehr intensiv besetzt war.

Selbstverständlich hat der Kliniker Freud diese Schwierigkeit nicht übersehen. Er schrieb schon 1914: »Der von uns supponierte primäre Narzißmus des Kindes, der eine der Voraussetzungen unserer Libidotheorie enthält, ist weniger leicht durch direkte Beobachtung zu erfassen als *durch Rückschluß* von einem anderen Punkt her zu bestätigen.« (Ges. W., Bd. X, S. 157; Hervorhebung durch M. B.) Hier erhalten wir einen aufschlußreichen Einblick in Freuds Mentalität: der Theoretiker ist optimistisch und baut an seiner Konstruktion weiter, der Kliniker aber ist – milde ausgedrückt – vorsichtig, ja skeptisch.

Freud spricht hier überdies vom *primären Narzißmus des Kindes,* während die herrschende psychoanalytische Theorie sich genötigt sieht, den *primären Narzißmus in den pränatalen Zustand* zu verlegen.

Die Tendenz des Vordatierens ist in der analytischen Theorie recht verbreitet. Sobald eine Annahme mit den klinischen Beobachtungen unvereinbar ist, wird sie nicht etwa als unhaltbar fallengelassen oder wenigstens weiteren Untersuchungen unterzogen, sondern sie wird vordatiert, d. h. auf immer frühere Phasen der Entwicklung bezogen, bis man bei so frühen Zuständen anlangt, daß sie sich jeglicher klinischen Beobachtung entziehen.

Der Einfachheit halber möchte ich hierzu hauptsächlich die Gedanken Phyllis Greenacres erörtern. Das scheint mir insofern gerechtfertigt, als Greenacre eine anerkannte Autorität auf diesem Gebiet ist und unser Thema in ihrem Buch ›Trauma, Growth and Personality‹ (1953) eingehend behandelt hat. Obgleich nicht alle hier zu diskutierenden Ansichten von ihr stammen, möchte ich soviel wie möglich ihre eigenen Worte sprechen lassen. Zur Vereinfachung unterteile ich ihre Annahmen in drei Gruppen: 1. Ansichten über das eigentlich fötale Leben; 2. Ansichten über die durch die Geburt eintretenden Veränderungen und 3. Ansichten über die frühesten Phasen des extrauterinen Lebens.

Greenacre behauptet sehr entschieden: »Vom biologischen Gesichtspunkt aus kann Narzißmus als die libidinöse Komponente des Wachstums definiert werden.« (Greenacre, 1953, S. 20) Sie folgt Freud in ihrer Feststellung: »Narzißmus fällt mit Leben überhaupt zusammen ... narzißtische Libido findet sich überall, wo auch nur ein Funke von Leben ist«, oder noch schärfer: »Im Fötus ist der Narzißmus auf die einfachste Form gebracht und besitzt fast keinen oder überhaupt keinen psychischen Gehalt.« (Greenacre, 1953, S. 45)

Greenacres Gedankengebäude ist als Ganzes logisch und einsehbar; ihre Aussagen beruhen aber ausschließlich auf Annahmen, die durch Beobachtung weder bewiesen noch widerlegt werden können. Mit einer Reihe anderer Analytiker ist sie der Meinung, derartige Aussagen seien zulässige Ableitungen aus verschiedenen klinischen und biologischen Tatsachen. Ohne Zweifel würde sie zugeben, daß es sich dabei nur um Meinungen und vage Vorstellungen handelt, daß wir aber nichts Tatsächliches über die Verteilung der Libido im intrauterinen Leben, über die »libidinöse Wachstumskomponente« oder über einen »jedes psychischen Gehalts entbehrenden Narzißmus« wissen. Ich bin mir klar darüber, daß ich die Verfasserin durch aus dem Zusammenhang gerissene Zitate möglicherweise ungünstig präsentiere, aber ich halte es auch dem Leser gegenüber für unzulässig, derartige Aussagen zu machen, ohne ausdrücklich festzustellen, daß es sich nicht um klinische Tatsachen, sondern um ungesicherte Spekulationen handelt.

Im weiteren gibt Greenacre in ihrem Buch eine ausgezeichnete Schilderung der Vorstellungen, mit denen Menschen ihre Gefühle bezüglich ihrer Geburt oder gar »Erinnerungen« an diese ausdrükken: Geburt sei wie »eine Brücke von einer Form des Daseins zu einer anderen«, »eine Kluft«, »ein Sprung«, eine »Verdunkelung, ähnlich wie beim Tode« usw. (Greenacre, 1953, S. 20–21)

Greenacre folgert, daß das Erleben der Geburt möglicherweise alle diese Bilder als überdeterminierende Faktoren umfaßt, daß aber das Grundlegende des Geburtserlebnisses der plötzliche, erfolgreiche Übergang von einem Lebensmodus zu einem anderen ist. Sie beschreibt: »Ich könnte mir denken, daß die Störung im Haushalt der fötalen narzißtischen Libido zur Zeit der Geburt ungefähr so aussieht: Ein Sprung von der fast vollständigen Abhängigkeit des intrauterinen Lebens zu den Uranfängen der Selbständigkeit, zum mindesten doch zu der Schein-Unabhängigkeit außerhalb des mütterlichen Leibes, die an die Stelle der vollständigen Abhängigkeit im Mutterschoß tritt.« (Greenacre, 1953, S. 45)

Sie wiederholt Freuds Aussage, daß Erlebnisse während der Geburt anscheinend das »Angstschema« des Individuums bestimmen und organisieren, und fügt hinzu: »Während das geprägte Angstschema ein Schutz gegen Gefahren ist, bildet die Organisation des Narzißmus ein positives Angriffswerkzeug, eine vorstoßende aggressive Regung.« (Greenacre, 1953, S. 19)

Mit gewissen Schwierigkeiten können alle diese Beschreibungen als mögliche Hinweise auf einen Zustand von primärem Narzißmus gedeutet werden, und als solche werden sie auch von Greenacre verwendet. Nach meiner Meinung aber könnten sie viel einfacher als Argumente zugunsten der Annahme gedeutet werden, daß zwischen dem Fötus-Baby und seiner Umwelt ein früher, intensiver Austausch besteht. Die Geburt unterbricht dann plötzlich eine bisher befriedigende Beziehung zu einer Welt, in der es zwar noch keine Objekte gibt, die wahrlich eine Art von unstrukturiertem »Ozean« ist. Wir werden auf diesen Gedankengang sogleich zurückkommen.

Leider kann ich nicht auf die vielen interessanten klinischen Beobachtungen über den Zusammenhang zwischen dem vermeintlichen oder wirklichen Geburtstrauma und der Symptomatik des Erwachsenen eingehen, die in Greenacres Buch mitgeteilt werden; das würde den Rahmen dieser Arbeit sprengen. Andererseits möchte ich betonen, daß alle von Greenacre angeführten klinischen Beschreibungen der Auswirkungen postnataler Ereignisse als Beweis für die sekundäre Natur des Narzißmus gelten können, der als Folge von Frustrationen durch die Umwelt entsteht. Um dies zu belegen, will ich eine Stelle aus Greenacres ›Pre-genital Patterning‹ (1952) zitieren: »Ich möchte auf die Frage eines gesteigerten primären Narzißmus zurückkommen, der auf eine frühe und wiederholte Überreizung des Kleinkindes zurückzuführen ist. Diese Steigerung ... verlängert und intensiviert die Tendenz zur primären Identifizierung und beeinträchtigt die Entwicklung des Realitätssinnes, der normalerweise mit der zunehmenden körperlichen Reaktionsfähigkeit und der Reizwahrnehmung einhergeht.« (S. 414)

Die frühe Kindheit wird oft als ein undifferenzierter Zustand beschrieben, in dem es keine Grenzen zwischen Person und Welt gibt – eine einleuchtende Vorstellung, auf die wir im 12. Kapitel zurückkommen werden. Alternativ oder parallel hierzu gilt die frühe Kindheit als Phase des primären Narzißmus und der primären Identifizierung, welch letztere oft als funktionelle Seite des primären Narzißmus beschrieben wird. Vorausgesetzt, daß der

Begriff der »Identifizierung« seine normale Bedeutung behält, ist in der Annahme der Gleichzeitigkeit dieser beiden Zustände ein logischer Widerspruch enthalten. Wie erwähnt, war Freud sich dieses Widerspruchs bewußt und beschäftigte sich mit ihm im dritten Kapitel von ›Das Ich und das Es‹. Jede Identifizierung im üblichen Sinne bedeutet eine Ich-Veränderung unter dem Einfluß irgendeines äußeren Objekts oder eines bereits intensiv besetzten Teiles der Außenwelt. Jede, auch die primitivste Identifizierung geschieht mit irgend etwas außerhalb des Individuums, und um eine Ich-Veränderung entsprechend einem äußeren Vorbild zustande zu bringen, muß dieses Vorbild dem Individuum besonders viel bedeuten. Deshalb möchte ich behaupten, daß es keine primäre Identifizierung geben kann. Jede Identifizierung muß per definitionem sekundär im Sinne einer Objekt- oder Außenweltbesetzung sein. Daraus ergibt sich, daß primärer Narzißmus und primäre Identifizierung nicht gleichzeitig nebeneinander bestehen können – wenn es sie überhaupt gibt.

Ein anderes, oft gebrauchtes Argument zugunsten des primären Narzißmus ist die Unfähigkeit des neugeborenen Kindes, in den ersten Lebenstagen die äußere Welt wahrzunehmen. Da es keine Außenwelt zu besetzen gibt, müsse das Kind im Zustand des primären Narzißmus leben. Gerät dieses Argument in Konflikt mit beobachteten Fakten, so wird es abgemildert: der zufriedene Säugling schläft entweder ein und befindet sich dann »weit weg« vom Einfluß der Welt oder, wenn er wach ist, sei beispielsweise nach W. Hoffer (1959) anzunehmen, »daß die Umwelt-Mutter dem primären Narzißmus des Kindes zu Hilfe eilt, und so gibt es noch kein Ich, keine Vorstellung von Gefahr, Angst oder Abwehr ...« (S. 8) »Nötig ist also ein Halt, eine Stütze, um den Zustand des primären Narzißmus als Äquivalent für die Tragefunktion der pränatalen Mutter aufrechtzuerhalten.« (S. 9)

Im gleichen Aufsatz vermutet Hoffer, daß Freud durch die Kinderpflege seiner Zeit, das Wickeln, in seinen Theorien über die frühen Zustände beeinflußt worden sei. Nach Hoffer spielt das Wickeln die Rolle »einer narzißtischen Schale für das sich entwikkelnde Ich.« Die Kinder seien dadurch vor Außenreizen geschützt und möglicherweise in ihren Objektbeziehungen retardiert. »Das Fortfallen des Wickelns gefährdet wiederum den primären Narzißmus des Kindes; natürlich nicht in Wirklichkeit, sondern nur in den Augen des Beobachters, der Objektbezogenheit zu sehen begann, die den primären Narzißmus überlagerte.« Und er fügte hinzu: »Ich frage mich ..., ob wir nicht etwas als Fortschritt der psychoanalytischen Wissenschaft proklamieren, was in Wirklichkeit eine Anpassung unserer Theorien an gegenwärtig herrschende

Verhältnisse, d.h. an gewisse Gewohnheiten in der Kinderpflege ist.« (S. 11)

Alle diese Argumente weichen der Frage aus. Zunächst wird behauptet, daß es einen Zustand von primärem Narzißmus gibt, und um diese Behauptung unversehrt zu erhalten, wird weiter behauptet, a) daß die Umwelt-Mutter das Kind »tragen« müsse, um den Zustand des primären Narzißmus zu schützen, b) daß das Kind keine Veränderung in diesem »Getragenwerden« bemerken dürfe, und c) daß *jede beobachtete Außenweltbeziehung und jede beobachtete Reaktion* auf eine Veränderung im »Getragenwerden« (zum Beispiel, wenn das Wickeln fortfällt) als unzutreffend außer acht gelassen werden müsse – denn sonst bricht die gesamte theoretische Konstruktion zusammen.

Ich finde, es wäre einfacher anzunehmen, daß eine Beziehung zur Außenwelt in primitiver Form von Anfang an besteht und daß das Kind fähig ist, jede größere Veränderung in der Außenwelt wahrzunehmen und auf sie zu reagieren. Hoffers Argument besagt übrigens, daß die Theorie des primären Narzißmus hauptsächlich auf Erfahrungen mit Kindern beruht, die fühllos behandelt wurden, das heißt, die fest gewickelt, einer engen Pflegeroutine unterworfen und die daher gezwungen waren, den sekundären Narzißmus in einer viel zu frühen Phase zu entwickeln, vor allem wegen der schon gestörten Beziehung zu ihrer Umwelt.

## 12. Kapitel
## Primäre Liebe

Die Annahme eines primären Narzißmus, die uns eine so saubere und logische Theorie zu bieten schien, hat uns nun doch in unauflösliche Widersprüche und Unsicherheiten geführt. Theoretisch können wir zwar leicht die Quelle der Libido benennen, nämlich das Es, doch es hat sich als unmöglich erwiesen, das »große Reservoir der Libido« oder die Verankerung des primären Narzißmus topologisch einzuordnen. Freuds eigene Beschreibungen sind widersprüchlich und nicht vereinbar, und die neuen Vorschläge von Hartmann, Kris und Loewenstein einerseits und von Strachey andererseits lösen zwar einige Probleme, doch schaffen sie gleichzeitig neue. Ein anderer unauflöslicher Widerspruch ist die Chronologie: Freud hat mit gleicher Bestimmtheit einmal die primäre Objektbeziehung, ein andermal den primären Autoerotismus und dann wieder den primären Narzißmus als früheste und primitivste Form der Umweltbeziehung des Menschen bezeichnet.

In dieser Verlegenheit nahm die analytische Theorie ihre Zuflucht zu einem erprobten Ausweg, zur Vordatierung. Während Freud noch vom »primären Narzißmus des Kindes« sprach, schreibt die moderne Theorie den primären Narzißmus dem Fötus zu. Ich versuchte im Vorangehenden zu zeigen, daß wir auf diese Weise zu einer »Koffer-Theorie« gelangen. Im Koffer findet man das, was vorher hineingepackt wurde, man täuscht sich aber, wenn man darin mehr zu finden erwartet.

Zudem sind in den fünfzig Jahren seit der ›Einführung des Narzißmus‹ keine neuen klinischen Beobachtungen über das Vorhandensein von primärem Narzißmus beschrieben oder zu seinem Beweis vorgebracht worden. Während also die Literatur über primären Narzißmus dürftig ist und vorwiegend die verschiedenen Behauptungen Freuds wiederholt, gibt es eine reichhaltige Literatur über sekundären Narzißmus, die auf einwandfreien klinischen Beobachtungen beruht.

Eine gute Theorie muß wenigstens einige der folgenden Eigenschaften besitzen: a) Sie muß frei sein von inneren Widersprüchen. In dieser Beziehung war die Theorie des primären Narzißmus nun von Anfang an mangelhaft und ist es trotz aller Anstrengungen geblieben. b) Sie muß eine ästhetische Struktur besitzen, der sich auch Einzelbeobachtungen so einfügen, daß jede einzelne besser verstanden wird. Die Theorie des primären Narzißmus behauptet, dies zu leisten, jedoch wie in den vorangehenden Kapiteln gezeigt, zu Unrecht. c) Eine Theorie sollte die Grundlage bieten für Voraussagen, Schlüsse und Folgerungen, die verifiziert oder widerlegt werden können. Soviel ich sehe, führte die Theorie des primären Narzißmus nur zu weiteren theoretischen Spekulationen, die sich entweder jeder Verifizierung entzogen oder sich als falsch erwiesen haben und aufgegeben werden mußten, wie im Fall der angeblichen Unzugänglichkeit der Schizophrenen für die analytische Behandlung.

Als Alternative möchte ich zweierlei vorschlagen. Da sich die Theorie des primären Narzißmus als widersprüchlich und unfruchtbar erwiesen und mehr Probleme geschaffen als gelöst hat, und da mehr als fünfzigjähriges Nachdenken und kritisches Beobachten die inneren Widersprüche der Theorie nicht aufgelöst haben, kann ich nicht einsehen, warum man weiter an ihr festhalten soll. Mein zweiter Vorschlag geht dahin, unsere klinischen Erfahrungen mit Patienten dazu zu benutzen, anstelle des primären Narzißmus eine neue Theorie aufzustellen, die durch direkte Beobachtungen entweder verifiziert oder widerlegt werden kann. Kenner meiner Schriften werden voraussehen, daß mein Vorschlag auf eine Theorie der primären Beziehung zur Umwelt abzielt: auf primäre Liebe.

Um Mißverständnissen vorzubeugen, möchte ich auf folgendes hinweisen. Eine Theorie der primären Liebe bedeutet nicht, daß Sadismus und Haß keinen oder einen nur unwesentlichen Raum im menschlichen Leben einnehmen. Ich bin aber ganz sicher, daß sie Sekundär-Phänomene, d.h. Folgen unvermeidlicher Frustrationen sind. Ziel allen menschlichen Strebens ist es, eine allumfassende Harmonie mit der Umwelt herzustellen oder besser: sie zu erneuern, um so in Frieden lieben zu können. Während Sadismus und Haß mit diesem Streben unvereinbar zu sein scheinen, können ihm Aggressivität und sogar Gewalt dienlich sein, man kann sie sogar bis zu dem Moment als lustvoll empfinden, in dem der Zustand der Harmonie unmittelbar bevorsteht, nicht aber während dieses Zustandes selbst. Dies sind die Hauptgründe, weshalb ich meine Theorie »primäre Liebe« nenne; a fortiori fiat denominatio.

Sie wurde in vielen Jahren klinischer Erfahrung in ihre jetzige Form gebracht; ich schrieb die ersten versuchsweisen Formulierungen im Jahre 1932. Hier werde ich sie der Kürze halber in einer etwas apodiktischen Form schildern, zumal ich sie in den Büchern ›Angstlust und Regression‹ (1959) und ›Die Urformen der Liebe und die Technik der Psychoanalyse‹ (1966) eingehend dargestellt habe.

Gemäß der Theorie des primären Narzißmus hat der Mensch bei der Geburt kaum irgendwelche oder gar keine Beziehungen zur

Umwelt. In dieser Welt gibt es vorläufig nur ein einziges Objekt: das Selbst, das Ich oder das Es, und die gesamte Libido konzentriert sich auf eine oder auf alle drei Instanzen. Um mit den biologischen Tatsachen zu beginnen: Wir wissen dagegen, daß die Abhängigkeit des Fötus von seiner Umwelt enorm ist, zweifellos größer als jegliche Abhängigkeit des Kindes oder des Erwachsenen. Für sein Wohlergehen und seine normale Entwicklung ist es daher wesentlich, daß die Umwelt den Bedürfnissen des Fötus weitmöglichst und ununterbrochen entspricht. Jede größere Abweichung von der Bedürfnisbefriedigung zieht schwerwiegende Folgen nach sich, gefährdet sogar das fötale Leben.

Wenn wir diese biologische Konstellation als Modell für die Libidoverteilung im fötalen Leben, d. h. für eine psychische Verfassung nehmen dürfen, dann muß die Umweltbesetzung des Fötus sehr intensiv sein, intensiver als die des Kindes oder des Erwachsenen. Allerdings ist diese Umwelt wahrscheinlich undifferenziert; einerseits gibt es in ihr noch keine Objekte, andererseits ist sie kaum strukturiert. Vor allem gibt es zwischen ihr und dem Individuum keine scharfen Grenzen. Umwelt und Individuum durchdringen sich gegenseitig, sie existieren in einer »harmonischen Verschränkung«. Ein schönes Bild dieser harmonischen, einander durchdringenden Verschränkung ist der Fisch im Meer (eines der archaischsten und verbreitetsten Symbole) – es ist sinnlos zu fragen, ob das Wasser in den Kiemen oder im Maul Teil des Meeres oder Teil des Fisches sei, und genau das trifft auf den Fötus und die amniotische Flüssigkeit zu. In der Placenta verschränken sich Fötus und Umwelt-Mutter auf eine so komplizierte und sich gegenseitig durchdringende Weise, daß ihre Histologie und Physiologie zu den gefürchtetsten medizinischen Examensfragen gehören.

Als weiteres Beispiel kann unser Verhältnis zur umgebenden Luft angeführt werden, das nach dem gleichen Muster geprägt ist. Wir brauchen die Luft, können ohne sie gar nicht leben; wir atmen sie ein, entnehmen ihr Elemente und benutzen sie nach unserem Bedürfnis; dann beladen wir sie mit Stoffen, deren wir uns entledigen wollen, und atmen sie wieder aus – ohne ihr die geringste Aufmerksamkeit zu widmen. Die Luft-Umwelt muß einfach da sein; solange dies der Fall ist, solange wir genügend Luft zum Atmen haben, nehmen wir sie als selbstverständlich hin, sie ist kein Objekt, nichts von uns Getrenntes, wir brauchen und gebrauchen sie. Die Lage ändert sich plötzlich, wenn die Umwelt sich verändert, wenn zum Beispiel dem Erwachsenen die Luftzufuhr abgeschnitten wird. Dann nimmt die scheinbar nicht besetzte Umwelt plötzlich ungeheure Bedeutung an, das heißt aber: die latente wirkliche Besetzung wird deutlich.

So wie beim Verhältnis vom Fisch zum Wasser ist unsere Beziehung zur Luft ohne scharfe Grenzen. Es ist eine müßige Frage, ob die Luft in unserer Lunge oder in unserem Darm ein Teil unserer selbst ist oder nicht, oder wo man die Grenze zwischen Selbst und dieser Luft ziehen sollte; wir leben mit der Luft in einer fast harmonischen gegenseitigen Durchdringung. Die Bedeutung von psychischen Zuständen, die an diese Art von Beziehung erinnern, soll in den Teilen III, IV und V erörtert werden.

Nach meiner Theorie wird das Individuum in einem Zustand von sowohl biologisch wie libidinös intensiver Bezogenheit zu seiner Umwelt geboren. Vor der Geburt sind Fötus und Umwelt harmonisch verschränkt, sie gehen ineinander über. Es gibt keine Objekte in dieser Welt, nur Substanz und Raum ohne Grenzen.

Die Geburt ist ein Trauma, das dieses Gleichgewicht in Aufruhr bringt, sie verändert die Umwelt radikal und erzwingt unter einer echten Todesdrohung eine neue Form der Anpassung. Damit beginnt die Trennung zwischen Mensch und Umwelt. Objekte einschließlich des Ichs scheiden sich aus der Verschmelzung der Substanzen aus, die Harmonie mit dem Grenzenlosen zerbricht. Im Gegensatz zu den freundlicheren Substanzen besitzen die Objekte feste Umrisse und scharfe Grenzen, die alsbald wahrgenommen und respektiert werden müssen. Die Libido befindet sich nicht länger in einem Zustand gleichförmigen Fließens vom Es zur Umwelt, die auftauchenden Objekte bedingen Konzentrationen und Verdünnungen in ihrem Strom.

Wann immer die sich entwickelnden Beziehungen zu einem Stück der Welt oder zu einem Objekt in peinigenden Gegensatz zu der früher ungestörten Harmonie geraten, kann die Libido auf das Ich zurückgezogen werden, das – vielleicht infolge der erzwungenen Neuanpassung – sich entfaltet oder doch seine Entwicklung beschleunigt und sich immerfort bemühen wird, das in den ersten Stadien vorherrschende »Einssein« zurückzugewinnen. Dieser Teil der Libido ist sicherlich narzißtisch, jedoch sekundär im Vergleich zur ursprünglichen Umweltbesetzung. Mithin wären die libidinösen Besetzungen, die sich in der frühen Kindheit beobachten lassen, von viererlei Art: a) Reste der ursprünglichen Umweltbesetzung, die auf die auftauchenden Objekte übertragen werden, b) andere Reste der ursprünglichen Umweltbesetzung, die als sekundäre Tröstungen für erlittene Versagungen auf das Ich zurückgezogen werden, d.h. narzißtische und autoerotische Besetzungen, und c) Wiederbesetzungen, die vom sekundären Narzißmus des Ichs ausgehen. Zusätzlich zu diesen drei verhältnismäßig gut untersuchten Besetzungen gibt es d) noch eine vierte Form, die im Laufe der Entwicklung zu einer oknophilen oder aber philobatischen Weltstruktur führt. (Balint, 1959) In der Welt des Oknophilen scheint die primäre Besetzung, wenn auch nicht ohne eine erhebliche Beimischung von Angst, sich an die auftauchenden Objekte zu heften. Diese werden als sicher und tröstlich empfunden, während die Räume zwischen ihnen bedrohlich und erschreckend sind. In der philobatischen Welt behalten die objektlosen Räume ihre ursprüngliche primäre Besetzung und werden als sicher und freundlich empfunden, während die Objekte trügerisch und bedrohlich sind.

Der Oknophile reagiert auf das Erscheinen von Objekten, indem er sich an sie klammert, sie introjiziert, da er sich ohne sie verloren und unsicher fühlt; allem Anschein nach neigt er dazu, *seine Objektbeziehungen überzubesetzen.* Beim Philobaten dagegen sind die *eigenen Ich-Funktionen überbesetzt;* er wird dadurch sehr gewandt und erreicht es, mit wenig oder gar keiner Hilfe von Objekten auszukommen. Oknophilie und Philobatismus sind wahrscheinlich Folgen der Grundstörung, aber gewiß nicht die einzigen.

Auf diesem Fundament erhebt sich einerseits der Ödipuskomplex, andererseits wahrscheinlich der Bereich des Schöpferischen (s. 5. Kapitel). Letzterer beginnt vielleicht mit einem *regressiven Rückzug von den* als zu streng und versagend erlebten *Objekten* zu der harmonischen Verschränkung früherer Zustände, worauf der Versuch folgt, *etwas Besseres, Freundlicheres,* besser Verstehbares, Schöneres, und vor allem Beständigeres und Harmonischeres zu schaffen, als es die wirklichen Objekte sind. Leider haben diese Versuche nicht immer Erfolg, und nur zu oft ist die Schöpfung nicht besser, sondern schlechter als die bittere Wirklichkeit. Zunächst sind wahrscheinlich die meisten Objekte gleichgültig oder sogar frustrierend, aber einige werden zur Quelle von Befriedigung. Wenn die Pflege des Kindes nicht allzu mangelhaft oder fühllos ist, können Teile der Umwelt etwas von der Primärbesetzung behalten; sie werden, wie ich es nannte, zu Primärobjekten. Die Beziehung zu primären Objekten und ihren Abkömmlingen bleibt im ganzen Leben andersartig, das heißt, primitiver als die zu allem anderen in der Welt. Solche primären Objekte sind in erster Linie die Mutter und für viele Leute bemerkenswerterweise einige der »vier Elemente«, die archaische Muttersymbole sind: Wasser, Erde, Luft und – seltener – Feuer. Ich möchte hier vorgreifen und sagen, daß während bestimmter Phasen einer erfolgreichen analytischen Behandlung der Analytiker die Eigenschaften eines Primärobjektes annimmt und sogar annehmen muß. Ich werde im 13. Kapitel und in den Teilen IV und V darauf zurückkommen.

Bevor ich fortfahre, möchte ich hier kurz auf die klinischen und linguistischen Beobachtungen von T. Doi (1962) eingehen. Doi belehrt uns, daß es im Japanischen ein sehr einfaches, alltägliches Wort gibt, *amaeru,* ein intransitives Verb mit der Bedeutung »ich wünsche mir oder erwarte, geliebt zu werden«, und zwar im Sinne der primären Liebe. *Amae* ist das dazugehörige Hauptwort, das Adjektiv *amai* bedeutet »süß«. Diese Wörter sind so gebräuchlich, daß »wir Japaner kaum glauben können, daß es in den europäischen Sprachen kein analoges Wort für *amaeru* gibt.« Ferner gibt es im Japanischen ein reiches Vokabular zur Beschreibung der verschiedenen Haltungen und Stimmungen, die eintreten, wenn der Wunsch *amaeru* nicht erfüllt wird oder verdrängt werden muß. Alle diese Haltungen sind auch im Westen bekannt, aber sie können nicht in einfachen Wörtern ausgedrückt werden, höchstens in komplizierten Sätzen wie: »jemand schmollt oder ist unglücklich, weil er fühlt, daß er seinen Wunsch *amaeru* nicht in dem Maße zeigen darf, wie er möchte; so kränkt er sich, möglicherweise auf masochistische Weise« usw. usw. Doi fügt hinzu, daß seines Wissens auch das Koreanische und die Ainu-Sprachen entsprechende Wörter haben, vermutlich auch das Chinesische.

Kehren wir zu unserem Hauptthema zurück. Es ist sehr wahrscheinlich, daß in den frühen Stadien des postnatalen Lebens alles, was das sich entwickelnde Individuum vorerst leisten kann, die Aufrechterhaltung einer ausschließlichen Zweier-Beziehung in primitivster Form ist. Auf diesen Zustand mögen, entsprechend unseren Überlegungen im 10. Kapitel, die Schizophrenen regredieren. Während vieler Jahre glaubte ich, daß es nur einen Typ dieser primitiven Zweier-Beziehung gibt, den Typ, der heute von mir »oknophil« genannt wird. Dem Oknophilen wird, wie gesagt, das Objekt zur lebenswichtigen Stütze. Jede drohende Trennung verursacht höchste Angst, und die am liebsten benutzte Abwehr ist das Anklammern. Andererseits erbt aber das Objekt soviel Besetzung von den primären Substanzen und wird dadurch so lebenswichtig, daß es selber keine Aufmerksamkeit oder Rücksicht beanspruchen kann; es darf keine eigenen Interessen haben, es muß einfach da sein und muß selbstverständlich erlauben, daß es benutzt wird. Die Folgen einer solchen Objektbeziehung sind: a) die Überschätzung des Objekts, was demgemäß nicht unbedingt eine Überbesetzung mit narzißtischer Libido bedeutet, und b) eine relative Entwicklungshemmung gerade in jenen Fähigkeiten und Aktivitäten, die das betreffende Individuum von seinen Objekten unabhängig machen könnten.

Im Laufe der letzten fünfzehn Jahre habe ich nun einen zweiten Typ primitiver Objektbeziehung oder besser Umweltbeziehung entdeckt. Ich nenne diesen Typ »philobatisch«. Dem Philobaten sind Objekte gleichgültig oder sie scheinen ihm trügerisch und riskant, man tut besser daran, sie zu meiden. Zum Meidenkönnen aber muß der Philobat, das heißt sein Ich, eine gewisse Geschicklichkeit und Gewandtheit erwerben, die ihm Bewegungsfreiheit – und damit Harmonie – in jenen objektlosen Weiten verschafft, als da sind Gebirge, Wüste, See und Luft. Alle diese gehören aber zur Klasse der möglichen Primärobjekte. Statt dessen können die Objektbeziehungen der Philobaten verkümmern.

Ein allen diesen primitiven Formen der Objektbeziehung gemeinsamer Zug ist die Selbstverständlichkeit, mit der das Objekt vorausgesetzt wird. Die Vorstellung, daß das Objekt vorerst uninteressiert ist und durch »Eroberungsarbeit« zu einem kooperativen Partner verwandelt werden müßte, ist noch nicht aufgetaucht. In dieser harmonischen Zweier-Beziehung darf nur der eine Partner Wünsche, Interessen und Bedürfnisse haben; ohne Frage wird vorausgesetzt, daß der andere Partner, das Objekt oder die freundliche Weite, automatisch die gleichen Wünsche, Interessen und Erwartungen hegt. Daher wird dieser Zustand auch oft »Omnipotenz« genannt. Die Beschreibung stimmt hier nicht ganz; es fehlt das Machtgefühl, es ist überhaupt kein Bedürfnis nach Macht oder Mühe vorhanden, alles ist Harmonie.

Wenn aber ein Riß oder eine Disharmonie zwischen Subjekt und Objekt eintritt, erscheinen als Reaktion darauf so laute, heftige Symptome, daß man entweder hochgradig aggressive, destruktive Prozesse oder eine tiefreichende Desintegration annehmen muß. Die ganze Welt, einschließlich des Selbst, scheint zerschmettert zu sein, oder aber der Betreffende wird von puren, ungemilderten aggressiv-destruktiven Impulsen überflutet. Falls dagegen die Harmonie ohne größere Störungen aus der Umwelt bestehenbleiben darf, ergibt sich als Reaktion ein Gefühl ruhigen, stillen Wohlbehagens, das ganz unaufdringlich und daher schwer zu beobachten ist.

Wenn man diesen Unterschied in der Sprache der Erwachsenen ausdrücken wollte, würde man etwa sagen müssen: »Alle Welt, alles, was mir etwas bedeutet, muß mich lieben und mich in jeder Weise versorgen, aber niemand darf von mir eine Kraftanstrengung oder gar Belohnung dafür erwarten. Nur auf meine eigenen Wünsche, Interessen und Bedürfnisse kommt es an; keiner, der mir etwas bedeutet, darf irgendwelche Interessen, Wünsche oder Bedürfnisse haben, die sich von meinen unterscheiden; falls sie überhaupt irgendwelche eigenen Wünsche haben, müssen sie diese leicht und ohne Groll den meinen unterordnen, ja, es muß ihnen eine Freude, ein Genuß sein, sich meinen Wünschen anzupassen. Wenn das geschieht, bin ich gut, froh und glücklich, und das muß ihnen genügen. Wenn das nicht geschieht, dann ist es für die Welt und für mich einfach entsetzlich.«

Wenn wir uns erinnern, daß in dieser Phase die fortgesetzte harmonische Beziehung zwischen Subjekt und Objekt, beziehungsweise dem weiten Raum, ebenso wichtig ist wie die fortgesetzte Versorgung mit Luft, dann verstehen wir auch, daß laute, heftige, aggressive Symptome auftreten müssen, wenn die Harmonie zwischen dem Subjekt und seinem primären Objekt oder seiner primären Substanz gestört ist. Diese primäre Beziehung ist für das Subjekt so wichtig, daß jede Störung von außen unerträglich ist; wenn etwas geschieht, das seinen Wünschen oder Bedürfnissen zuwiderläuft, so kann es nicht anders als mit verzweifelten Reaktionen antworten.

Wie steht es mit dem Haß innerhalb dieser Beziehung? Haß ist die Fortsetzung der bedingungslosen Abhängigkeit von primärer Liebe, nur mit umgekehrtem Vorzeichen. Wie ich in meiner Arbeit ›Über Liebe und Haß‹ (1951) ausgeführt habe, verlangt die Befreiung des Individuums aus der Fixierung an den Haß unbedingt die Kooperation seiner Umwelt; innere Wandlungen sind hier fast immer unzureichend. In seltenen Fällen können äußere Erlebnisse zufällig jene Veränderungen in der Umwelt herbeiführen, die dazu notwendig sind, aber die Wahrscheinlichkeit hierfür ist gering, denn es handelt sich um sehr einschneidende Bedingungen. Die einzige Situation, in der diese Bedingungen absichtlich und systematisch erfüllt werden, ist die analytische Situation, besonders in der Phase des »Neubeginns«. Wenn es dem Analytiker gelingt, auf die primitiven, unrealistischen Wünsche des Patienten auf die rechte Weise zu antworten, kann ihm geholfen werden, die bedrückende Ungleichheit zwischen sich und seinem Objekt zu verringern. Mit dem Schwinden dieser Ungleichheit kann auch die Abhängigkeit vom Primärobjekt, die der Patient in der Phase des »Neubeginns« wieder aufleben ließ, ebenfalls beträchtlich nachlassen oder sogar gänzlich aufhören. Wenn die Ungleichheit und die damit zusammenhängende Abhängigkeit reduziert werden, ist die Abwehr gegen sie nicht mehr nötig, der Haß kann weitgehend aufgegeben werden, und die aggressiven, destruktiven Impulse lassen nach.

Falls meine Theorie stimmt, müssen alle drei Arten von Objektbeziehungen – die ursprüngliche harmonische Verschränkung, die oknophile Anklammerung an Objekte und die philobatäre Vorliebe für objektlose Weiten – in jeder analytischen Behandlung zu finden sein, in welcher die Regression über einen bestimmten Punkt hinaus zugelassen wird. Ich selbst gelangte auf dem umgekehrten Weg zu meiner Theorie, indem ich in der analytischen

Praxis diese drei Arten von Beziehungen zu mir und zur Umwelt im allgemeinen beobachtete und aus diesen Beobachtungen meine Theorie bildete.

Wo nun ist in dieser Theorie der Platz des Narzißmus? Nach meiner Meinung ist jeder Narzißmus sekundär im Vergleich zur ursprünglichsten dieser Beziehungen, der harmonischen Verschränkung. Seine unmittelbare Auslösung ist immer eine Störung zwischen Person und Umwelt, eine Frustration. Als deren Folge differenziert nun die Person das, was bisher als harmonische Verschränkung empfunden wurde, in Umwelt und Selbst, zieht Besetzungsmengen von der Umwelt ab und führt sie seinem sich entwickelnden Ich zu.

## 13. Kapitel
## Reife Liebe des Erwachsenen

In seinem Aufsatz ›Zur Einführung des Narzißmus‹ schreibt Freud: »Geliebtwerden (stellt) das Ziel und die Befriedigung bei narzißtischer Objektwahl dar«. (Ges. W., Bd. X, S. 165) Natürlich ist dies wiederum eine einwandfreie Beobachtung, aus der aber die theoretische Folgerung sich nicht zwingend ergibt. Narzißtische Objektwahl bedeutet doch, daß das Subjekt sich selbst oder jemanden, in dem er sich selbst repräsentiert oder den er als von sich selbst abgeleitet erlebt, zum Liebesobjekt wählt. Doch aus der Theorie des Narzißmus geht nicht zwingend hervor, daß das Subjekt wünscht, von anderen geliebt zu werden. Im Gegenteil: wenn das Subjekt seine Libido von der äußeren Welt abgezogen oder diese noch gar nicht besetzt hat, kann nur es selbst oder ein Repräsentant seiner selbst für es Bedeutung haben, und man sollte eher erwarten, daß ihm die Umwelt mehr oder weniger gleichgültig ist. Offensichtlich sind wir hier auf einen weiteren inneren Widerspruch in der Theorie des primären Narzißmus gestoßen.

In der gesamten klinischen Literatur über Narzißmus, das heißt über sekundären Narzißmus, findet sich dasselbe Bild – ausgezeichnete, leicht verifizierbare Beobachtungen, die sich nur mühsam in das Prokrustesbett des primären Narzißmus hineinpressen lassen. Ich möchte an diesem Punkt Annie Reich (1953) zitieren. Sie sagt zum Beispiel, daß auf der prägenitalen sexuellen Stufe die Objekte »selbstsüchtig« zur eigenen Befriedigung verwendet werden und daß den Interessen dieser Objekte keine Beachtung geschenkt werden kann. »Ob wir ein solches Verhalten als prägenitale Fixierung definieren oder als Objektbeziehung oder als narzißtisch, ist nur eine Frage der Terminologie.« Und sie fügt hinzu: »Auf diesen frühen Stufen läßt sich viel eher passive Haltung finden als aktives Streben nach einem Objekt.« (S. 22–24)

Ich zweifle, ob ein logischer Zusammenhang hergestellt werden kann zwischen dem Wunsch, passiv geliebt zu werden, der »selbstsüchtigen Benutzung von Objekten«, der Unfähigkeit, die Interessen dieser Objekte zu beachten, dem Vorrang der passiven abwartenden Haltung vor dem aktiven Suchen nach Befriedigung einerseits und der Theorie des primären Narzißmus andererseits, in dem alle Libido entweder im Ich oder im Es konzentriert ist. Es bleibt auch schwer verständlich, warum es bedeutungslos sein soll, ob die erwähnten klinischen Beobachtungen als Fixierung auf prägenitaler Stufe, als Objektbeziehung oder als Narzißmus bezeichnet werden und warum alles dieses eine bloße Frage der Terminologie sein soll. Ich möchte wiederholen, daß all dies das natürliche Ergebnis einer »Koffer-Theorie« wie der des primären Narzißmus ist. Wer eine Reise unternimmt, muß sich überlegen, was er brauchen wird, und den Koffer entsprechend packen. Fehlt ihm auf der Reise noch etwas, muß er es unterwegs kaufen – es gibt keine andere Lösung.

Auf der anderen Seite aber fügen sich alle diese Beobachtungen in die Theorie der primären Liebe ein; sie könnten sogar auf Grund dieser Theorie vorausgesagt werden und sind somit Beweise für sie. »Passive Haltung« und das Bedürfnis, geliebt zu werden, bilden einen wesentlichen Bestandteil der primären Objektbeziehung, ebenso die »selbstsüchtige« Form der Liebe und die Unfähigkeit, die Interessen oder das Wohlergehen des Objektes zu beachten. Wie mehrfach angemerkt, muß das Subjekt bei allen drei Formen der primitiven Beziehung – bei der harmonischen Verschränkung, bei der Oknophilie und beim Philobatismus – Objekte oder die Umwelt als selbstverständliche Gegebenheiten voraussetzen; Objekt und Welt dürfen keine eigenen Interessen haben, ihre einzige Sorge muß der Wahrung der Harmonie gelten, was immer es sie auch kosten mag.

Das letzte Ziel allen libidinösen Strebens besteht also in der Wahrung oder Wiederherstellung der ursprünglichen Harmonie. Ich möchte noch einmal Annie Reich zitieren, die das Gefühl der Ekstase beim Orgasmus in den folgenden Worten beschreibt: »Es war, als hätte die Individualität der Frau in diesem Zustand zu bestehen aufgehört; sie hatte das Gefühl, mit dem Mann eins zu sein.« Sie vergleicht diese Unio mystica mit dem, was Freud das ozeanische Gefühl nennt – »das Zusammenfließen des Selbst und der Welt des Selbst und des primären Objekts; es scheint, als würden die trennenden Grenzen für Augenblicke verschwinden ...« (Reich, 1953, S. 27) Ich möchte wiederholen, daß auch diese klinische Beobachtung in die Koffer-Theorie des primären Narzißmus gepackt werden mußte, obgleich sie viel natürlicher in eine Theorie der primären Liebe paßt.

Dieser Unio mystica, der Erneuerung der harmonischen Verschränkung der Person mit den für sie wesentlichsten Teilen ihrer Umwelt, ihren Liebesobjekten, gilt das Sehnen der ganzen Menschheit. In diesem Streben muß ein gleichgültiges, sogar feindseliges Objekt durch die von mir sogenannte »Eroberungsarbeit« (1948) in einen mitwirkenden, willigen Partner verwandelt werden. Dank dieser Arbeit läßt sich das zum Partner gewordene Objekt für kurze Zeit willig dazu gebrauchen, nur die gleichen Interessen wie das Subjekt zu haben. Die Gaben, die für diese

»Eroberungsarbeit« benötigt werden, sind sehr unterschiedlich verteilt; nicht jedermann ist zum regelmäßigen Orgasmus oder einer harmonischen Partnerschaft fähig. Indessen ist dies der gebräuchlichste Weg zur ursprünglichen, harmonischen, ineinander aufgehenden Verschränkung.

Der Erwachsene hat einige weitere Wege, dieses letzte Ziel zu erreichen, doch alle erfordern erhebliche Gaben und Talente. Hierzu gehören die religiöse Ekstase, der sublime Augenblick der künstlerischen Schöpfung und schließlich – wenigstens für den Patienten – gewisse regressive Stadien während der analytischen Behandlung. Obgleich der einzelne in allen diesen Augenblicken allein mit sich selbst ist und den Eindruck einer narzißtischen Abkehr erweckt, ist diesen Zuständen doch ein grundlegendes Merkmal gemeinsam. In diesen kurzen Augenblicken erlebt er, daß alle Disharmonie in der Welt aufgehört hat, daß er und die ganze Welt miteinander in einem ungestörten gegenseitigen Verstehen vereinigt sind, in einer völlig harmonischen, sich gegenseitig durchdringenden Verschmelzung.

1. Freud hat, jeweils recht kategorisch, drei Hypothesen über die ursprünglichen Beziehungen des Individuums zu seiner Umwelt aufgestellt. Diese Hypothesen sind: die primäre Objektbeziehung, der primäre Autoerotismus und der primäre Narzißmus. Obgleich die drei Hypothesen einander auszuschließen scheinen, hat Freud diesen Widerspruch in seinen Schriften nicht erörtert.

2. Statt dessen versuchte er, die drei Theorien in einer Synthese zugunsten des primären Narzißmus zu vereinen. Er beschrieb den Autoerotismus als die für die Phase des primären Narzißmus typische Befriedigung, während er jede Objektbeziehung, sowohl des Anlehnungs- als auch des narzißtischen Typus, für sekundär hielt. Doch enthält diese theoretische Konstruktion verschiedene Widersprüche, die jedoch von Freud nicht als solche vermerkt wurden. Später wurden sie insbesondere von Hartmann, Kris und Loewenstein aufgezeigt, die auch eine neue Terminologie vorschlugen, welche zwar einige der alten Probleme löst, zugleich aber neue zu stellen scheint.

3. Bei der Überprüfung der von Freud und in der späteren analytischen Literatur zugunsten eines primären Narzißmus benutzten Argumente zeigt es sich, daß sie alle mit zwei Ausnahmen nur für den sekundären Narzißmus zeugen. Die beiden Ausnahmen, die nicht schon auf der Basis des sekundären Narzißmus erklärt werden konnten, waren die regressiven Zustände in der Schizophrenie und im Schlaf; aber selbst in diesen Fällen scheint es, daß die Regression nicht in Richtung auf einen primären Narzißmus, sondern auf eine primitive Beziehung erfolgt.

4. Da es unmöglich schien, daß klinische Beobachtungen eine ausreichende Grundlage für die Theorie des primären Narzißmus liefern könnten, nahm die analytische Theorie ihre Zuflucht zur Vordatierung bis zum fötalen Leben. Nähere Betrachtung des erreichbaren Materials läßt vermuten, daß die Theorie des primären Narzißmus mit diesen Beobachtungen zwar nicht unvereinbar ist, aber nicht zwingend aus ihnen hervorgeht. Es wird daher die Hypothese einer primären Liebe vorgelegt, die mit den beobachteten Tatsachen in besserer Übereinstimmung zu sein scheint.

5. Auf Grund dieser Hypothese kann eine Anzahl klinischer Beobachtungen besser erklärt und in einen Zusammenhang gebracht werden, der für deren Validität spricht. Diese Beobachtungen umfassen u. a. Erfahrungen mit Schizophrenen, Alkoholikern, »narzißtischen« Patienten und beziehen auch die zahlreichen tech-

nischen Modifikationen mit ein, die von verschiedenen Autoren vorgeschlagen wurden und die es dem Patienten ermöglichen sollen, in der analytischen Situation eine therapeutisch wirkungsvolle Beziehung einzugehen.

6. Schließlich liefert die Erforschung des menschlichen Liebeslebens einige weitere Argumente zugunsten der Theorie der primären Liebe.

# Teil III
# Die Kluft und die Reaktionen des Analytikers auf sie

# 14. Kapitel
# Regression und das »Kind im Patienten«

In der Regel läßt der Analytiker in der therapeutischen Situation auch andere als nur verbale Mitteilungen des Patienten zu. Diese seine »Toleranz« hat gewisse Konsequenzen. Vielleicht die wichtigste ist, daß sie zum Agieren einlädt, was einer Regression gleichkommt, da Worte immer eine reifere Form der Mitteilung sind als Agieren oder bloße Gesten.

Man könnte sagen, der Prozeß der Reifung und Zivilisierung bedeute, daß immer weniger physikalische Masse in Bewegung gesetzt, immer weniger Muskelkraft aufgewendet wird, um einen Gedanken, eine Absicht, eine Mitteilung zum Ausdruck zu bringen. In demselben Maße aber, wie weniger grobe Muskelkraft beteiligt ist, verfeinern sich die Bewegungen. Nun haben von allen Muskeln des Skeletts die beim Sprechen gebrauchten vielleicht die geringste Masse und sind am feinsten gebaut, so daß bei ihrer Bewegung nur sehr wenig Energie aufgewendet werden muß. Jedoch hört der Reifungsprozeß damit noch nicht auf. Das Kind oder der primitive Mensch ersetzt Handlung zunächst durch Rufe und Schreien, dann lernt er, mit weniger Geschrei auszukommen, also den gleich starken Affekt mittels immer geringerer physikalischer Masse und Muskelkraft auszudrücken. Der Lohn für diese Beschränkung und Disziplinierung ist die wachsende Verfeinerung und der größere Reichtum der Ausdrucksfähigkeit für das bewußte wie das vorbewußte Seelenleben. Es ist denkbar, daß dies sich sogar auf das Unbewußte erstrecken kann; das wäre dann ein weiteres Beispiel für das, was Freud die Zähmung der Triebe nannte.

Es gehört zum Wesen der analytischen Situation, daß diese Reifungs- und Zivilisierungsprozesse bis zu einem gewissen Grade rückläufig gemacht werden. Statt zurückhaltend anzudeuten oder nur einfließen zu lassen, lernt der Patient, ausdrücklich und oft mit primitiver Intensität zu sagen, was er denkt und fühlt; bald erkennt er, daß die objektive Beschreibung der Ereignisse nicht genügt, daß auch die sie begleitenden Affekte ausgedrückt werden sollen. Er beginnt, lauter und eindringlicher zu sprechen, Gesten und Bewegungen zu machen; mitunter überwältigen ihn seine Gefühle, und er agiert in der Übertragung oder in der analytischen Situation, statt zu sprechen.

Dies bedeutet natürlich, daß einem regressiven Zug nachgegeben wird, der den Patienten wie den Analytiker ergreift. Was dann geschieht, hängt von der Reaktion des Analytikers ab. Wohl wird jeder Analytiker zu verstehen versuchen, was der Patient ihm durch sein Agieren mitteilen möchte; um aber das Agieren zu beeinflussen, muß der Analytiker auch seinerseits sein Verständnis irgendwie zu verstehen geben, d.h. ausdrücken. Nun sind aber die individuellen Ausdrucksweisen oder, wie ich lieber sagen möchte, die gewohnheitsmäßigen Reaktionen des Analytikers auf das »Agieren«, »Verhalten«, »Wiederholen« des Patienten sehr verschieden, und diese Varianten, gleichgültig, ob sie regelmäßig verwendet werden oder nicht, werden die »Atmosphäre« der Behandlung unweigerlich erheblich beeinflussen.

Der erste Analytiker, der die durch systematisches »Reagieren« geschaffene Atmosphäre beschrieben hat, war natürlich Freud; er verglich sie mit den Reflexionen eines wohlgeschliffenen Spiegels. Das bedeutet, wenn man es wörtlich nimmt, daß der Analytiker kein fremdes Material in die analytische Arbeit hineinträgt, sondern nur unverzerrt *widerspiegelt,* was vom Patienten ausgeht. Dies kann jedoch nur geschehen – was aber niemals ausdrücklich festgestellt worden ist –, wenn das vom Patienten beigebrachte Material so gut wie ausschließlich aus Worten besteht; das gilt in noch stärkerem Maße für die Beiträge des Analytikers zu der sich entwickelnden Situation. Alle diese vom Patienten wie vom Analytiker ausgehenden Worte werden in der konventionellen Erwachsenensprache gesprochen und verstanden. In der Tat habe ich in allen von Freud veröffentlichten Fallberichten keine Deutung irgendwelchen nicht-verbalen Materials finden können, obwohl Freud schon in den ›Studien über Hysterie‹ (1895) Beobachtungen nicht-verbaler Erscheinungen mitteilt. Wir wissen, wie überaus genau Freuds Berichte über seine klinische Arbeit sind, und so spricht diese selbstauferlegte Zurückhaltung für sich selbst. Ein Spiegel reflektiert ein Bild, ändert aber nichts an dessen Wesen; so werden also auch Worte durch Worte reflektiert, während die Übersetzung nicht-verbalen Materials in Worte über die Funktion der spiegelartigen analytischen Arbeit hinausgehen würde.

Allmählich haben wir dann gelernt, nicht nur das verbale Material unserer Patienten zu verstehen und zu benutzen, sondern auch das, was ich die »Atmosphäre« nennen möchte, die nur zum Teil von den Worten, zum Teil aber auch von der Art und Weise geschaffen wird, wie der Patient sie verwendet und schließlich auch durch alles, was man »Agieren«, »Verhalten« oder »Wiederholen« in der analytischen Situation nennt. Diese letztere Gruppe trägt, wie ich bereits sagte, immer den Stempel der Regression.

In jeder analytischen Behandlung werden von Zeit zu Zeit auf Regression hindeutende Erscheinungen auftreten. Über die Häufigkeit, die Bedeutung und den Sinn dieser Erscheinungen gibt es jedoch sehr unterschiedliche Meinungen unter den Analytikern. Auch über das Ausmaß, in welchem diese Erscheinungen durch den Patienten selbst, d.h. durch seine Persönlichkeit, die Art oder Schwere seiner Krankheit, oder aber durch die Technik des betreffenden Analytikers hervorgerufen werden, bestehen sehr verschiedene Meinungen. Meines Erachtens tragen beide, Analytiker wie Patient, dazu bei, und es ist nicht leicht zu isolieren, wieviel vom einen oder vom anderen stammt. Jede Beschreibung, die nur die Beiträge des einen Partners berücksichtigt, wird wahrscheinlich von vornherein fehlgehen. Aber selbst wenn man sich dieser Fußangel bewußt ist, muß man in Rechnung stellen, daß jede Beschreibung etwas von der Einstellung des Autors mitbekommt, vor allem auch von seiner eigenen Erfahrung, die wiederum mindestens zum Teil von seiner Technik geprägt ist. Meine eigenen Beschreibungen werden keine Ausnahme von dieser Regel bilden.

Natürlich werden die Beiträge der beiden Partner in der Behandlung nie in vollem Umfange verbalisiert – wie übrigens auch in keiner wissenschaftlichen Diskussion –, wobei die Gewichte sehr unterschiedlich verteilt sind. Nur der Patient wird allmählich dazu veranlaßt, seine nicht-verbalen Beiträge einschließlich seiner regressiven Tendenzen in Worten auszudrücken und so »Wiederholung in Erinnerung« zu verwandeln, während der Analytiker in der Regel keinem solchen Druck ausgesetzt ist. Seine berufsmäßige Haltung, d.h. die Einzelheiten seiner Technik sind so gründlich genormt, daß sie ihm »natürlich«, vernünftig und wissenschaftlich gerechtfertigt erscheinen, so daß er bei »normalem«, glattem Verlauf der Behandlung nicht das Bedürfnis fühlen wird, seine eigene »Wiederholung« in »Erinnerung« zu verwandeln, indem er sein gewohntes Verhalten in Worten ausdrückt, um es dann einer Untersuchung zu unterziehen. Diese Taktik ist in vieler Beziehung vernünftig und realitätsgerecht, sei es nur aus Gründen psychischer Ökonomie. Der Analytiker kann sich weiterhin damit beruhigen, daß sein Verhalten ja in der Vergangenheit, nämlich während seiner Ausbildung, bereits einmal einer solchen Untersuchung unterzogen war. Auf diese Weise kommt der Psychoanalytiker zu seiner Vorstellung einer »klassischen« oder »richtigen« Technik – je nachdem, wo er seine Ausbildung erhielt.

Folgen wir nun, wenn auch nur für kurze Zeit, derselben Methode und beginnen wir mit den Beiträgen des Patienten. Im Hinblick auf Regression verhalten sich die Patienten sehr verschieden. Man kann eine Skala mit zwei extremen Polen und einer Anzahl dazwischen liegender Grade unterscheiden. Beim Patienten am einen Ende der Skala kann man ganz zufriedenstellende therapeutische Resultate erzielen, ohne daß die Regression weit über die ödipale Phase hinausgehen muß. Beim anderen extremen Typus kann man für längere Zeit so gut wie keine wirklich stabilen Resultate erkennen, abgesehen von kurzlebigen sogenannten Übertragungs-Besserungen; echte Heilerfolge treten erst nach einer Zeit der Regression ein, die mehr oder weniger lang sein kann, aber ihrem Wesen nach immer sehr viel primitiver ist als die wohlbekannten Phänomene auf der ödipalen Ebene[1].

Wenden wir uns nun den Reaktionen des Analytikers zu, die, wie schon erwähnt, ein wichtiger Beitrag zu der sich entwickelnden »Atmosphäre« sind. Ein gutes Beispiel für die verschiedenen Möglichkeiten auf diesem Gebiet ist die Reaktion des Analytikers auf

[1] Eine der möglichen theoretischen Erklärungen für diese Unterschiede geht vom Begriff des Traumas aus. Danach hätte sich der betreffende Mensch bis zum Eintritt des traumatischen Ereignisses mehr oder weniger normal entwickelt. Seine weitere Entwicklung vollzog sich dann unter dem Einfluß der Abwehrmaßnahmen, die er zur Bekämpfung der traumatischen Verletzung entwickelte – und das ist die Grundstörung. Das Trauma selbst muß nicht ein einmaliges Ereignis sein; vielmehr ist es gewöhnlich eine Dauersituation, in der es zu schmerzlichen Mißverständnissen kommt, einem »Nichtzusammenpassen« von Individuum und Umwelt. In der Regel ist dieses Individuum ein Kind, das der Welt der Erwachsenen gegenübersteht. In einzelnen Fällen kommt es vor, daß ein oder sogar mehrere Erwachsene auf der Seite des Kindes stehen, meist aber muß das unreife, schwache Individuum aus eigener Kraft mit der traumatischen Situation fertig werden. Entweder ist gar keine Hilfe vorhanden, oder die Hilfe ist von solcher Art, daß sie nur eine Fortsetzung des Mißverstehens ist und dem Kinde deshalb nichts nützen kann.

So kommt es, daß das Individuum seine eigene Methode erfinden muß, um das Trauma zu verarbeiten. Es ergreift diese Methode in seiner Verzweiflung, oder sie wird ihm von verständnislosen Erwachsenen aufgedrängt, die wohlgesinnt, gleichgültig, fahrlässig oder sogar feindlich gesinnt sein können. Wie gesagt, ist es diese Methode, die dann die weitere Entwicklung vorschreibt oder mindestens einengt; sie erweist sich vielleicht in einer Beziehung als hilfreich, ist aber auf jeden Fall kostspielig und vor allem entwicklungsfeindlich. Sie wird nun in die Ich-Struktur in Gestalt der Grundstörung aufgenommen. Alles, was über diese Abwehr hinausgeht oder ihr entgegengesetzt ist, wird dann vom Individuum als furchterregend und als eine mehr oder weniger unmögliche Zumutung empfunden.

Die Aufgabe der analytischen Behandlung besteht dann in der Auseinandersetzung mit den Ängsten – »Fixierungen« genannt –, die der besseren Anpassung im Wege stehen, um es dem Patienten zu ermöglichen, seine Kräfte zu erweitern und neue Methoden zur Bekämpfung seiner Schwierigkeiten zu entwickeln. Der Erfolg hängt natürlich auch davon ab, an welchem Punkt seiner Entwicklung der Patient die traumatische Beeinträchtigung erlitten hat und inwieweit die seinerzeit ergriffene Abwehrmethode mit der Entwicklung irgendeiner Form »genitaler Liebe« vereinbar ist. In manchen Fällen ist es offenbar notwendig, bis zu prätraumatischen Zeiten zurückzugehen und dem Patienten dazu zu verhelfen, das Trauma noch einmal zu erleben, um seine »fixierte« Libido wieder flüssig zu machen, so daß er neue Wege finden kann, mit seinem Problem fertig zu werden. Wenn das Trauma in einem relativ späten Entwicklungsstadium eintrat, muß die Behandlung eventuell nur bis zu einem Punkt zurückgehen, der schon im ödipalen Bereich liegt, so daß keine noch tiefere Regression notwendig ist, die dann auch in der analytischen Situation nicht beobachtet wird. Wenn jedoch das Trauma vor Erreichen der ödipalen Phase eintrat, muß man eine erhebliche Regression erwarten und wird sie dann auch beobachten.

den Wunsch des Patienten, die Analysenstunde zu verlängern. Die übliche Länge ist 50 Minuten[2], so daß dem Analytiker in der Regel fünf bis zehn Minuten bis zur nächsten Stunde bleiben. Soll man nun dem Wunsch des Patienten, einmal fünf oder zehn Minuten länger zu bleiben, nachgeben oder soll man das aus Prinzip ablehnen? Soll man ihn etwas länger bleiben lassen, wenn er fünf oder zehn Minuten zu spät gekommen ist? Abgesehen von der Tatsache, daß der Analytiker in seinen Möglichkeiten durch äußere Umstände eingeschränkt ist (der nächste Patient wartet schon; es kann aber auch sein, daß der Analytiker einmal zufällig die folgende Stunde frei hat und daß der Patient das weiß oder auch nicht weiß), sollte der Analytiker im Prinzip eine gelegentliche Verlängerung der Sitzung zulassen, und falls ja, welche Kriterien soll er anlegen, um zu entscheiden, ob eine Verlängerung ratsam ist oder nicht?

Eine schwierigere Form des gleichen Problems ergibt sich, wenn die Bitte um eine Extrastunde am Wochenende, am späten Abend oder während der Ferien des Analytikers an ihn gelangt. Es ist nicht zu leugnen, daß die Reaktion des Analytikers, welche auch immer es sei, zu der »Atmosphäre« der analytischen Behandlung das ihre beitragen wird, daß es also nicht nur der Patient ist, der diese Atmosphäre schafft. Anna Freuds oft zitierter Patient, dem sie erlaubte, sie jederzeit, sogar am Wochenende anzurufen, ist ein überzeugender Beweis dafür, daß das Zulassen und Befriedigen einiger regressiver Tendenzen oder eines begrenzten Ausmaßes von Agieren nicht gänzlich unvereinbar mit der »klassischen« Technik ist; mit anderen Worten: es ist kein irreversibler Parameter.

Die oben genannten Fälle sind ziemlich grobe Beispiele von Reaktionen des Analytikers auf die agierte Regression des Patienten. Ich habe sie gewählt, weil sie wegen ihrer einfachen Struktur leicht darzustellen sind. Schwieriger zu beschreiben sind die unzähligen Weisen, wie der Analytiker auf die subtileren Regressionen seiner Patienten reagieren kann. Seine Reaktion kann gleichbedeutend mit Indifferenz, Mißbilligung, vielleicht nur einem Schimmer von Verdruß sein; er mag das Agieren tolerant behandeln, aber unmittelbar darauf mit einer korrekten, zeitlich wohlüberlegten Deutung antworten, die den Patienten im Erlernen der Sprache des Analytikers einige Schritte weiter fördern wird und weiteres Agieren verhindert; vielleicht erlaubt er das Agieren auch als eine Art von Sicherheitsventil; oder er behandelt es in aller Ruhe als eine

[2] Als ich zu praktizieren begann, Anfang der zwanziger Jahre, betrug die analytische Stunde noch 55 Minuten.

Selbstverständlichkeit, ohne eine Deutung für notwendig zu halten, also ohne es anders zu behandeln als sonstige Mitteilungsformen, z. B. verbale Assoziationen. Nur in diesem letzteren Fall werden Agieren und verbale Assoziationen als gleichberechtigte Mitteilungen betrachtet, die der Patient an den Arzt richtet.

Nun könnte der Analytiker diese regressiven Bedürfnisse seines Patienten zwar als verstehbare Mitteilungen, aber als Phantasien betrachten, die in jeder anderen Hinsicht völlig irreal sind. Seine Reaktion wird dann – explizit oder implizit – dem Sinne nach bedeuten, daß die Befriedigung solcher Bedürfnisse mit der analytischen Situation unvereinbar sei. Eine etwas andere Reaktion bestünde darin, sie als innerhalb der analytischen Situation statthaft zu akzeptieren. Und schließlich ist es auch möglich, daß einige dieser Bedürfnisse nicht nur als völlig gerechtfertigt betrachtet, sondern auch befriedigt werden – soweit eine Befriedigung im Rahmen der analytischen Situation möglich ist. So war es in dem oben erwähnten Fall von Anna Freuds Patienten.

Natürlich tragen alle diese Reaktionen auf ihre Weise zur sich entwickelnden »Atmosphäre« der Behandlung bei. Einige der Reaktionen öffnen der Regression Tür und Tor, andere geben nur einen Spalt frei, wieder andere versuchen, sie zu verhindern. So hängt die Regression in der analytischen Behandlung nicht nur vom Patienten, sondern auch vom Analytiker ab. In den Kapiteln 16 bis 18 werden wir noch auf einige der »Standard-Reaktionen« und ihre Begleiterscheinungen im einzelnen zurückkommen. Vorher will ich jedoch die unvermeidlichen Folgen der Regression schildern, wenn es dieser erlaubt wird, noch unter die ödipale Stufe hinabzusinken.

Wie wir schon sagten, regredieren ausnahmslos alle Patienten unter dem Einfluß der Psychoanalyse, d. h., sie werden kindlich und haben heftige primitive Gefühle, die sich auf den Analytiker richten; alles dies gehört natürlich zur sogenannten Übertragung.

Der Druck dieser hochgeladenen Emotionen erzeugt eine merkwürdige Ungleichheit in der Beziehung zwischen Analytiker und Patient. Der Analytiker wird als mächtige, lebenswichtige Gestalt erlebt, aber nur soweit er imstande und willens ist, die Erwartungen, Hoffnungen, Wünsche und Bedürfnisse des Patienten zu befriedigen oder zu enttäuschen; außerhalb dieser Sphäre, in der Wirklichkeit existiert der Analytiker kaum für ihn. Natürlich hegt der Patient alle möglichen Phantasievorstellungen über seinen Analytiker, aber sie haben in der Regel mehr mit den inneren Bedürfnissen des Patienten als mit dem wirklichen Leben und der wirklichen Persönlichkeit des Analytikers zu tun. Obwohl sich der Patient im Vergleich zum Analytiker meist als der Schwächere erlebt, ist es doch immer nur er, der Patient, um den es geht; nur seine Wünsche, Triebimpulse und Bedürfnisse zählen, nur um seine Interessen muß dauernd alle Aufmerksamkeit kreisen.

Diese Konstellation gilt für alle Patienten; immerhin gibt es aber Gradunterschiede in der Intensität und Dauer. Manche Patienten gehen über eine gewisse Grenze nicht hinaus; der hierdurch eingeleitete therapeutische Prozeß ist wirksam genug, um die Rückkehr zur normalen Anpassung zu ermöglichen, so daß der Patient nach einiger Zeit spontan aus der primitiven Zweier-Beziehung wieder auftaucht und geheilt ist. Bei anderen Patienten kommt es jedoch zu weiteren seelischen Prozessen.

In Teil I bin ich ausführlicher auf diese Prozesse eingegangen, soweit der Therapeut sie beobachten kann. Ich erwähne hier nur die wichtigsten dieser Beobachtungen: Das Wort verliert seine Verbindlichkeit als gemeinsames Verständigungsmittel zwischen Patient und Arzt; besonders die Deutungen bekommen für den Patienten eine Erlebnisqualität entweder von Feindlichkeit und Aggression oder von Zuneigung. Der Patient beginnt, zuviel über seinen Analytiker zu wissen; so geschieht es recht häufig, daß er die Stimmung des Analytikers eher spürt als dieser selbst. Gleichzeitig zieht der Patient sein Interesse scheinbar mehr und mehr von den eigenen Problemen und Leiden, die ihn ursprünglich zur Analyse geführt hatten, ab und konzentriert es zunehmend darauf, was wohl die »wahren Gründe« sein mögen, die den Analytiker veranlaßten, dies oder jenes zu sagen, dies oder jenes zu tun, in dieser oder jener Stimmung zu sein. Das absorbiert einen erheblichen Teil seiner Libido, und das ist vielleicht der Grund, weshalb der Patient in diesem Zustand scheinbar nicht mehr den Drang hat, gesund zu werden, und den Wunsch, wenn nicht sogar die Fähigkeit verliert, sich zu ändern. Zugleich nehmen seine Erwartungen an den Analytiker ein alles Menschenmögliche übersteigendes Ausmaß an, sei es im positiven Sinne in Gestalt von Sympathie, Verständnis, Fürsorge, kleinen Geschenken und anderen Zeichen seiner Zuneigung, sei es im negativen Sinne in Gestalt wütender Angriffe, gnadenloser Vergeltung, eiskalter Gleichgültigkeit usw. Kurz, die Vergangenheit hat fast alle Bedeutung für den Patienten verloren, und nur noch die analytische Gegenwart existiert.

In den üblichen analytischen Begriffen ausgedrückt, würden wir dies als eine Verschärfung der Übertragungsneurose oder Übertragungsliebe beschreiben, welche die therapeutische Situation überschwemmt und so heftig geworden ist, daß sie für die üblichen Deutungen unzugänglich bleibt. Einige Analytiker glauben, daß diese Entwicklung auf paranoiden Verfolgungsphantasien des Patienten beruht, die in die Übertragung eingebrochen sind. Meiner

Meinung nach sind alle diese Beschreibungen zu schwach und gehen am Kern der Sache vorbei (1958).

Bekanntlich hat auch der geschickteste und erfahrenste Analytiker einmal Schwierigkeiten mit einem Patienten oder erlebt sogar einen Fehlschlag. Dieser unerfreulichen Wahrheit muß man ins Auge sehen; sie gilt ohne Ausnahme. Ich behaupte nun, daß diese Schwierigkeiten und Fehlschläge bei der Behandlung von Patienten auftreten, die die soeben beschriebenen Symptome zeigen. Sie werden gewöhnlich als »tief gestört«, »gespalten«, »schwer schizoid oder paranoid«, »unter einer tiefen narzißtischen Kränkung leidend« beschrieben; sie haben angeblich ein zu schwaches oder unreifes Ich usw. Alle Beschreibungen gehen davon aus, daß diese Patienten eine Störung haben, die weiter zurückgeht als der Ödipuskomplex, mit dem wir es üblicherweise zu tun haben.

Um einige der Schwierigkeiten, denen wir bei diesen Patienten in unserer therapeutischen Arbeit begegnen, besser verstehen zu lernen, habe ich in Teil I vorgeschlagen, die menschliche Psyche – oder vielleicht nur denjenigen Teil von ihr, den wir das Ich nennen – als aus drei Bereichen bestehend zu betrachten: den des Ödipuskomplexes, den der Grundstörung und den der schöpferischen Fähigkeit. Jeder Bereich ist gekennzeichnet durch eine spezifische Form der seelischen Energie, die in ihr tätig ist, sowie durch ein spezifisches Niveau der seelischen Prozesse.

Um zu rekapitulieren: Im Bereich des Ödipuskomplexes handelt es sich um eine Dreiecksbeziehung, die aus dem Subjekt und zwei Objekten besteht; die sie charakterisierende Energie entstammt einem Konflikt, und die seelischen Prozesse vollziehen sich auf dem Niveau der Erwachsenensprache und können mit Hilfe dieser Sprache adäquat dargestellt werden.

Im Bereich der Grundstörung ist die Hauptstruktur eine ausschließliche Zwei-Personen-Beziehung; sie ist urtümlicher als die zwischen Erwachsenen üblichen Beziehungen. Die spezielle seelische Energie hat nicht die Form eines seelischen Konflikts; es sei hier schon erwähnt, daß unter bestimmten Bedingungen die auf dieser Ebene wirksame Kraft suchthafte Zustände schafft, die in unserer Literatur gewöhnlich als »Gier« bezeichnet wird. Das Niveau der seelischen Prozesse, soweit sie in der therapeutischen Situation beobachtet werden können, wird prä-ödipal, prä-genital, prä-verbal usw. genannt. Ich habe schon im 4. Kapitel auseinandergesetzt, warum ich diese Bezeichnungen für irreführend halte und es vorziehe, von der Ebene der Grundstörung zu sprechen.

Schließlich der Bereich der Kreativität, gekennzeichnet durch Fehlen eines äußeren Objekts. Da unsere analytische Methode auf der Übertragung beruht, also das Vorhandensein wenigstens eines äußeren Objekts neben dem Subjekt voraussetzt, haben wir zu den seelischen Vorgängen, die sich in der Tiefe dieses Bereichs vollziehen, und zu den dort wirksamen Vorgängen keinen direkten Zugang. Dennoch sind auch diese Vorgänge für uns von großer technischer Bedeutung; ich erinnere nur an die Probleme, die uns der schweigende Patient aufgibt.

So ist anzunehmen, daß man in der Therapie drei wesensverschiedenen Arten von seelischen Prozessen begegnen wird, und wahrscheinlich wird auch der Analytiker drei verschiedene Arten von technischen Maßnahmen brauchen, deren jede spezifisch auf den seelischen Bereich ausgerichtet ist, den sie beeinflussen soll. Ferner sollte man annehmen, da die analytische Situation im wesentlichen eine Zwei-Personen-Beziehung mit mancherlei Besonderheiten ist, die unverkennbar unterhalb des ödipalen Niveaus liegen, daß unser theoretisches Wissen über den Bereich der Grundstörung und die auf sie abzielenden technischen Methoden noch besser ausgearbeitet und fester gegründet sein müßten als das Wissen und die Technik auf den anderen seelischen Bereichen.

Natürlich ist das Gegenteil der Fall. Fast unsere gesamte Theorie bezieht sich auf seelische Strukturen und Prozesse, die zur ödipalen Phase gehören, und die sogenannte »klassische« analytische Technik – zweifellos die fundierteste aller analytischen Techniken – behandelt fast ausschließlich Probleme, die eine dynamische Struktur auf Grund von Konflikten besitzen und daher ohne große Schwierigkeit in der Umgangssprache ausgedrückt werden können. Es sind die Probleme des Ödipuskomplexes.

Um den Unterschied zwischen den technischen Aufgaben zu zeigen, die sich im ödipalen Bereich beziehungsweise im Bereich der Grundstörung ergeben, soll das Phänomen der Regression noch von einem anderen Blickwinkel her betrachtet werden. Es ist eine der ältesten klinischen Beobachtungen, daß an irgendeinem Punkt der analytischen Behandlung der Patient aufhört mitzuarbeiten. Das kann auf verschiedene Weise zum Ausdruck kommen: der Patient kommt nicht voran, will sich nicht ändern, ist scheinbar unfähig, irgendwelche Alternativen ins Auge zu fassen oder etwas mehr Spannung zu ertragen. Wenn die Periode der schlechten Kooperation begrenzt ist, spricht man von vorübergehendem Widerstand oder einer »Spaltung«; ist sie lang, wird angenommen, daß schizoid-paranoide Mechanismen vorherrschen. Im Rahmen eines anderen Deutungskonzepts werden diese Zustände dem unauflöslichen Haß gegen die Mutter und spätere Mutterfiguren zugeschrieben, die dem Patienten nicht genügend Zuwendung und Verständnis entgegenbrachten.

Obwohl immer zugegeben wurde, daß in jedem Patienten ein

unkooperativer Anteil steckt, ist noch kaum jemals darüber diskutiert worden, woran es liegen mag, daß der Patient in einer bestimmten analytischen Situation gut oder nicht gut mitarbeitet. In schweren Fällen von Regression scheint der Patient nicht imstande zu sein, zu verstehen, was von ihm erwartet wird, z. B. die »Grundregel« einzuhalten; es ist dann auch praktisch zwecklos, ihn an die Beschwerden zu erinnern, wegen deren er die Behandlung ursprünglich aufgesucht hatte, denn jetzt ist er ausschließlich mit der Beziehung zu seinem Analytiker, den Wunscherfüllungen und Versagungen, die er sich davon verspricht oder die er fürchtet, beschäftigt. Die Fortsetzung der analytischen Arbeit scheint ihm ganz gleichgültig geworden zu sein. Wenn man sich klarmacht, daß diese Art der Übertragung, die fast die gesamte Libido des Patienten absorbiert, die Struktur einer ausschließlichen Zweier-Beziehung hat – im Gegensatz zur »normalen« ödipalen Beziehung, die entschieden eine Dreier-Beziehung ist –, dann kann man, falls noch gewisse andere Anzeichen hinzutreten, die Diagnose stellen, daß der Patient den Bereich der »Grundstörung« erreicht hat.

Dies führt uns direkt zu unserem Hauptthema, nämlich wie man es dem unkooperativen Persönlichkeitsanteil des Patienten ermöglichen kann mitzuarbeiten, d. h., analytische Hilfe anzunehmen. Ich meine damit etwas anderes als die Auflösung von Widerständen, also Konflikten auf ödipaler Ebene, oder die Aufhebung einer »Spaltung«; es ist eher ein Anregen oder vielleicht sogar Erzeugen einer neuen Bereitschaft im Patienten, die Wirklichkeit anzunehmen und in ihr zu leben, ein Abbauen seines Ressentiments, seiner Leblosigkeit usw., die in seiner Übertragungsneurose als Starrsinn, linkisches Wesen, Dummheit, Kritiksucht, Überempfindlichkeit, Gier, extreme Abhängigkeit usw. erscheinen.

Um diesen so ganz anderen klinischen Eindruck zu erklären, habe ich angenommen, daß es so etwas wie eine »Grundstörung« gibt, die kein Komplex, kein Konflikt, keine Spaltung ist, sondern ein Mangel in der Grundstruktur der Persönlichkeit, ein Defekt oder eine Narbe. Die meisten Patienten können uns natürlich nicht sagen, was ihr Ressentiment, ihre Leblosigkeit, Abhängigkeit usw. verursacht hat, d. h., worin der Defekt oder die Narbe bei ihnen besteht. Einzelne sind imstande, es durch Gegensätzliches auszudrücken, z. B. Phantasien über einen vollkommenen Partner, über ungestörte Harmonie mit der ganzen Umwelt, ungetrübtes Glück, volle Zufriedenheit mit sich selber und aller Welt usw. In der am häufigsten vorkommenden Form wiederholt der Patient indessen nur immer wieder, daß man ihn im Stich gelassen habe, daß nichts in der Welt ihm jemals etwas bedeuten werde, wenn ihm nicht etwas, das ihm genommen oder vorenthalten wurde – gewöhnlich etwas in der Gegenwart Unerreichbares – wiedergegeben wird; in schweren Fällen sagt er sogar, daß das Leben nicht lebenswert sei, wenn dieser sein Verlust ihm nicht voll ersetzt werde, und er verhält sich auch so, als wäre das sein voller Ernst.

Ich möchte diese Atmosphäre an zwei Träumen erläutern, die eine Patientin in ein und derselben Nacht träumte[3]:

(Erster Traum) Sie ging in einem Wald spazieren. Plötzlich schoß ein großer, fleischfarbener Vogel auf sie nieder, hackte mit dem Schnabel nach ihr und brachte ihr eine Wunde an der Stirn bei. Die Patientin war wie betäubt und fiel bewußtlos zu Boden. Das Schrecklichste war, daß der Vogel sich nicht einmal nach ihr umsah; er kümmerte sich überhaupt nicht um das, was er getan hatte.

(Zweiter Traum) Dann war die Patientin mit mehreren Freunden in einem Zimmer; sie spielten Spiele, die sie sonst immer mitgespielt hatte. Niemand nahm Notiz von ihr. Das Schrecklichste war, daß sie nun für immer allein sein würde, weil sie nicht darüber hinwegkommen konnte, daß der Vogel sich nicht nach ihr umgesehen hatte.– Hinzuzufügen ist, daß die Patientin in einem bestimmten Abschnitt der Analyse viele solcher Träume berichtete.

Andere Patienten wiederholen immer wieder, sie wüßten wohl, daß sie mitarbeiten sollten, aber es müßte ihnen erst besser gehen oder sogar, sie müßten erst ganz gesund sein, ehe sie dazu imstande sein würden. Gleichzeitig sind sie sich der realen Situation, nämlich daß Besserung ohne Mitarbeit unmöglich ist, voll bewußt. Diese Einsicht steigert jedoch nur ihre Verzweiflung. Der Teufelskreis kann, nach der ehrlichen Überzeugung des Patienten, jedoch nur unterbrochen werden, wenn entweder etwas, das fehlgelaufen ist, wieder zurechtgerückt werden kann, oder wenn ihnen etwas, das sie einmal besaßen, dann aber verloren, zurückgegeben wird.

»Aufgeklärte« Patienten – bzw. Analytiker – beschrieben dies unwiederbringlich Verlorene oder Verdorbene als den Penis oder die Brust, die gewöhnlich mit magischen Eigenschaften ausgestattet sind. Sie sprechen dann von Penis- oder Brustneid oder Kastrationsfurcht. Hierher gehört auch Jones' (1927) Begriff der Aphanisie und Melanie Kleins (1957) Hypothesen über angeborene Eifersucht und angeborenen Neid. Aber in fast allen Fällen ist damit verbunden ein unbezwingliches und unwiderlegliches Gefühl, daß der Patient, wenn der Verlust nicht wieder gutgemacht werden kann, selber auch zu nichts mehr gut ist und es am besten wäre, wenn er endgültig verrückt würde oder stürbe.

[3] Ich danke meiner Frau für die Überlassung dieses klinischen Materials.

Alle Regressionserscheinungen, die man in der analytischen Situation beobachtet, wirken unbestreitbar primitiv und erinnern an frühkindliche Verhaltensweisen; das ist ein gewichtiges Argument für die Annahme, daß jede Neurose oder Psychose immer auch infantile Züge hat und daher jeder Psychotherapeut darauf gefaßt sein muß, daß er es irgendwie mit »dem Kind im Patienten« zu tun bekommt.

Bekanntlich ergeben sich schon erhebliche Schwierigkeiten, wenn »das Kind im Patienten« im Alter des Ödipuskomplexes steht. Aber der Abstand, der den Erwachsenen vom »Kind im Patienten« trennt, das auf der Altersstufe der Grundstörung steht – nämlich dem Alter des Kleinstkindes, das noch nicht sprechen kann, jedenfalls nicht die Erwachsenensprache –, ist noch viel breiter als der bei der ödipalen Stufe, wo alle sich der normalen Sprache bedienen können. Trotz dieser erhöhten Schwierigkeit muß die Kluft zwischen Patient und Analytiker überbrückt werden, wenn die therapeutische Arbeit nicht steckenbleiben soll. Man muß sich aber klarmachen, daß der Patient, nämlich dieses Kind im Alter der Grundstörung, das er ist, diese Leistung nicht aus eigener Kraft vollbringen kann. Dadurch entsteht das technische Problem, wie die Kluft zu überbrücken ist. Welchen Anteil daran kann der Analytiker übernehmen und welchen muß er dem Patienten überlassen?

Um Mißverständnissen vorzubeugen, möchte ich betonen, daß ich im folgenden die technischen Probleme zu erörtern gedenke, die sich bei bis zur Tiefe der Grundstörung regredierten Patienten ergeben. Wahrscheinlich ist dies nur *eine* Form der sogenannten »tiefen« Regressionen. Das genauere Studium echter Schizophrener – also nicht »schizoider Charaktere« – wird vielleicht Hinweise liefern, wodurch sich die »schizophrene« Regression von der oben von uns beschriebenen Form unterscheidet.

Natürlich sind diese beiden technischen Probleme – die Überbrückung der Kluft, die den Analytiker als Erwachsenen vom »Kind im Patienten« trennt, und die Überwindung der Unfähigkeit des Patienten, die Wirklichkeit anzunehmen und in der Analyse mitzuarbeiten – längst bekannt, und es sind auch schon verschiedene Methoden entwickelt worden, damit umzugehen. Worauf in der Literatur über dieses Thema nicht genügend hingewiesen wurde, sind die Gefahren, die den Therapeuten beim Versuch, die Brücke zu seinem regredierten Patienten zu schlagen, bedrohen, besonders wenn dessen Regression bis zur Grundstörung hinabreicht, und die Tatsache, daß sämtliche Gefahren durch seine, des Analytikers, Reaktionen auf die zu diesem Bereich gehörenden Erscheinungen hervorgerufen werden.

Im 15. Kapitel soll nun der allgemeine Einfluß der Sprache auf die analytische Situation erörtert werden, während die Kapitel 16 bis 18 der Beschreibung einiger »Standard«-Reaktionen auf den regredierten Patienten und der sich daraus ergebenden Folgen gewidmet sind. Die Teile IV und V werden dann eine Darstellung meiner eigenen klinischen Erfahrungen mit regredierten Patienten und der Technik, die ich dabei nützlich gefunden habe, bringen.

## 15. Kapitel
## Das Problem der Sprache in der Erziehung und in der psychoanalytischen Behandlung

Im Umgang mit regredierten Patienten besteht die verbreitetste, aber nicht immer voll erkannte Schwierigkeit darin, daß der Analytiker fortfährt, seine ihm gewohnte Sprache zu sprechen. Das ist natürlich nur ein Spezialfall des Sprachproblems in der analytischen Situation. Selbstverständlich wird jeder Engländer oder Amerikaner einen englischsprechenden Patienten auf Englisch analysieren, und Patient und Analytiker werden einander verstehen. Natürlich verwendet jeder Analytiker bei jedem Patienten einen etwas anderen Wortschatz, andere Ausdrücke und Vergleiche; aber diese verschiedenen »Dialekte« werden von beiden Partnern verstanden. Dagegen sind sie einem Franzosen oder Deutschen nicht ohne weiteres verständlich, sie müssen erst übersetzt werden.

Das besagt nicht, daß irgendeine Sprache einer anderen überlegen sei, aber sie sind eben verschieden. Der Grund für diese Verschiedenheit ist ein historischer; Engländer, Franzosen und Deutsche haben ihre verschiedenen Sprachen in der Jugend von ihren Eltern erlernt.

Im großen ganzen kann man das meiste, nicht nur Gegenstände, sondern auch Beziehungen, Gefühle und Gedanken, in jeder Sprache gleich gut ausdrücken. Ich betone »das meiste«, denn manches geht wiederum nicht. Dies gilt besonders für stark gefühlsbetonte Mitteilungen. Gute Beispiele hierfür sind die lyrische Dichtung oder Liedertexte; es ist fast unmöglich, sie genau zu übersetzen. Bekanntlich werden Opern vorzugsweise in der Originalsprache gesungen. Ich erkläre mir diese Schwierigkeit mit der »Aura von Assoziationen«, von der jedes Wort umgeben ist und die in jeder Sprache verschieden ist, verschieden auch je nach den wechselnden menschlichen Beziehungen bei gleicher Sprache. Beispiele sind die an Geheimsprachen grenzenden Jargons der verschiedenen Berufe, die Schülersprache, die Sprache von ehemaligen Soldaten aus derselben Armeeinheit, von Insassen mancher Gefängnisse und von Kandidaten mancher analytischer Institute. Ein besonders überzeugendes Beispiel ist die Schwierigkeit, exakte Definitionen zu geben, besonders in der Psychologie. Eine exakte Definition versucht, die Worte aller unerwünschten Assoziationen zu entkleiden, was überaus selten gelingt.

Wie die Erfahrung zeigt, kann potentiell jedes Kind, jeder Patient – und auch jeder Ausbildungskandidat – jede Sprache erlernen; welche Sprache es bzw. er tatsächlich lernt, hängt von den Eltern, dem Therapeuten oder dem Lehranalytiker ab. Die Wahl steht nicht bei ihm, *er hat überhaupt keine Wahl*, er muß die Sprache seiner Umwelt erlernen.

Dies ist für unsere analytische Praxis und Theorie von überragender Bedeutung: die Patienten (und Ausbildungskandidaten) müssen die Sprache ihrer Analytiker erlernen und tun dies auch. Gewiß lernt auch der Analytiker immer von jedem seiner Patienten; aber dieses Lernen, so wichtig es ist, bleibt geringfügig im Vergleich zu dem, was eine auf ihr Kind eingehende Mutter sprachlich von diesem übernimmt. Wie bedeutend dieses Lernen jedoch auch sein mag, die Tatsache besteht, daß die sich ergebende Sprache des Kindes, wenn seine Eltern Engländer sind, unvermeidlich Englisch sein wird und nicht Ungarisch oder Chinesisch. Das Kind wird also nur solche Gefühle, Gedanken, Erlebnisse ohne Schwierigkeiten ausdrücken können, die normalerweise auch von seinen Eltern erlebt werden, und zwar in Ausdrücken, zu denen die englische Sprache sich hergibt; für andere Erlebnisse, die vielleicht von einem ungarischen oder chinesischen Kind in seiner Muttersprache leicht ausgedrückt werden können, hat das englischsprechende Kind keine Worte und umgekehrt.

Diese einfache Tatsache ist, meine ich, in unseren theoretischen Erwägungen systematisch verdrängt worden. In der Regel werden die Assoziationen des Patienten als Beweis angeführt, daß die Vorstellungen des Analytikers korrekt sind. Wir müssen uns klar darüber sein, daß es der größte Wunsch eines jeden Patienten ist, *verstanden* zu werden, so daß er eine Sprache sprechen muß, die sein Analytiker verstehen kann, also einen der Dialekte, die zur individuellen Sprache dieses Analytikers gehören. Und genauso, wie englische Eltern es für selbstverständlich halten, mit ihrem Kind Englisch zu sprechen, so benutzt auch jeder Analytiker automatisch seine individuelle Sprache – oder die Sprache seiner Gruppe – gegenüber seinen Patienten; nichts scheint ihm natürlicher als das.

So entwickelt jeder Analytiker eine analytische Sprache, die sich in ihrer wesentlichen Struktur gleich bleibt, obwohl sie sich erweitern, reicher, genauer, expressiver, wirkungsvoller und auch leichter verständlich werden kann – nämlich für jeden, der sie erlernt hat; allen anderen dagegen erscheint sie sonderbar und irritierend. Wir dürfen nicht vergessen, daß die bloße Tatsache, daß sie von Menschen gesprochen und verstanden wird, die analytische Sprache noch nicht zu einer Universalsprache erhebt, wie sehr die Benutzer dieser Sprache das auch wünschen mögen.

Wenn wir dies als unvermeidlich anerkennen, müssen wir uns fragen, was dabei zu tun ist. Für unsere Theorie ergibt sich daraus ein umfangreiches Programm. Zunächst müssen wir für jede der analytischen Sprachen ein Vokabular und eine Grammatik herstellen, d.h. eine möglichst vollständige Sammlung von Wörtern und möglichen Wortverbindungen; wenn wir dann diese verschiedenen Wörterbücher und Grammatiken miteinander vergleichen, werden wir feststellen, daß es in jeder Sprache zahlreiche unübersetzbare Wörter, Sätze und grammatische Strukturen gibt, die für die betreffende Sprache charakteristisch sind. Drittens könnten wir die verschiedenen Sprachen daraufhin vergleichen, welche für das Ausdrücken bestimmter Dinge am geeignetsten ist. Diese wichtigste Forschungsaufgabe kann erst in Angriff genommen werden, wenn die beiden vorhergehenden sich schon in einem fortgeschrittenen Stadium befinden.

Alle Wörter haben, wie gesagt, ihre eigene Aura von Assoziationen, einige diffus, andere konzentrierter; einige vage, breitgestreut und fließend, andere fester, fast starr, aber alle hochgradig individuell. Es ist kaum möglich, in zwei verschiedenen Sprachen völlig gleichbedeutende Wörter zu finden. Für diesen Mangel an Übereinstimmung gibt es viele Beispiele, so daß ich mich darauf beschränken kann, nur einige besonders schwierige technische Ausdrücke aus unserem Fach anzuführen, um darzustellen, was ich meine. Das deutsche Wort *Besetzung* kann im Englischen mit »occupation«, »charge«, »cathexis« übersetzt werden; die deutschen Wörter *Lust* und *Unlust* sind so gut wie unübersetzbar; das englische »pleasure« bedeutet etwas ganz anderes, und »unpleasure« ist eine komische Neubildung; das gleiche gilt auch für »pleasurable« und »unpleasurable«. Das deutsche Wort *Angst* kann »fear«, »anxiety« sogar »panic« bedeuten. Alle diese englischen Wörter haben ihre eigenen Assoziationen, die von den entsprechenden deutschen ganz verschieden sind. Umgekehrt hat das englische Wort *sentiment* kein wirkliches deutsches Äquivalent, und *depressed* bedeutet etwas ganz anderes als das deutsche, sprachlich ähnliche »deprimiert«. Die englischen Wörter *skill* und *thrill* haben keine wirklichen Äquivalente in den mir bekannten europäischen Sprachen. Und schließlich haben die Deutschen kein *mind,* während jeder Engländer sich unbehaglich fühlt, wenn jemand behauptet, er hätte eine »soul«, – es sei denn ein Priester. Im Englischen spricht man von »diseases of the mind«; das deutsche *Geisteskrankheiten* müßte linguistisch mit »diseases of the spirit« übersetzt werden.

*Selbstgefühl* und *selbstbewußt,* im Deutschen ganz einfache Begriffe, haben wegen der sehr verschiedenen Assoziationen in den beiden Sprachen keine Äquivalente. *Selbstbewußt* ist jemand, der sich seiner persönlichen Vorzüge bewußt und von seiner Leistungsfähigkeit realistisch überzeugt ist; das linguistisch äquivalente englische Wort »self-conscious« bedeutet genau das Gegenteil, nämlich geniert und unsicher. *Selbstgefühl* bedeutet dank der verschönernden Wirkung seiner Assoziationsaura »Stolz«, »Männlichkeit«, »Würde«, »Selbstvertrauen«. In der englischen analytischen Theorie findet sich *Selbstgefühl* mit »self-esteem« übersetzt, wodurch die Bedeutung dank der andersartigen Assoziationen, die das Wort »esteem« = »Wertschätzung« umgeben, sich stark ändert, denn *Gefühl* wird höchstens mit »feeling« übersetzt. Ich muß hinzusetzen, daß alle meine Beispiele aus Vergleichen zwischen dem Deutschen und dem Englischen genommen sind; natürlich würden sich in jedem anderen Sprachenpaar ähnliche Probleme ergeben – und das gleiche gilt von den Sprachen der verschiedenen analytischen Schulen.

Unglücklicherweise – oder glücklicherweise – kommt es bei freien Assoziationen nicht nur auf das Wort, sondern vor allem auf das ganze Assoziationsbündel an. Die oben erwähnten technischen Ausdrücke sind Beispiele hierfür. Freud hätte seine Theorie der libidinösen *Besetzung* auf Englisch nicht entwickeln können, da es in dieser Sprache kein Wort gibt, um das auszudrücken, was er meinte. Bekanntlich wurde das Wort »cathexis« hierfür neu erfunden, aber es ist unwahrscheinlich, daß es jemals in die Umgangssprache eingehen wird. Dasselbe gilt noch in stärkerem Maße für die Übersetzungen von *Lust* und *Unlust.* Andererseits konnte sich die moderne Theorie der »Depression« nur im Englischen entwickeln, in welcher Sprache dieses Wort ein vages, aber ausgedehntes Feld deckt – ähnlich wie *Besetzung* und *Abwehr* im Deutschen. Das deutsche Wort *deprimiert* mit nur wenigen und fast unelastischen Assoziationen würde sich zu einer solchen Verwendung nicht hergegeben haben.

So benötigen wir nicht nur ein Vokabular und eine Grammatik für jede der analytischen Zungen, sondern auch eine Sammlung der Assoziationsbündel, die jedem Wort anhängen. Diese letztere Aufgabe wird vermutlich die schwierigste sein; selbst in der Linguistik ist der entsprechende Zweig, die Semantik, noch im Frühstadium und kaum über diese Phase der Sammlung von Kuriositäten hinausgelangt. Diese Aufgabe muß jedoch geleistet werden.

Inzwischen müssen wir, fürchte ich, alle analytischen Sprachen als gleichwertig betrachten, obwohl einige besser entwickelt, andere noch primitiv und lückenhaft sind und möglicherweise niemals darüber hinauswachsen werden. Jede von ihnen drückt jedoch wichtige Einzelzüge der analytischen Erfahrung aus, und solange wir die in einer Sprache mitgeteilte Erfahrung nicht zuverlässig und überzeugend in einer anderen ausdrücken können, müssen wir sie alle tolerieren.

An dieser Stelle pflegt sich gewöhnlich die Diskussion zu entfachen. Es wird behauptet, daß Freud uns eine recht gute, leistungsfähige Sprache hinterlassen habe, die von jedem Analytiker mit Leichtigkeit verstanden werde; diese sollten wir als »klassische« Standardsprache der Psychoanalyse gelten lassen und fordern, daß von nun an jeder Reformer ein Vokabular und eine Grammatik aufzeichnen solle, aus denen klar hervorgeht, wo und wie seine Sprache von derjenigen Freuds abweicht. Dieser Vorschlag klingt sehr vernünftig, aber ich fürchte, er ist undurchführbar. Wie ich schon in den Kapiteln 1 bis 3 zu zeigen versucht habe, ging Freud in seiner klassischen Forschungsarbeit nicht viel über den Kernkomplex hinaus, wogegen alle »modernen« Idiome Befunde zu beschreiben versuchen, die mit der Grundstörung zusammenhängen. Infolgedessen können die verschiedenen Beschreibungen der klinischen Befunde in den »modernen« analytischen Sprachen an Freuds »klassischen« Beschreibungen nicht gemessen werden; es gibt keinen »primus«, sondern nur »pares«. Das mag unerfreulich erscheinen, aber die Tatsache muß zugegeben werden.

Für unsere Praxis sind die Folgen bedeutend. Das Vorhandensein verschiedener, nicht völlig ineinander übersetzbarer analytischer Sprachen kann vernachlässigt werden, solange die therapeutische Arbeit sich auf die ödipale Ebene beschränkt. Obwohl wir auf einzelne Schwierigkeiten stoßen mögen – wie an der Unübersetzbarkeit von Angst, Besetzung, Lust, »depressed« exemplifiziert –, ergeben sich daraus keine echten technischen Probleme. Das ändert sich sofort, wenn die Arbeit mit dem Patienten über den Bereich der konvenierten Erwachsenensprache hinaus zur Grundstörung vordringt. In diesem Bereich sind die nicht-verbalen Mitteilungen des Patienten genauso wichtig wie seine verbalen Assoziationen, gleichgültig, ob wir sie »Verhalten«, »Agieren«, »Wiederholen« oder »Schaffung einer Atmosphäre« nennen. Da alle diese »Mitteilungen« nicht-verbal sind, haben wir als Analytiker uns als Dolmetscher zwischen das bewußte, erwachsene Ich des Patienten und seine unbewußten dranghaften Wünsche einzuschalten. Mit anderen Worten, wir müssen ihm sein primitives Verhalten in die konvenierte Erwachsenensprache *übersetzen*[1] und ihn auf diese Weise befähigen, es in seiner Bedeutung zu erkennen. In der Regel müssen wir jedoch nicht nur als Dolmetscher, sondern auch als *Kundschafter* dienen.

[1] Eine ausführlichere Darstellung dieses Fragenkomplexes habe ich in meinem Buch ›Angstlust und Regression‹ (Klett, 1959) gegeben, vor allem in den Kapiteln 8 und 11.

Selbst auf der ödipalen Ebene ist sich der Patient nicht immer bewußt oder jedenfalls selten voll bewußt, was er eigentlich in der analytischen Situation tut und insbesondere, ob er in seinem Verhalten »agiert« oder »wiederholt« hat oder nicht. Auf der Ebene der Grundstörung ist die Wahrnehmung des Patienten noch ungenauer und schwankender.

In dieser Situation ist unsere Rolle derjenigen eines Reisenden ähnlich, der einen primitiven Volksstamm besucht, dessen Sprache noch niemals aufgezeichnet, dessen Sitten noch nie beobachtet oder gar in einem objektiven Bericht dargestellt worden sind. So hat der Kundschafter die Pflicht, auf wesentliche Züge des Verhaltens aufmerksam zu machen und sie gemäß ihrer Bedeutung in verstehbarer Sprache zu beschreiben. Diese doppelte Aufgabe – als Kundschafter und Dolmetscher – ist unumgänglich, ganz gleich, ob wir unsere Wissenschaft fördern oder schlicht nur unserem Patienten helfen wollen.

Nun stützt sich die Übersetzung des Sinnes der beobachteten Erscheinungen in die Erwachsenensprache – sei es zu wissenschaftlichen, sei es zu therapeutischen Zwecken – auf den Wortschatz und die Grammatik einer Erwachsenensprache, die nur für die ödipale Ebene gilt. Soweit wir wissen, hat das Unbewußte kein Vokabular in unserem Sinne; obwohl dort auch Wörter existieren, sind sie nicht mehr und nicht weniger als jede andere Objektrepräsentanz, sie haben noch nicht jene übergreifende symbolische Funktion, die sie in der Erwachsenensprache erlangen. Sie sind in der Hauptsache Bilder, Phantasiegebilde, Laute, die ohne weiteres ihre Bedeutung wechseln oder miteinander verschmelzen können – wie es ja in der Tat in den Träumen geschieht. Es scheint, daß im Unbewußten die Wörter die gleiche Unbestimmtheit von Kontur und Farbe haben wie Traumbilder, eine Art von grau in grau; obwohl sie mit einem erheblichen Betrag fließender Gefühle und Affekte besetzt sind, eignen sie sich nicht für klar definierte, genaue Aussagen, wie sie in der Erwachsenensprache gebraucht werden.

Wie soll man in der Praxis mit solchen Patienten umgehen? Im großen ganzen verhalten sich die Analytiker wie die oben erwähnten Mütter. Die Wahl der Sprache scheint ihnen keine Skrupel zu machen: sie sprechen ihre eigene Sprache, die mit ihrer Muttersprache identisch ist, denn es ist die Sprache, die sie in ihrer analytischen Kindheit erlernt haben. Zusätzlich zur Rolle des Kundschafters und Dolmetschers übernehmen sie noch die des *Lehrers,* und infolgedessen lernen ihre Patienten unweigerlich einen der verschiedenen Dialekte, die zur Sprache ihres Analytikers gehören. Wie schon erwähnt, gibt es mehrere solcher Sprachen, da jede psychoanalytische Schule ihre eigene entwickelt hat.

Im folgenden werde ich einige dieser Sprachen beschreiben. Dabei wird es meine Hauptaufgabe sein zu untersuchen, in welcher Weise diese Sprachen dem Analytiker helfen, auf den regredierten Patienten einzugehen, und in welcher Weise sie wiederum die Wahl seiner Reaktionen einengen. Schließlich werde ich zu zeigen versuchen, welche Risiken mit jeder dieser Reaktionsweisen verbunden sind.

## 16. Kapitel
## Die klassische Technik und ihre Grenzen

Eine Gruppe von Analytikern spricht die »klassische« Sprache, die auf Freud zurückgeht und sich in erster Linie auf die Erlebnisweisen im ödipalen Bereich bezieht; Freud hat sie in der nur leicht abgewandelten Umgangssprache erwachsener Menschen dargestellt. Zwar werden von den betreffenden Analytikern »prägenitale« Erlebnisse keineswegs vernachlässigt oder unterdrückt, aber sie werden ebenfalls in der Erwachsenensprache behandelt, d.h., sie werden auf die ödipale Ebene gehoben.

So werden diese Analytiker etwa versuchen, ihre Reaktionen auf die Regression ihrer Patienten möglichst auf Deutungen zu beschränken, die sich auf der ödipalen Konfliktebene bewährt haben, in der Hoffnung, durch diese vorsichtige Technik die Patienten aus ihrer Regression herauszuholen und mittels Überresten von Interessen, die sie einstmals besaßen, zu dreiseitigen Beziehungen im Realleben, also den verschiedenen oralen, analen, genitalen Formen der Sexualität usw. zu veranlassen. Bei dieser Technik wird übersehen, daß sie den Patienten vermutlich dazu zwingt, entweder während der ganzen Behandlung auf der ödipalen Ebene zu bleiben oder nach kurzer Regression in andere seelische Bereiche schleunigst dorthin zurückzukehren. Dabei werden die zum Bereich der Grundstörung gehörenden Erscheinungen meist als Symptome des Kastrationskomplexes oder Penisneids gedeutet. Diese Deutungen sind insofern korrekt, als sie einen der Faktoren dieser überdeterminierten Erscheinungen ans Licht bringen; da sie aber alle anderen, von der Grundstörung herrührenden Faktoren vernachlässigen, müssen sie in manchen Fällen therapeutisch unwirksam bleiben. Die betreffenden Analytiker mögen mit dieser Technik manche erfreulichen Erfolge erzielen, aber nur bei sehr sorgfältig ausgesuchten Patienten.

Eine ausgezeichnete Beschreibung der möglichen Varianten innerhalb der »klassischen« psychoanalytischen Technik gab R. Loewenstein auf dem 20. Internationalen Psychoanalytischen Kongreß 1958 in Paris. Als treuer Anhänger der »klassischen Technik« demonstrierte er die große Flexibilität dieser Technik, die imstande sei, sich sehr verschiedenen therapeutischen Situationen anzupassen.

Wie die meisten seiner engeren Kollegen sagte er jedoch nicht viel über die Grenzen dieser Technik, noch warf er die Frage auf, was mit den Patienten geschehen sollte, deren Krankheit ganz oder zum Teil außerhalb der Reichweite der analytischen Technik gelegen ist. Er erwähnt jedoch zwei wichtige Arbeiten, die sich mit diesem Problem beschäftigen. In der einen, von Edward Bibring (1954), wird zugegeben, daß die Bedürfnisse einzelner Patienten in der Tat über die Möglichkeiten der klassischen Technik hinausgehen; in solchen Fällen könnte man – vielleicht sogar mit Erfolg – eine andere Art von Psychotherapie anwenden, die man dann jedoch nicht mehr Psychoanalyse nennen dürfe. Dagegen kann man nichts einwenden. Die andere Arbeit stammt von K. R. Eissler (1953). Er zeigt, daß man die »klassische« wie überhaupt jegliche psychotherapeutische Technik als durch eine Anzahl von »Parametern« bestimmt betrachten kann; solche Parameter sind: Häufigkeit der Sitzungen, Länge der Sitzungen, das, was Freud die »Abstinenz« nannte, die äußere Form der Behandlung: der Patient liegt, der Analytiker sitzt hinter ihm; ferner die allgemeine Einstellung des Analytikers, etwa im Sinne von Freuds »wohlgeschliffenem Spiegel« usw. usw. Eissler hebt sehr richtig hervor, daß jeder dieser Parameter vom Analytiker – sei es unbeabsichtigt oder wissentlich – verändert werden könne, aber er weist warnend darauf hin, und Loewenstein stimmt ihm darin bei, daß manche dieser Modifikationen sich als irreversibel erweisen könnten: wenn sie einmal zugelassen würden, ließe sich die »klassische« psychoanalytische Situation möglicherweise nicht wiederherstellen.

Wenn ich Loewenstein richtig verstanden habe, wollte er in seinem Beitrag die zulässigen oder vielleicht auch nur die ungefährlichen Änderungen skizzieren, über welche der Analytiker füglich nicht hinausgehen sollte. Ich möchte nun den Spieß einmal umdrehen und fragen, welche Folgen sich aus der von Loewenstein, Bibring, Eissler und anderen befürworteten therapeutischen Haltung ergeben. Dies ist ein weites Feld, und ich will daher nur drei der sich ergebenden Punkte anführen.

Der erste ist natürlich die Auswahl der Patienten, die bei jeder Beschränkung der therapeutischen Technik in Aktion tritt. Sobald der Technik Grenzen gesetzt werden, muß eine gewisse Kategorie von Patienten als ungeeignet abgewiesen werden. Loewenstein und seine Kollegen vermeiden es konsequent, diese unerfreuliche Tatsache zu erwähnen; damit umgehen sie auch die peinliche Kriterienfrage.

Man kann wohl als selbstverständlich voraussetzen, daß bei der Auswahl von Patienten sogar ein Analytiker nicht nur von bewußten, explizit ausgesprochenen Meinungen und Kriterien, sondern auch von gewissen unbewußten Erwartungen geleitet wird. So ist es vielleicht nicht ganz ungerecht zu sagen, daß zu den ersten Erwägungen des Analytikers nicht so sehr des Patienten »Heilbarkeit« als vielmehr seine »Analysierbarkeit« gehört. Anders ausgedrückt: Lohnt sich die Analyse oder lohnt sie sich nicht? Wenn man boshaft sein wollte, könnte man das auch so ausdrücken: Wird der Patient dem Analytiker eine Befriedigung bedeuten? Mindestens scheinen solche Erwägungen einzufließen, wenn Ausbildungskandidaten ausgewählt werden. Freilich scheint das nicht nur beim Training für die »klassische« analytische Technik, sondern bei jeder Ausbildung vorzukommen.

Natürlich soll das nicht besagen, daß der Grundsatz der Auswahl verkehrt sei, ganz im Gegenteil. Ich wollte nur hervorheben, daß jede Technik in Interdependenz mit den Auswahlkriterien steht, daß sie in der Regel einander bestimmen. Die Vernachlässigung dieses Grundproblems erklärt die relative Fruchtlosigkeit der immer wiederkehrenden Symposien über »Analysierbarkeit«, besonders in Amerika (1960, 1963). Ein weiterer Anlaß für diese wiederholten Symposia könnte das Bedürfnis mancher Analytiker sein, sich wegen ihrer Ablehnung von Patienten mit riskanten Prognosen zu rechtfertigen. Ich wiederhole jedoch, daß bei sorgfältiger Auswahl der Patienten die Erfolge, die mit Hilfe der klassischen analytischen Sprache erzielt werden können, ausgezeichnet sind.

Eng verbunden mit diesem Problem ist die Frage, wessen Aufgabe es dann sein soll, sich andere, nicht-klassische und doch dynamische Psychotherapien für die Patienten auszudenken, die für die »klassische Psychoanalyse« nicht geeignet sind. Soll man diese Aufgabe den »wilden« Analytikern, den Eklektikern, den Psychiatern oder gar den Gesundbetern überlassen? Wir wollen uns erinnern, daß wir wenigstens in einem Falle unserer Geschichte nicht gezögert haben, unser Aufgabengebiet über die Grenzen der »klassischen« Technik hinaus auszuweiten, nämlich in der Kinderanalyse, für die ganz neue Techniken entwickelt werden mußten, um die andere therapeutische Situation zu erfassen. Einige Parameter der Kinderanalyse weichen grundlegend von der »klassischen Technik« ab. Um nur ein Beispiel zu nennen: In der Behandlung eines drei-, vierjährigen Kindes kann kein Analytiker es vermeiden, dem Kinde beim Gang auf die Toilette zu helfen – eine bei erwachsenen Patienten fast undenkbare Situation, und einer von Eisslers irreversiblen Parametern. Trotz solcher grundlegenden Unterschiede haben wir die Kinderanalyse dennoch nicht den Schulpsychologen oder Psychagogen überlassen, sondern die Aufgabe auf uns genommen – zum Segen der Erziehungswissenschaft, der Kinderpsychologie und -psychiatrie und vor allem der Psychoanalyse selbst. Seither ist die Kinderanalyse ein spezielles Ausbildungsfach, aber nichtsdestotrotz ein integraler Bestandteil der Psychoanalyse als Gesamtwissenschaft.

Es wäre eine interessante Aufgabe für den Historiker – und für den Psychologen – herauszufinden, warum in der allgemeinen psychoanalytischen Meinung im Falle der Gruppentherapie die entgegengesetzte Einstellung überwog. Obwohl Freud selbst davon sprach, daß Legierungen des puren Goldes der Psychoanalyse notwendig sein könnten, um sie für die Psychotherapie breiterer Bevölkerungsschichten nutzbar zu machen, und obwohl fast alle Pioniere der Gruppentherapie ausgebildete Psychoanalytiker waren, haben wir es als Gesamtkörperschaft abgelehnt, die Verantwortung für die weitere Entwicklung der Gruppentherapie zu übernehmen – meines Erachtens zum Schaden aller Beteiligten, vor allem aber unserer eigenen Wissenschaft. Nun heimsen andere die reiche Ernte auf diesem Felde ein, und wir haben – vielleicht unwiederbringlich – die Chance eingebüßt, die Psychodynamik von Kollektiven klinisch zu beobachten.

Wie kommt es nun, daß Analytiker mit so reicher, vielfältiger Erfahrung, wie Loewenstein und viele andere, es für nicht ratsam, ja für gefährlich halten, über einen bestimmten Bereich, den Loewenstein klar und überzeugend skizziert hat, hinauszugehen? Vielleicht enthalten meine Vorstellungen eine der möglichen Antworten – wenn auch sicherlich nicht die einzige – auf diese Frage. Die klassische Technik samt ihren zulässigen Varianten setzt eine Beziehung zwischen Arzt und Patient voraus, die durch das ödipale Niveau gekennzeichnet ist. Alle Varianten, bei denen die Beziehung auf dieser Ebene gehalten werden kann, sind daher statthaft. Jede technische Maßnahme dagegen, die über Loewensteins Varianten hinausgeht, erlaubt oder provoziert sogar eine andere Art – vielleicht sogar mehrere andere Arten – therapeutischer Beziehungen, die noch nicht gründlich untersucht worden sind und daher für Patienten und Analytiker einige Risiken enthalten. Andererseits wissen wir, daß Beziehungen auch jenseits der ödipalen Ebene existieren, und es ist klar, daß manche von ihnen unter bestimmten Umständen für therapeutische Zwecke benutzt werden könnten. Um Mißverständnissen vorzubeugen, füge ich hinzu, daß es nicht die in der Kinderanalyse beobachteten und erforschten Beziehungen sind, an die ich hier denke; dort handelt es sich um einfache Varianten der ödipalen Beziehungen.

Ich gebe zu, daß diese nicht-ödipalen Beziehungen für Patient wie Analytiker ein gewisses Wagnis bedeuten. Wir wissen sogar etwas darüber, wenn auch bei weitem nicht genug. Übrigens ging auch Freud, als er die kathartisch-hypnotische Technik zugunsten der Technik aufgab, aus der sich später die Psychoanalyse entwikkelte, ein Risiko ein – und wie wir jetzt wissen, ein sehr großes –, dessen Art und Umfang ihm noch fast völlig unbekannt waren.

Sicherlich wäre es für ihn ungefährlicher gewesen, sich nicht auf diesen neuen Weg zu begeben – wäre es aber auch klüger gewesen?

Ich weiß, daß ein Erfolg noch keine Rechtfertigung für weitere unüberschaubare Risiken ist. Nach dem Gesetz der Wahrscheinlichkeit ist auch nicht zu erwarten, daß so bald ein zweiter Freud unter uns aufstehen wird. Aber dürfen wir diese Aufgabe, so risikoreich sie ist, anderen, nichtanalytischen Händen überlassen? Allen wohlfundierten Warnungen zum Trotz meine ich, wir dürfen es nicht.

Denn worin besteht diese Aufgabe? Wir müssen möglichst viele primitive, nicht-ödipale Beziehungen studieren, um die Faktoren zu isolieren, die zu deren Entwicklung führen oder sie anregen; wir müssen die Bedingungen klären, denen der Analytiker genügen muß, wenn er sie unter Kontrolle halten und nicht zu Gefahren ausarten lassen will; und schließlich müssen wir sie als Vehikel für therapeutische Interventionen benützen. Ich glaube, wir Analytiker sind kraft unserer Ausbildung die einzige Forschergruppe, die diese Aufgabe übernehmen kann, und wir alle würden um vieles ärmer sein, wenn wir uns davor drücken wollten.

Vielleicht wird man uns sagen, daß wir beim Eindringen in diesen unerforschten Bereich möglicherweise überhaupt nichts entdecken werden, oder daß das, was wir entdecken, nicht wert ist, daß wir unsere Psychoanalyse dafür aufs Spiel setzen. Ich bin nicht so pessimistisch. Reines Gold hat die Eigenschaft, dem Feuer zu widerstehen und sogar gereinigt aus ihm hervorzugehen. Ich kann keinen Grund sehen, warum wir für den Wesenskern unserer Wissenschaft fürchten müßten; und sollten irgendwelche Verzierungen dahinschmelzen, weil sie nicht aus purem Gold sind, so ist das für die künftigen Generationen nur um so besser.

## 17. Kapitel
## Gefahren der konsequenten Deutetechnik

Die von Melanie Klein und ihrer Schule beeinflußte therapeutische Richtung geht von ganz anderen theoretischen Voraussetzungen aus. Diese Analytiker sind sich zwar des immensen Abstandes, der das Kind im Patienten vom Erwachsenen trennt, voll bewußt, aber sie glauben, daß er mit der normalen Erwachsenensprache zu überbrücken sei. Ihre wissenschaftliche Einstellung besagt, daß trotz der fundamentalen Unterschiede des reifen und des kindlichen Seelenlebens unsere Erwachsenensprache bei vorsichtiger Benutzung der vorhandenen und Schaffung einiger neuer Begriffe wohl imstande sei, die primitivsten Vorgänge in der kindlichen Psyche zu beschreiben. Zwei weitere Annahmen dieser Schule sind: a) daß in den Frühphasen der seelischen Entwicklung die aus dem hypothetischen Todestrieb stammenden Impulse größere Bedeutung haben als im Erwachsenenleben, und b) daß praktisch alle Erscheinungen, die man bei Erwachsenen beobachten kann, schon in irgendeiner Form in der frühen Kindheit, vielleicht schon in den ersten Lebenswochen als vorhanden anzunehmen seien. Sie behaupten, daß man dies durch direkte Säuglingsbeobachtung verifizieren könne.

Diese Schule hat eine bis ins einzelne ausgearbeitete Theorie vorgelegt und dazu eine eigene Sprache und Deutungstechnik entwickelt. Diese neue Sprache unterscheidet sich von der üblichen Erwachsenensprache nicht unerheblich. Aber erinnern wir uns, daß auch Freuds ursprüngliches Vokabular in mancher Hinsicht ungewöhnlich war; inzwischen sind nun die meisten seiner neu eingeführten Begriffe in die Sprache der Gebildeten aufgenommen worden, und das kann dieser neuen Sprache genau so gut passieren. Aber es besteht ein wichtiger Unterschied zwischen Freuds Sprache und derjenigen der Kleinschen Schule. Freuds Sprache beschränkt sich hauptsächlich auf die Erlebnisse auf der ödipalen Stufe, während die Kleinsche Schule sich bewußt die Aufgabe gesetzt hat, Standard-Begriffe für die Beschreibung von Erlebnisweisen zu prägen, die primitiver sind als die der ödipalen Stufe.

Obwohl also diese Analytiker annehmen, daß der regredierte Patient die Beziehung zu realen, ganzen Objekten aufgegeben hat und nur noch imstande ist, Beziehungen zu Teilobjekten aufrechtzuerhalten, sprechen sie mit diesen Patienten in der normalen Umgangssprache, jedoch mit freigebiger Verwendung der Worte Brust, Milch, Körperinhalt oder -inneres, Teilobjekte usw., und der Verben abspalten, aufnehmen, einverleiben, für etwas stehen, projizieren, verfolgen, beschädigen usw. Übrigens hatten die Wörter Brust, Milch, Körperinneres usw. anfänglich ihre normale, gewöhnliche Bedeutung; im Laufe der Zeit erfuhren sie jedoch eine merkwürdige Veränderung. Ihre Bedeutung wurde überdehnt und allumfassend zugleich, meiner Meinung nach infolge ihrer Verwendung für die Beschreibung von Erscheinungen, die zum Bereich der Grundstörung gehören.

Durch ständiges Überdehnen der Semantik versuchen diese Analytiker – oft mit Erfolg –, Dinge und Erlebnisweisen zu benennen, die vorher nicht in Worten ausgedrückt werden konnten.

So hat der Säugling seinerzeit zwar nach der Brust oder der Milch verlangt, aber er konnte diese Dinge noch nicht benennen; seine Gefühlserlebnisse konnten auch noch keineswegs so festumrissen sein, wie es die Wörter der Erwachsenensprache »Brust«, »Milch« oder »Beschädigung« meinen.

Indem sie auf diese Weise mit den Wörtern umgehen, haben diese Analytiker eine sehr charakteristische, etwas merkwürdige, »verrückte« Sprache entwickelt, die von vielen ihrer Patienten tatsächlich »verrückt« genannt wird. In den Fallberichten dieser Schule finden wir etwa folgende Patientenaussagen: »Der Analytiker versucht dem Patienten verrückte Ideen einzureden; der Patient hatte früher, bevor er in die Analyse kam, niemals solche beunruhigenden, verrückten Gedanken«; oder ein Patient reagiert auf eine »tiefe« Deutung des Analytikers folgendermaßen: »Nach dieser Deutung erschien der Analytiker dem Patienten verrückt und die Analyse gefährlich, denn nun hatte der Patient das Gefühl, der Analytiker zwinge ihm seine eigenen, verrückten Gedanken auf, so wie, nach der Rekonstruktion des Analytikers, die Mutter dem Patienten ihre schlechte Milch aus ihrer zerstörten Brust aufgezwungen hatte.«

Diese Beschreibungen mögen aus dem Zusammenhang gerissen und daher übertrieben erscheinen, aber sie kommen tatsächlich in der angeführten Form immer wieder in gedruckten Veröffentlichungen vor. Man muß jedoch hinzufügen, daß die hier beschriebene Haltung auch an die Auffassung mancher Kinder erinnert, die die Unterhaltung der Erwachsenen »verrückt« finden, weil sie ihnen unverständlich ist; versucht man jedoch, sie diese Sprache zu lehren, so haben sie das Gefühl, man wolle Ideen in sie hineinpressen, gegen die sie sich wehren müßten.

Wenn jedoch die Analytiker – beziehungsweise die Erwachsenen – konsequent darauf bestehen, ihre Erwachsenensprache zu gebrauchen, dann geben die Patienten – beziehungsweise die Kinder – schließlich nach, lernen, was man sie lehrt, und nehmen die

Sprache der Besserwissenden an. Als Folge dieser Wechselwirkung zwischen einem konsequenten Analytiker und seinem konformistischen Patienten ergibt sich eine »Atmosphäre«, die unweigerlich gewisse Ereignisse erzeugt. Durch diesen Lernprozeß wird der Patient unbedingt reifer und besser imstande, mit bestimmten Situationen, die ihm bisher Schwierigkeiten bereiteten, fertigzuwerden.

Unter dem Druck des übermächtigen Bedürfnisses, verstanden zu werden, lernt der Patient nun nicht nur, die Sprache seines Analytikers so zu sprechen, daß er seine Assoziationen in dieser Sprache ausdrücken kann, sondern er übernimmt damit auch die Überzeugung, daß die Analyse nur mit solchen Erlebnissen sich befaßt, die ohne Schwierigkeit verbalisiert werden können und deren Intensität nicht über eine gewisse kritische Stufe hinausgeht. Alles, was außerhalb des Bereichs der Sprache liegt, kommt nur sehr schwach und ungenau zum Ausdruck oder kann vom Patienten überhaupt nicht ausgedrückt werden. (Daß hochgradig intensive Erlebnisse nicht befriedigend in Worten ausgedrückt werden können, erklärt vielleicht, warum wir so wenig über die seelischen Bedingungen z. B. des Orgasmus wissen.)

Ist dies Ergebnis nun ein Beweis dafür, daß jene Lehrmethode die bestmögliche ist oder daß die Sprache der Erwachsenen, die dem Kinde »verrückt« erschien, alles umfaßt, was es gibt? Wenn man die Frage so stellt, enthält sie schon die Antwort. Die Methode ist nicht die einzig korrekte, sie ist nur sehr leistungsfähig, und die Sprache ist nicht allen Menschen gemeinsam, sondern ein nur örtlich brauchbares Verständigungsmittel. Ferner läßt sich die Tatsache, daß Kinder und Patienten sich beim Lernen ähnlich verhalten, daran denken, daß diese Art des Lernens sehr weitgehend auf Introjektion und Identifikation beruht. Man darf vielleicht sogar die Vermutung aussprechen, daß in beiden Fällen eine etwas unkritische Introjektion und Identifikation stattfindet. Jedenfalls ist das der Eindruck, den ein Außenseiter gewinnt, wenn er Ausbildungskandidaten bei ihrem Lernprozeß beobachtet.

Dieser Eindruck wird noch verstärkt durch ein sonderbares, aber ziemlich einheitliches Verhalten der Anhänger dieser Schule, die alle überzeugt zu sein scheinen, daß sie nicht nur eine Sprache besitzen, die sich für die Beschreibung prä-ödipaler und sogar präverbaler Erscheinungen recht gut eignet, sondern zusätzlich noch zuverlässige Kriterien, wie man diese Sprache verwenden muß, d. h., wann, was und wie man deuten muß. Ihre Deutungen, so wie sie auf unseren wissenschaftlichen Kongressen und in der Literatur vorgetragen werden, machen den Eindruck, als kämen sie von sicheren, kenntnisreichen und vielleicht sogar überwältigenden

Analytikern, ein Eindruck, der offenbar von den betreffenden Patienten geteilt wird. Wenn das stimmt, dann ist die Haltung dieser Analytiker vielleicht mit ein Grund, warum in den Assoziationen ihrer Patienten soviel Aggressivität, Neid und Haß auftritt und warum sie sich selber so stark mit Introjektion und Idealisierung beschäftigen. Denn das sind die beiden häufigsten Abwehrmechanismen in jeder Partnerschaft, in welcher ein unterdrückter, schwacher mit einem überwältigend mächtigen Partner ringt.

Merkwürdig ist ferner, mit wieviel Widerstreben therapeutische Fehlschläge zugegeben werden. Obwohl doch die Anhänger dieser Schule etwa ebenso viele schwierige Fälle und Fehlschläge haben werden wie andere, wird in der Literatur von diesen Fällen auffallend wenig gesprochen. Im Gegenteil, die Arbeiten sagen oder implizieren, daß mit der neuen Sprache der Schlüssel gefunden sei für das Verständnis der prä-ödipalen Prozesse, und daß daher ein Großteil der Schwierigkeiten und Fehlschläge überhaupt aufhören würde zu existieren, wenn alle Analytiker diese Technik und diese Sprache erlernen würden.

Die volle Bedeutung der für diese Schule charakteristischen Patient-Analytiker-Beziehung wird später in Teil V noch näher erörtert werden. Ich will hier nur darauf hinweisen, daß die sonderbare Ungleichheit zwischen dem selbstsicheren, kenntnisreichen und vielleicht gar überwältigenden Analytiker, der konsequent seine Sprache spricht und seine Deutungen gibt, und dem Patienten, dem keine andere Wahl bleibt, als die scheinbar »verrückte« Sprache seines Analytikers zu lernen oder aber die Hoffnung auf Hilfe aufzugeben, ein deutliches Zeichen dafür ist, daß die analytische Arbeit den Bereich der Grundstörung erreicht hat. Diese Technik bejaht die Realität der Grundstörung, gibt aber sozusagen dem Patienten die *Schuld* daran, denn seine Leiden seien nur die Folgen dessen, was er in der Phantasie seinen internalisierten Objekten angetan habe.

Die Gefahr, die mit dieser Deutungsweise verbunden ist, kann vielleicht am besten mit dem Wort »Über-Ich-Intropression« beschrieben werden, einem von Ferenczi (1932, S. 294) geprägten Begriff. Bei der oben genannten Technik stellt sich der Analytiker dem Patienten dauernd als weise, unerschütterlich feste Gestalt dar. Dementsprechend scheint der Patient unter dem Eindruck gehalten zu werden, daß der Analytiker nicht nur alles versteht, sondern daß ihm auch das unfehlbare, einzig korrekte Medium einer Sprache zu Gebote steht, in der sich alles ausdrücken läßt: Erlebnisweisen, Affekte, Phantasien usw. Wenn dann der Patient den enormen Haß und die Ambivalenz überwunden hat – die meiner Meinung nach zum größten Teil durch die konsequente

Anwendung dieser Technik erregt werden –, lernt er die Sprache des Analytikers sprechen und introjiziert das idealisierte Bild des Analytikers. In erfolgreichen Fällen scheint das zum Erwerb einer, zwar nicht absolut, aber doch ziemlich weitgehend uniformen seelischen Struktur zu führen, die zweifellos sehr leistungsfähig ist, aber zunächst und vielleicht immer etwas künstlich anmutet.

Übrigens enthält jegliche Art konsequenten Deutens noch ein weiteres Risiko. Wenn die Klagen, Vorwürfe und Beschuldigungen des Patienten vage bleiben und nicht auf etwas Bestimmtes zurückgeführt werden können, so ist es fast immer möglich, das Klagen selbst zu analysieren, es sogar für einige Zeit hinwegzuanalysieren. Der Patient kehrt aber unweigerlich noch einige Zeit mit den gleichen Klagen wieder. Dem auf die Ebene der Grundstörung regredierten Patienten muß diese Technik den Eindruck erwecken, als ob der Analytiker versuchte, seine Anklagen und Vorwürfe nicht ernstzunehmen oder sie durch seine gescheiten, tiefsinnigen Deutungen wegzueskamotieren.

Illustrationen für solche unbeabsichtigten Nebenwirkungen fanden sich immer wieder in unserer Forschungsarbeit mit praktischen Ärzten, neuerdings auch mit Fachärzten (M. Balint, 1961 bzw. 1967). Die meisten Ärzte scheinen den unwiderstehlichen Drang zu haben, die Klagen ihrer Patienten zu einer Krankheit zu »organisieren«, die einen Namen hat und die man einordnen kann, und Arzt wie Patient scheinen ratlos, sogar erschüttert, wenn dies nicht rasch geschehen kann. Umgekehrt, wenn sich aus den Klagen keine behandelbare »Krankheit« organisieren läßt, bekommt der Patient die Auskunft, sein Zustand sei »o. B.«, ihm fehle nichts, was zu endlosen Reibungen und Verärgerungen zwischen dem Patienten, der sich krank fühlt, und seinem wohlmeinenden Arzt führt, der nichts zu finden vermag, um das herum er die Beschwerden des Patienten zu einer ehrlichen Krankheit »organisieren« könnte. Unter dem Druck heutigen medizinischen Denkens kann der Arzt die Bedeutung der Tatsache, daß der Patient *klagen kann* (ganz abgesehen vom Inhalt der Klagen), und die großen, einzigartigen therapeutischen Möglichkeiten der Arzt-Patient-Beziehung, die es dem Patienten erst erlauben zu klagen, nicht wirklich ermessen.

Mir scheint, daß der gleiche unwiderstehliche Drang, die Klagen zu »organisieren«, auch bei den meisten Analytikern wirksam ist. Wir fühlen uns gezwungen, um jeden Preis einen Sinn in den Klagen des Patienten zu entdecken, damit er aufhört zu klagen. Zwar haben wir – mehr oder weniger – die Vorstellung von Krankheitseinheiten aufgegeben, aber wir scheinen nichtsdestoweniger unter dem Zwang zu stehen, die Klagen und Symptome des

Patienten zu einem »Konflikt« oder einer »Position« zu organisieren, ihnen einen Namen und Platz zu geben, der so »früh« oder so »tief« auf unserer chronologisch-hierarchischen Stufenleiter eingeordnet wird, wie nur irgend möglich. Wohl geben wir unseren Patienten keine Sedativa oder sonstigen Medikamente, aber das macht es vielleicht besonders schwer, die Klagen ungelindert anzuhören. Um doch etwas zu tun, etwas zu geben, was die Klagen zum Aufhören bringt, greifen wir zu der Ausflucht, sie zu deuten. Wenn das nichts nützt, suchen wir die Schuld anderswo: bei uns selber wegen unserer mangelhaften Technik, beim Patienten wegen seiner unheilbaren Krankheit, seiner Destruktivität, seiner tiefen Regression, seiner Ich-Spaltung usw.; oder auch bei der Umwelt und besonders bei den Eltern des Patienten wegen ihrer Verständnislosigkeit, ihrer zu wenig einfühlsamen Erziehung usw.; neuerdings scheint sogar ein ganz alter Sündenbock aus der Versenkung geholt worden zu sein: die Vererbung.

Auf diese Weise kann es zu einer Spirale ohne Ende kommen. Der Patient klagt, der Analytiker deutet auf die Weise, die er bei der Arbeit auf der ödipalen oder »prä-ödipalen« Ebene nützlich gefunden hat. Es kommt jedoch zu keiner wirklichen Veränderung, und Gefühle von Schuld und Versagen verstärken sich sowohl beim Analytiker als auch beim Patienten. Das führt dann zu weiteren Klagen und neuen Deutungen, eine immer verzweifelt gescheiter und tiefer als die andere.

## 18. Kapitel
## Risiken im Umgang mit der Regression

Eine dritte Gruppe von Analytikern, bei weitem nicht so gut organisiert wie die beiden vorgenannten, aber über die ganze analytische Welt verstreut, geht ebenfalls von der Kluft aus, die den normalen Erwachsenen vom Kind im Patienten trennt, glaubt aber – wie in mancher Beziehung auch ich –, daß daran die falsche Behandlung des Kleinkindes durch die erwachsenen Erzieher, vor allem die Mutter, schuld ist. Dieses Versagen, das schlechte »Zusammenpassen« zwischen Mutter und Kind, kann bleibende strukturelle Veränderungen in der Seele des Kindes hervorrufen. Eine der häufigsten Folgen ist nach Winnicott eine Art von Ich-Spaltung; in Reaktion auf die falsche Behandlung entsteht – wahrscheinlich durch Introjektion der gleichgültigen, überwältigenden oder inadäquaten Umwelt – ein Pseudo-Ich oder Pseudo-Selbst, mit dem das Kind versucht, das Ringen mit der verständnislosen Welt aufzunehmen. Dieses Pseudo-Ich kann sehr leistungsfähig sein, sogar auf vielen Lebensgebieten Erfolg haben; aber es versperrt den Zugang zum echten, wahren Selbst, das auf diese Weise unreif und realitätsfremd bleibt. Das Ergebnis ist ein lebenslanges Gefühl von Sinnlosigkeit, Leere und Unglück.

Diese Schule legt, wie gesagt, das Hauptgewicht auf das richtige »Zusammenpassen« zwischen dem sich schwach fühlenden Individuum und seiner als übermächtig empfundenen Umwelt. Das wahre Ich ist gewöhnlich noch so unreif und so ungewohnt, mit den Problemen des realen Lebens fertigzuwerden, daß man für eine Weile Wege finden muß, es vor dem Anprall der äußeren Anforderungen zu schützen und zwischen diesen Forderungen und den derzeitigen Möglichkeiten des Individuums zu vermitteln. Jedes Versagen kann das so leistungsfähige »Pseudo-Selbst« wieder in seine »Geschäftsführer«-Position einsetzen, zum Schaden des wahren Selbst. Von diesem sehr heiklen Stück analytischer Arbeit, das aus Nähren, Beschützen, Vermitteln, Betreuen usw. besteht, wird gewöhnlich als von »Handhabung (management) der Regression« gesprochen; es ist eine weitere, vielleicht sogar noch wichtigere Aufgabe der analytischen Therapie auf dieser Ebene als besser bekannte Methoden wie mitfühlendes Zuhören, Verstehen und Deuten.

Nur wenn der Patient »regredieren« darf, d.h., wenn er die Sicherheit aufgeben kann, die ihm die »Geschäftsführung« seines Pseudo-Ichs bot, und das heißt wieder: wenn der Analytiker die

»Geschäftsführung« übernimmt, indem er sich auf die »Handhabung der Regression« einläßt, kann eine Atmosphäre entstehen, in welcher die Deutungen das wahre Ich erreichen, ihm verständlich und schließlich annehmbar werden. Man muß unterstreichen, daß umgekehrt die Voraussetzung des »Managements« durch den Analytiker natürlich die Regression des Patienten ist; nur der regredierte Patient, der zeitweilig auf die Protektion durch sein erwachsenes, möglicherweise falsches Pseudo-Selbst verzichtet hat, braucht eine solche Führung.

Es ist jedoch eine bekannte Erfahrung, daß regredierte Patienten sehr hohe Ansprüche zu stellen und suchtartige Zustände zu entwickeln pflegen; wir werden auf dieses Thema noch in den Kapiteln 20 bis 22 zurückkommen. Die Behandlungsführung bei regredierten Patienten ist deshalb immer eine heikle Aufgabe, die nicht leicht befriedigend zu lösen ist.

Eine der Gefahren besteht darin, daß der Therapeut sich durch die endlosen Leiden des regredierten Patienten verführen läßt, die Verantwortung für die Schaffung von besseren Lebensumständen zu übernehmen, damit ihm weitere Leiden erspart werden. So lobenswert dieses Vorhaben zu sein scheint, zeigt die Erfahrung, daß es in der Praxis selten hilft.

Es gibt viele Gründe für diese bedauerliche Tatsache. Eine solche Reaktion auf seine Regression muß dem Patienten unweigerlich als Bestätigung erscheinen, daß seine Grundstörung mit seiner »schlechten« Umwelt zusammenhängt, und daß sein Analytiker willens und fähig ist, die Welt so zu verändern, daß er hinfort vor böswilligen, schädlichen Einflüssen bewahrt bleibt. Da wir es hier mit Erlebnissen auf der Ebene der Grundstörung zu tun haben, spielt es keine Rolle, ob der Analytiker dies ausdrücklich gesagt oder nur stillschweigend zugelassen hat, daß der Patient sein Verhalten so auslegt; die Erwartungen des Patienten bleiben die gleichen. Das ist vielleicht eine Erklärung dafür, warum es so unerhört schwierig ist zu verhindern, daß sich ein tragisches Mißverständnis, eine wahre Sprachverwirrung herausbildet, sobald die Regression die Tiefe der Grundstörung erreicht hat.

Hat man zugelassen, daß eine solche Atmosphäre sich entwikkelt, dann erwartet der Patient unabweisbar die Wiederkehr jener harmonischen Welt, in der er lebte, bevor es durch das »Trauma« zu seiner Grundstörung kam. In jener Welt, die ich »primäre Liebe« nannte (vgl. 12. Kapitel), kann und darf es keine Interessenkollision zwischen Subjekt und Umwelt geben. Dies ist natürlich nur möglich, solange die Triebbedürfnisse des Subjekts und die seiner primären Objekte durch ein und dasselbe Geschehen befriedigt werden, wie bei der stillenden Mutter das Nähren und beim Säugling das Genährtwerden, das zärtliche Hätscheln und Gehätscheltwerden; der Vorgang ist ein und derselbe, nur unsere beschreibenden Worte sind verschieden.

In einem begrenzten Umfang kann das auch für das Verhältnis Patient – Analytiker gelten, zumindest während der intensiven Perioden der Behandlung. Analysiertwerden und Analysieren kann dann auch fast dasselbe Geschehen sein und kann für beide Partner der Beziehung die gleiche Befriedigung bedeuten. Es ist aber doch zweifelhaft, ob diese Gemeinsamkeit über eine gewisse Grenze hinausgehen kann, ob der Analytiker tatsächlich als Primärobjekt dienen, beziehungsweise es direkt sein kann, so daß der regredierte Patient an ihm seine frühen, prä-traumatischen Erlebnisse wiederholen kann, und ferner, ob innerhalb der therapeutischen Beziehung diese Atmosphäre so lange aufrechterhalten werden kann, bis der Patient neue Wege gefunden hat, auf denen er es vermeiden kann, das ursprüngliche Trauma dauernd wiederholen zu müssen, so daß seine Grundstörung ausheilen kann. Offenbar ist so etwas leichter zu planen als durchzuführen, wahrscheinlich weil die Triebbedürfnisse eines Erwachsenen, gleichgültig, wie tief regrediert er ist, doch komplizierter sind als die eines Säuglings, so daß es in der Regel über die Möglichkeiten auch des sensitivsten und willigsten Analytikers hinausgeht, sich mit sämtlichen dieser Bedürfnisse fehlerfrei zu identifizieren. Im Bereich der Grundstörung fühlt aber der Patient jede kleinste Abweichung dieser Art wie eine Katastrophe und erlebt die ganze bittere Enttäuschung, die zu seiner Grundstörung führte, noch einmal.

Ich hatte das Privileg, aus ziemlicher Nähe ein Experiment zu beobachten, das in seiner Art wirklich großartig war; es war vielleicht das erste dieser Art in der analytischen Geschichte. Es wurde von Ferenczi durchgeführt. Er hatte in seinen letzten Jahren analytischer Arbeit mit einer seiner Patientinnen vereinbart, daß er die Rolle des primären Objekts, soweit es in seiner Macht stünde, übernehmen werde. So erhielt die Patientin soviel Zeit von ihm, wie sie wünschte: mehrere Stunden am Tag und, falls nötig, auch in der Nacht. Da Unterbrechungen nicht ratsam erschienen, nahm der Analytiker die Patientin in seine Ferien mit. Aber das sind nur die geringfügigsten Beispiele dessen, was wirklich geschah. Das Experiment wurde über Jahre fortgeführt, und die Ergebnisse waren noch nicht eindeutig klar, als Ferenczi die analytische Arbeit wegen seiner Krankheit aufgeben mußte; wenige Wochen später starb er. Die Patientin, eine begabte, aber tief gestörte Frau, war zu jener Zeit erheblich gebessert, konnte aber noch nicht als geheilt betrachtet werden. Ich erinnere mich, daß wir über seine Experimente sprachen – das erwähnte war keinesfalls sein einziges, obwohl das weitestgehende –, und daß Ferenczi zugab, daß es mißglückt sei; aber er habe sehr viel dabei gelernt, und vielleicht würden auch andere noch Nutzen davon haben, indem sie daran erkennen könnten, daß die Aufgabe, so wie er sie sich gestellt habe, unlösbar sei.

Seither habe ich nun selbst in der gleichen Richtung experimentiert und auch die Versuche anderer beobachtet. Insgesamt scheint es mir, als könnten manche Analytiker aus ihrer Veranlagung heraus dieser Versuchung nicht widerstehen, besonders wenn es sich um einen »wertvollen« Patienten handelt. Es gibt noch einige weitere feststehende Kennzeichen solcher Analytiker mit »wertvollen« Patienten, vor allen Dingen der beiderseitigen Beziehung während und nach Abschluß des Experiments (Main, 1957); ich werde in Teil IV darauf zurückkommen. Hier soll nur noch festgehalten werden, daß ich in keinem der Fälle, in welchem die Atmosphäre des »großen Experiments« sich entwickeln durfte, einen wirklichen Erfolg gesehen habe. In manchen Fällen glich das Ergebnis einer Katastrophe; bestenfalls kam das heraus, was Ferenczi erreicht hatte: der Patient konnte als erheblich gebessert, nicht aber als geheilt betrachtet werden.

Der Grundgedanke des »großen Experiments« ist etwa folgender: Der Analytiker erkennt, daß sein gewohntes Verhalten teilnehmender, aber passiver Objektivität von manchen Patienten als unverdiente und unerträgliche Versagung empfunden wird, und daß es nichts nützt, wenn man diese Enttäuschung wie jedes andere Symptom der sich entwickelnden Übertragungsneurose behandelt. Vielleicht hegte er selbst schon einige Zweifel, ob es richtig sei, um jeden Preis in der objektiven, teilnehmenden Passivität zu verharren; jedenfalls erweisen sich die ungelinderten Leiden und Entbehrungen des Patienten als zuviel für ihn, und er entschließt sich – entweder allein oder in Übereinstimmung mit dem Patienten –, eine neue Heilmethode einzuführen, indem er über die traditionelle Passivität etwas hinausgeht.

Dieses »etwas mehr« bedeutet immer Befriedigung einiger regressiver Wünsche des Patienten oder positives Eingehen auf sein Agieren. In der Regel bringt dies sogleich einige Besserung. Wenn die neue Methode gegen Ende der Behandlung eines Patienten mit einer nicht zu schweren Grundstörung eingeführt wird, dann kann die Besserung gerade rechtzeitig in die Waagschale fallen, um die Behandlung mit Erfolg abzuschließen. Ein oder zwei solcher erfolgreichen Experimente ermutigen dann den Analytiker, diese Methode auch bei einem recht kranken, aber »wertvollen« Patienten auszuprobieren, und zwar nicht erst am Ende der Behandlung, sondern gleich von Anfang an. Ob nun beschlossen wird, von

Beginn an so viele der Bedürfnisse des Patienten zu befriedigen, als mit einer sehr elastischen Auffassung der analytischen Situation vereinbar ist, oder ob es allmählich unter dem Druck des heraufkommenden Materials dahin kommt, macht kaum einen Unterschied: das »große Experiment« ist im Gange.

Mehrere Analytiker haben zu beschreiben versucht, was sich während eines solchen Experiments im Analytiker, im Patienten und in ihrer Beziehung ereignet. Die Berichte lesen sich immer ebenso anregend wie betrübend. Es eröffnen sich große Perspektiven: man dringt in unbekannte Tiefen der menschlichen Seele vor und gewahrt ungeahnte Möglichkeiten und Kräfte mitmenschlicher Beziehung, und doch entgleitet uns endlich das Ganze, und wir bleiben unbefriedigt und enttäuscht zurück. Von allen Beschreibungen sind meines Erachtens Ferenczis ›Fragmente und Notizen‹ (1930–1932), eine Art wissenschaftlichen Tagebuches, das er während des »großen Experiments« führte, am aufschlußreichsten. Die Notizen waren nur für seinen eigenen Gebrauch bestimmt und sind daher niemals überarbeitet worden. Sie berichten von hoffnungsvollen Entwicklungen, unerwartet auftretenden Komplikationen, geben scharf gesehene, lebendige Beschreibungen vieler überdeterminierender, die therapeutischen Prozesse beeinflussender Faktoren und zeigen vor allem einen begabten Therapeuten am Werk: seine Überraschungen, seine Hoffnungen, unmittelbar niedergeschriebene Einfälle, das Ringen mit schwierigen Problemen. Jedem, der vorhat, auf diesem Felde zu experimentieren, sei dringend empfohlen, vorher diese Notizen zu lesen.

Natürlich hat jeder Forscher auf diesem Gebiet seine Lieblingsideen und kann nicht anders als seine Erfahrungen in diesem Sinne zu beschreiben, woraus sich ein weiterer Beitrag zur analytischen Sprachverwirrung ergibt. Ein systematischer Leser – jemand also, der ganz anders ist als ich – könnte hier ein fruchtbares Forschungsfeld finden: durch Vergleich der verschiedenen analytischen Dialekte könnte er den Grund für eine vergleichende psychoanalytische Sprachwissenschaft legen. Manche dieser Beschreibungen versuchen, die enttäuschenden Ergebnisse zu vernebeln oder wegzuerklären; andere schreiben sie dieser oder jener zufälligen Ursache zu. Ich meine, daß die Ergebnisse sich direkt aus der sich entwickelnden therapeutischen Situation herleiten lassen. Es ist natürlich eine ausschließliche Zweier-Beziehung, eigenartig und primitiv, und sie bietet uns eine gute Gelegenheit, Vorgänge zu studieren, die zum Bereich der Grundstörung gehören.

Wie schon erwähnt, ist der Patient immer ein »wertvoller« Mensch, der Hilfe dringend nötig hat und verdient – ein deutliches Anzeichen für eine positive Gegenübertragung. Statt diese seine emotionale Investition als ein Symptom der Krankheit des Patienten in Rechnung zu stellen (vgl. das 4. Kapitel), hält der Analytiker sie für die Realität und handelt dementsprechend. Hinter dieser Entscheidung stecken oft bestimmte vorgefaßte Ideen: die Unfähigkeit des Patienten, die in der »normalen« analytischen Situation enthaltenen Versagungen und Grenzen zu ertragen, wird als Wiederholung, als Anzeichen von Fixierung an ein frühkindliches Trauma betrachtet. Aus dieser Annahme ergeben sich zwei Bemühungen: erstens die Rekonstruktion der angenommenen traumatischen Situation aus den Assoziationen des Patienten und den Symptomen seiner Übertragungsneurose, d.h. der Wiederholung; zweitens die Schaffung einer Atmosphäre – durch Änderung irgendwelcher reversibler Parameter –, die dann *nicht* mehr als Anreiz für weitere Wiederholungen wirkt.

Manche Analytiker, z.B. ich selbst, ziehen es vor, diese Gedankengänge mit dem Patienten zu diskutieren, um sich seiner Mitarbeit zu versichern. Leider macht das kaum einen Unterschied. Diese Diskussion wird nämlich notwendigerweise in der normalen Erwachsenensprache, noch dazu einer Fachsprache, geführt, d.h. auf der Ebene des Ödipuskonflikts, während die Wiederholung sich ja in der primitiven Zweier-Beziehung ereignet, die zur Grundstörung gehört. Auf der ödipalen Ebene erkennt der Patient dankbar die außerordentlichen Bemühungen seines Analytikers an und verspricht seine volle Mitarbeit; auf der Ebene der Grundstörung kann er nicht anders als volle Befriedigung aller seiner dringenden Nöte zu erwarten, an Dankbarkeit oder Rücksicht auf irgend etwas außerhalb seiner Interessen kann er nicht denken. Jegliche Versagung ruft auf dieser Ebene heftige Symptome hervor, die sofort verschwinden, wenn das Bedürfnis befriedigt wird. Leider verliert die betreffende Befriedigung, wenn sie leicht und sicher erreichbar ist, jeglichen besonderen Wert, und die »Gier« des Patienten wird von einem anderen Wunsch erregt, der scheinbar ebenso überzeugend von der Vergangenheit des Patienten determiniert ist wie der vorige.

Auf diese Weise kann sich ein Teufelskreis ergeben. Im Sinne K. Eisslers kann man zwar gewisse Parameter der analytischen Situation ändern, solange die Änderung reversibel bleibt. Wenn aber eine Änderung durch diejenige eines zweiten, dritten und vierten Parameters verstärkt wird, dann ist das Resultat vielleicht nicht mehr reversibel. Zwar handeln beide Partner des therapeutischen Zweier-Teams aus durchaus vernünftigen und vertretbaren Motiven; *was schädlich ist, ist die sich zwischen ihnen entwickelnde Zweier-Beziehung.* Dies zeigt sich darin, daß sehr viel Haß aufkommt, der sich in der Übertragung und, wie manche Analytiker ehrlich zugeben (Winnicott, 1949), auch in der Gegenübertragung entwickelt. Eine Folge der exaltierten Aufrichtigkeit, die ein wichtiger Teil dieses Experiments ist, ist auch die merkwürdige Haltung der betreffenden Analytiker, die – etwa auf unseren wissenschaftlichen Kongressen und in der Literatur – so apologetisch wirkt und dauernde Bekenntnisse von kleinen und großen Fehlern, Mißerfolgen und Schwächen enthält. Obwohl dies nun der durch konsequentes Deuten geschaffenen Atmosphäre der zweiten Schule von Analytikern diametral entgegengesetzt ist, bekommt man den Eindruck, daß durch die »die Regression handhabende Technik« etwa ebensoviel Haß und Aggressivität im Patienten erweckt wird, aber vielleicht etwas weniger Introjektion und Identifizierung mit dem idealisierten Analytiker.

Ein ähnlicher Unterschied besteht zwischen den »Sprachen« der beiden Schulen. Allerdings kann die »die Regression handhabende« Richtung kaum eine Schule genannt werden, denn im Gegensatz zu den beiden vorher beschriebenen Schulen ist sie nicht organisiert, hat keinen Zusammenhang und hat daher auch keine richtige eigene Sprache entwickelt, obwohl es Anzeichen gibt, daß dies unter dem Einfluß von Winnicotts Gedanken vielleicht einmal geschehen könnte.

Natürlich ist der entscheidende Punkt die jeweilige therapeutische Leistungsfähigkeit dieser drei in den Kapiteln 16 bis 18 beschriebenen Techniken. Die Antwort ist nicht leicht, weder objektiv noch subjektiv. Jeder Anhänger dieser Schulen, aber auch ein Außenseiter wie ich, ist natürlich voreingenommen. Ferner kann man die therapeutische Arbeit eines anderen Analytikers nicht von außen beurteilen, weil man als Außenstehender die Tatsachen nicht kennt. So beschränkt sich die Grundlage der Beurteilung auf subjektive Eindrücke, die sich aus vorgetragenen oder gedruckten Abhandlungen ergeben, auf Diskussionsbeiträge und schließlich auf die Qualität der von jeder Schule hervorgebrachten neuen Analytikergeneration. Da bestehen zweifellos große Unterschiede; ich habe jedoch nicht den Mut aufgebracht, sie in der Öffentlichkeit oder gar im Druck zu diskutieren.

Statt einer kritischen Diskussion will ich in Teil IV meine eigenen klinischen Erfahrungen mit der Regression erörtern, wie ich sie in meiner analytischen Privatpraxis beobachten konnte. Im Schlußteil werde ich dann die Techniken beschreiben, die ich in dieser Situation nützlich gefunden habe.

# Teil IV
# Gutartige und bösartige Formen der Regression

## 19. Kapitel
## Freud und das Regressionsthema

Es läßt sich leicht nachweisen, daß das Thema der Regression so alt ist wie die Psychoanalyse, wenn nicht älter. Vielleicht erscheint diese Feststellung überraschend, denn im Druck taucht der Begriff »Regression« zum ersten Mal im siebenten, theoretischen Kapitel der ›Traumdeutung‹ (1900) auf.

Dieser erste Auftritt war noch sehr bescheiden. Freud benutzte den Begriff der Regression, um das Halluzinatorische an den Träumen zu erklären und es vom Erinnern zu unterscheiden. Er nahm eine normale beziehungsweise progrediente Richtung der Vorgänge in der Psyche des Erwachsenen an, die von der Wahrnehmung eines Reizes zum Gedanken und dann zur Handlung führt; letztere hat den Zweck, die vom Reiz verursachte Spannung zu reduzieren. Wenn Handlung nicht möglich ist oder sich als unzureichend erweist, kann eine rückläufige, retrograde oder regressive Bewegung eintreten, die im normalen Wachleben nur bis zu den Erinnerungsspuren zurückgeht. Regression über diese Stelle hinaus bis zur Wiederbelebung der Wahrnehmungselemente des Erlebens, also bis zu Halluzination, ist ein psychologisches Kennzeichen des Träumens.

Der erste Auftritt war, wie gesagt, bescheiden. Die Regression wurde als ein Abwehrmechanismus zweiter Ordnung vorgestellt, längst nicht so wichtig wie die Verdrängung. Es ist bezeichnend, daß das Thema Regression nur einmal, gegen Ende der ›Traumdeutung‹ erörtert wird; ihre Aufgabe wird als zeitweilige Maßnahme bei verdrängten Trieben oder Wünschen, als kleiner Beitrag zur Traumarbeit aufgefaßt. Aber der Begriff Regression hatte damals schon eine Vergangenheit – und eine Zukunft. Um von letzterer etwas vorwegzunehmen, möchte ich darauf hinweisen, daß bei Anna Freud (1936) in ihrer Aufzählung der Abwehrmechanismen die Regression an erster Stelle steht, also noch vor der Verdrängung.

Es ist nicht möglich, das genaue Datum festzustellen, an welchem der Begriff erstmals gefaßt wurde; er geht vermutlich auf Freuds Kontakt mit Brücke oder Breuer zurück. Breuer verwendete in dem theoretischen Kapitel der ›Studien über Hysterie‹ (1895) das Adjektiv *rückläufig*, um die bei der Halluzination wirksamen psychischen Prozesse zu beschreiben. Fünf Jahre später benutzte Freud diese Bezeichnung ganz im gleichen Sinne in seiner ›Traumdeutung‹. Dagegen beschrieb Freud sowohl in der im

Druck erschienenen Arbeit ›Die Abwehr-Neuropsychosen‹ (1894) wie in dem posthum veröffentlichten ›Manuskript H‹ (Januar 1895) die Halluzinationen als Abwehrmaßnahmen gegen »unverträgliche Vorstellungen«. So ist die Entdeckung der Regression als Abwehrmethode gewiß sehr alt, aber es kann nicht mit Gewißheit gesagt werden, wann sie stattfand und ob sie von Breuer oder von Freud stammt.

Der verwandte, aber allgemeinere Gedanke der Regression als wichtiger Faktor in der Pathogenese der Neurosen, Psychosen, Perversionen usw. ist Freuds Entdeckung; er erscheint später als der vorher genannte. Erste Andeutungen finden sich allerdings schon in einer 1877 und 1878 veröffentlichten embryologischen Abhandlung; in der 22. Vorlesung der ›Vorlesungen zur Einführung in die Psychoanalyse‹ (1916–1917) benutzte er diese embryologischen Befunde, um die pathogene Funktion der Regression zu illustrieren. Aber in den dazwischen liegenden Jahren kommt das Wort Regression nicht vor, weder in den Frühschriften Freuds, noch in der Dora-Analyse (1905), Gradiva (1907) oder dem Kleinen Hans (1909). Erste Andeutungen dieser psychologischen Vorstellung könnten in einigen Passagen der ersten Auflage der ›Drei Abhandlungen‹ (1905) entdeckt werden, aber erst in der dritten Auflage dieses Werkes (1915) stellte Freud ausdrücklich fest, daß die Regression ein wichtiger pathogener Faktor sei. Diese Auffassung scheint sich bei Freud etwa 1909 oder 1910 gebildet zu haben, Jahre, die durch die ›Fünf Vorlesungen‹ (1909), die Arbeiten über den Rattenmann (1909), Leonardo da Vinci (1910) und Schreber (1911) gekennzeichnet sind, die Jahre also, in denen Freud sich mit dem Problem des Narzißmus herumschlug. Die Beziehung zwischen Narzißmus und pathogener Regression wäre ein höchst interessantes Thema für eine historische Untersuchung.

Freud faßte die theoretische Seite dieser beiden Funktionen der Regression – als Abwehrmechanismus und als pathogener Faktor – im Jahre 1914 in der dritten Auflage der ›Traumdeutung‹ zusammen (S. 554). Er unterscheidet dort drei Aspekte: topische, zeitliche und formale Regression. Die Rückwärtsbewegung der seelischen Prozesse, die Rückverwandlung der »Vorstellung in das sinnliche Bild« (S. 548), vollzieht sich nicht nur räumlich, nämlich zwischen den verschiedenen Instanzen des seelischen Apparates, sondern auch zeitlich, von den gegenwärtigen zu den früheren Erfahrungen. Und schließlich das vielleicht wichtigste Kennzeichen: die klinische Beobachtung, daß in der Regression das Erleben sich zurückbildet, einfachere, frühere Erlebnisweisen wiederauftauchen und den seelischen Apparat beherrschen.

Diese Unterscheidung von drei Formen oder Seiten der Regression scheint klar, überzeugend und schlüssig zu sein. Ein erstes warnendes Zeichen, daß vielleicht doch nicht alles so klar und einfach ist, erhalten wir in der nur ein Jahr später veröffentlichten ›Metapsychologischen Ergänzung zur Traumlehre‹ (1916), in der Freud nur zwei Formen der Regression unterscheidet, die topische und die zeitliche[1]. Den formalen Aspekt, den wir heute ohne Zweifel als den wichtigsten betrachten, nennt er nicht.

Nun erhebt sich die Frage: Sollen wir diese Unstimmigkeit als unwichtig übergehen oder sie – dem Beispiel folgend, das Freud selber gab – als eine Fehlleistung betrachten, einen Fall von Vergessen, der auf einen Gegenwillen gegen die formale Regression deutet? Möglicherweise spielte ein solcher Gegenwille bei der langsamen Entwicklung des ganzen Regressionsthemas tatsächlich eine Rolle. Die Regression als Abwehrmechanismen hatte eine Inkubationszeit von mindestens fünf Jahren, und weitere zehn bis fünfzehn Jahre dauerte es, bis sie als Faktor in der Pathogenese erkannt war.

Eine weitere Funktion der Regression – auch mit einer langen Vorgeschichte –, auf die Freud während der nächsten Periode (d. h. zwischen 1912 und 1920) mehrmals zurückkam, ist die Regression in der Übertragung, vor allem im Dienste des Widerstandes. Freuds Haltung gegenüber dieser komplexen Erscheinung, die er unter den sich überschneidenden Bezeichnungen Übertragung, Agieren, Wiederholungszwang und Regression beschreibt, kann nur als äußerst vorsichtig bezeichnet werden.

Diese Haltung findet sich schon voll ausgeprägt in dem technischen Kapitel der ›Studien über Hysterie‹ (1895, S. 307–311). Obwohl das Wort »Regression« als solches nicht vorkommt, beschreibt Freud dort sehr eindrucksvoll die regredierte Form der Übertragung als ein »Hindernis« der Behandlung. Jedesmal, wenn er in diesem Zeitraum auf das Problem der Übertragung zurückkam, betonte er, daß der regredierte Typus der Übertragung die stärkste Form des Widerstands in den Behandlungen bildete. Als Bundesgenosse der analytischen Behandlung könne nur die reife, positive, zielgehemmte Form der Übertragung gelten[2]. Dagegen könne die Übertragung zu einer bedenklichen Gefahr für die analytische Kur werden, wenn es dem Analytiker nicht gelänge, durch seine Deutungen a) die negative Übertragung und b) die positive Übertragung von verdrängten erotischen Regungen auszusondern;

[1] Für den Hinweis auf diese spezielle Unstimmigkeit sowie auf mehrere die frühe Entwicklung des Regressionsgedankens betreffende Einzelheiten bin ich James Strachey zu Dank verbunden.

[2] Dieses Thema ist von E. Bibring unter dem Namen ›Therapeutisches Bündnis‹ weiter bearbeitet worden (Kongreßvortrag, 1936).

diese letzteren sind Wiederbelebungen der Beziehung zu den früheren Objekten, also regressive Elemente (›Zur Dynamik der Übertragung‹, 1912).

In seiner klassischen Arbeit ›Erinnern, Wiederholen und Durcharbeiten‹ (1914) gibt Freud zu, daß manche Patienten Erlebnisse der Vergangenheit nicht erinnern können, sondern sie in ihrer Beziehung zum Analytiker agieren müssen. Daher müsse die Übertragung auch als Wiederholung der vergessenen Vergangenheit des Patienten verstanden werden, die für jede andere Methode unzugänglich geworden sei. Freud erkannte auch, daß dieses Wiederholen teilweise durch die analytische Situation selbst herbeigeführt wird und eine Folge der »neuen« Assoziationstechnik war. Dennoch warnte Freud wieder davor, auf diese Erscheinungen anders als mit Deutungen einzugehen. Anfangs sprach Freud davon, daß die analytische Kur »in der Abstinenz« durchgeführt werden müsse – z. B. in der Arbeit ›Bemerkungen über die Übertragungsliebe‹ (1915, S. 313); einige Jahre später benutzte er in seinem Budapester Kongreßvortrag sogar das noch stärkere Wort »Entbehrung« (›Wege der psychoanalytischen Therapie‹, 1918, S. 187).

Die Anweisung, dem Patienten sei vom Analytiker Abstinenz und Entbehrung aufzuerlegen, klingt recht streng; es besteht aber kein Zweifel, daß Freud diese Maßnahmen im Umgang mit der Regression in der Übertragung für notwendig hielt.

Freud blieb jedoch hierbei nicht stehen. Bald darauf erkannte er in der regredierten Form der Übertragung ein Symptom des mächtigen Wiederholungszwanges; er verfolgte die Idee in die Biologie hinein und postulierte auf dieser Basis einen Todestrieb, dessen immerwährendes Ziel die Regression, d. h. die Rückkehr zu einem früheren Zustand und in letzter Analyse zum Tode sei (›Jenseits des Lustprinzips‹, 1920). In diesem Zusammenhang ist es wichtig festzuhalten, daß die beiden Erscheinungen, die als Illustrationen für die Macht des »Zwanges zur Wiederholung« dienen, das Spielverhalten des Kindes und das Verhalten der Patienten in der Übertragung, besonders der regredierten Übertragung, sind.

Hier sind wir in einem Dilemma: Wenn die Regression in der Übertragung ein Symptom des Wiederholungszwangs ist, sich also kraft des Todestriebes vollzieht, welche Aussicht auf Erfolg können dann unsere Versuche haben, den Patienten Enthaltung und Entbehrung aufzuerlegen? Dürfen wir nicht vielmehr aus der Tatsache, daß in einer Anzahl von Fällen regredierter Patienten die analytische Kur erfolgreich beendet werden konnte, schließen, daß die Macht des Todestriebes vielleicht doch nicht unüberwindlich ist? Diese Fragen wurden noch niemals gestellt, und gewiß nicht von Freud.

Die Regression hat noch eine weitere Funktion, nämlich als Verbündeter in der analytischen Therapie zu dienen. Soweit mir bekannt ist, hat Freud sich damit nur einmal beschäftigt, jedoch im durchaus positiven Sinne. Das war – ausgerechnet – in einem Absatz in seiner ›Geschichte der psychoanalytischen Bewegung‹ (1914, S. 48). Wie erwähnt, erscheint das Wort »Regression« in der Dora-Analyse nicht, aber in dem zehn Jahre späteren historischen Essay führt Freud mit bewunderungswürdiger Präzision aus, daß bei Dora alle Versuche, die pathologischen Wirkungen eines rezenten Traumas aufzuheben, versagt hatten: »Erst nach einem langen Umweg, der über die früheste Kindheit der Patientin führte, wurde die Lösung auch des gegenwärtigen Konflikts erreicht.« Freud schließt dieses Thema mit der Bemerkung ab, wie irreführend es sei, zu einer »Vernachlässigung der Regression in der analytischen Technik« zu raten. Abgesehen von dieser Darstellung kenne ich jedoch keine andere Stelle in Freuds Schriften, die sich mit den Problemen der therapeutischen – also nicht der defensiven oder pathogenen – Regression beschäftigt. Wiederum stellte Freud direkt vor dem oben angeführten Zitat ausdrücklich fest, daß Breuer und er schon in der Zeit, als sie mit der kathartischen Methode arbeiteten, regressive Prozesse in der Behandlung beobachtet hätten: »Dabei entdeckten wir den für die psychischen Prozesse bei den Neurosen charakteristischen Vorgang, den ich später *Regression* genannt habe«; anschließend folgt das Dora-Beispiel. Es kann daher keinem Zweifel unterliegen, daß die Beobachtung der Regression als eines wichtigen therapeutischen Faktors so alt wie die Analyse ist – wenn nicht älter.

Jetzt stehen wir vor einem Rätsel. Die Regression während der Behandlung wird als wichtiger Faktor in der Therapie der frühen, kathartisch behandelten Fälle erkannt, die Beobachtung wird mit der Dora-Analyse belegt und wird sich zweifellos in weiteren Fällen bestätigt haben. Zugleich haben wir den gedruckten Beweis dafür, daß die Theorie der Regression eine der ältesten ist; und doch wurde sie erst 1900 beschrieben, und es dauerte weitere zehn Jahre, bis ihre volle Bedeutung für die Pathogenese erkannt war. Von da an rückte sie allerdings stark in den Vordergrund, aber nur in ihren schädlichen Aspekten, als gefährliche Form des Widerstandes, als Symptom des Wiederholungszwanges und schließlich als wichtigstes klinisches Beispiel für den Todestrieb. Dagegen wird die Rolle der Regression als therapeutischer Verbündeter nur einmal im Vorübergehen erwähnt und dann scheinbar vergessen oder von dem bedrohlichen Aspekt verdunkelt. Ich werde auf diese Unstimmigkeit noch in den Kapiteln 22 und 23 zu sprechen kommen.

Demnach sind Freuds Ratschläge, wie mit der Regression umzugehen sei, durchaus konsequent – vielleicht mit einer vorübergehenden Ausnahme, wobei es noch zweifelhaft ist, ob man in diesem Falle von einer Ausnahme sprechen darf. Sein Ratschlag lautete, der Analytiker müsse unter allen Umständen, gleichgültig, wie regrediert der Patient sei, seine normale sympathische, passive Objektivität wahren und dürfe auf das Sehnen und Verlangen des Patienten nur dadurch antworten, daß er es deutet. In seiner Arbeit ›Bemerkungen über die Übertragungsliebe‹ (1915, S. 315) rät Freud ab, darüber hinauszugehen; Fälle, in denen die Deutungstechnik versagt, seien in der Regel für die Analyse ungeeignet. Diese Taktik des Nicht-Reagierens wird in die positive Form der Empfehlung gekleidet; »Die Kur muß in der Abstinenz durchgeführt werden«, beziehungsweise in der »Entbehrung«.

Nun die nicht ganz zweifelsfreie Ausnahme. Gegen Ende des Ersten Weltkrieges, kurz nach seiner Analyse bei Freud, begann Ferenczi mit seinen technischen Experimenten, die er in ihrer ersten Phase »aktive Technik« nannte; sie hatten damals die volle Zustimmung Freuds. Das Leitprinzip jener Phase war folgendes: In einem geeigneten Moment sollte der Analytiker dem Patienten vorschlagen, sich Situationen auszusetzen oder sogar solche Situationen herbeizuführen, die ihm eine erhebliche Spannungszunahme bereiteten. Damit hoffte Ferenczi zweierlei zu erzielen: erstens den Durchbruch eines bislang verdrängten Triebdranges oder Wunsches ins Bewußtsein, wodurch ein unlustbereitendes Symptom in lustvolle Befriedigung verwandelt werden könnte, und zweitens die Verflüssigung der stockend gewordenen Assoziationen des Patienten. Auf dem Budapester Kongreß erwähnte Freud in seinem oben erwähnten Vortrag (1918), daß die Idee zu dieser technischen Neuerung ursprünglich von ihm stammte, und führte seine eigenen beiden Experimente an: a) man sollte schwere Agoraphobiker im geeigneten Zeitpunkt der Behandlung veranlassen, sich der gefürchteten Situation auszusetzen, und b) der Analytiker dürfe in gewissen Fällen, wie dem des Wolfsmannes, einen Schlußtermin für die Behandlung festsetzen. Er bestätigte Ferenczis Befunde, daß bei richtiger Terminsetzung und Handhabung dieser Interventionen die Behandlung einen großen Schritt vorwärtskommen könne.

Es wird nun wohl deutlich, weshalb ich dieses technische Verfahren eine zweifelhafte Ausnahme von der allgemeinen Regel nannte. Einerseits kann es noch als logische Erweiterung der Abstinenzregel angesehen werden: die Sehnsucht, das Verlangen des Patienten wird nicht befriedigt, vielmehr wird ihm eine noch größere Spannung zugemutet. Andererseits bedeutet es immerhin mehr als bloßes Deuten der regressiven oder nicht einmal regressiven Übertragung des Patienten: es bedeutet das Aufgeben der wohlwollenden passiven Objektivität zugunsten eines aktiven, spezifischen Eingehens auf ein Anliegen des Patienten. Nun wissen wir heute, welchen Ausgang Ferenczis Experimente genommen haben, und so scheint es uns recht zweifelhaft, ob die Erhöhung der Spannung beim Patienten das beabsichtigte Ziel erreicht, ob sie nicht vielmehr etwas ganz anderes bewirkt.

Immerhin hatte in einigen Fällen der so herbeigeführte Durchbruch genügend Kraft, bis zur Beendigung der analytischen Behandlung wirksam zu bleiben; in anderen Fällen, leider der Mehrzahl, verlor sich der Schwung wieder, und der Patient hatte einen Rückfall. Freud sah diese Möglichkeit voraus, und als seine Erfahrungen ihm bewiesen, daß der Erfolg unsicher und unvorhersagbar war, gab er diese Idee auf, und sie wird in seinen Schriften nach 1918 nicht mehr erwähnt.

Ferenczis Erfahrungen waren zwar die gleichen wie die Freuds, aber er war von der sehr primitiven Natur der Reaktionen seiner Patienten auf seine Interventionen so beeindruckt, daß er sich entschloß, diese Forschung weiterzutreiben, indem er die Interventionen innerhalb der laufenden analytischen Arbeiten variierte. Er entdeckte auf diese Weise, daß infantile, pathogene Traumata, wenn sie in der analytischen Behandlung reaktiviert werden, eine zweiphasige Struktur besitzen – um einen modernen Ausdruck zu benutzen.

In der ersten Phase scheint der Säugling oder das Kleinkind durch seine Umgebung, d.h. durch seine wichtigsten Objekte, einer traumatischen Über- oder Unterstimulierung ausgesetzt worden zu sein; wenn dann das Kind in der zweiten Phase Heilung, Trost oder auch nur Verständnis bei den gleichen Erwachsenen suchte, mußten diese, unter dem Druck ihrer eigenen bewußten oder unbewußten Schuldgefühle, jeden Anteil an der vorangegangenen Phase ableugnen und in Worten und Verhalten zu verstehen geben, sie wüßten wirklich nicht, was das Kind meinte. In unserer Terminologie ausgedrückt: obgleich ganz wohlwollend und objektiv, zeigten sie deutlich, daß sie sich nicht betroffen fühlten. Ferenczi mußte seinen Patienten zugeben, daß die Erzeugung einer Wiederholung der traumatischen Situation durch aktive Intervention, um sie dann mit der üblichen wohlwollenden Objektivität zu beobachten, ihrem Aufbau nach dem ursprünglichen Trauma sehr nahe kam. Er schloß ferner, daß die klassische analytische Technik, in welcher der Patient veranlaßt wird, das ursprüngliche Trauma zu erinnern oder zu wiederholen, während der Analytiker seine objektive, sympathisierende Passivität beibehält, in manchen

Fällen eine ähnliche Konstellation herstellt (›Fragmente und Notizen‹, 4. November 1932, in ›Bausteine zur Psychoanalyse‹, Bd. 4).

Nachdem Ferenczi zu dieser Erkenntnis gelangt war, schien ihm der nächste Schritt klar vorgeschrieben. Wenn das ursprüngliche Trauma infolge von Über- oder Unterstimulierung durch die Umwelt entstand, gefolgt von Mangel an Verständnis oder Gleichgültigkeit der gleichen Menschen, dann mußte das Ziel der Therapie darin bestehen, a) dem Patienten zu helfen, auf die traumatische Situation zu regredieren, b) sorgfältig zu beobachten, welchen Spannungsgrad der Patient in diesem Zustand ertragen konnte, und c) die Spannung auf etwa dieser Höhe zu erhalten, indem man positiv auf die Sehnsüchte, Wünsche oder Bedürfnisse des Patienten reagierte. Ein Nebenprodukt dieser Forschungsarbeit war ein erstes intensives Studium der Arzt-Patient-Beziehung und die Entdeckung der Technik der Gegenübertragungs-Deutungen, wie man sie heute nennt. (Ferenczi, 1930, 1931 und 1932)

An diesem Punkt wurde nun die Meinungsverschiedenheit zwischen Freud und Ferenczi kritisch. Freud sagte voraus, daß es sich als unmöglich erweisen werde, jegliches Bedürfnis des regredierten Patienten bedingungslos zu erfüllen, und daß jeder Versuch in dieser Richtung den Zustand des Patienten nur so lange bessern würde, als der Analytiker imstande und willens sei, jedem Wink des Patienten zu gehorchen, und schließlich, daß die meisten dieser Patienten, selbst wenn sie gebessert wären, niemals wirklich selbständig werden würden.

Die Kontroverse zwischen Freud und Ferenczi wurde nicht mehr beigelegt. Ferenczi starb, bevor er seine letzten Experimente abschließen konnte. Der Tod des Analytikers ist für jeden Patienten ein sehr traumatisches Ereignis, besonders aber für den tief regredierten. Ich will aber nicht behaupten, daß seine Resultate alle günstig gewesen wären, wenn er länger gelebt hätte. Wohl aber möchte ich sagen, daß unter diesen Umständen die Frage nach dem Wert seiner Experimente nicht mit einem einfachen Ja oder Nein beantwortet werden kann, und zwar beziehe ich mich hier auf Beobachtungen, die ich an Ferenczis letzten Patienten machen konnte. Ich werde im 23. Kapitel noch einmal auf dieses Thema zurückkommen.

## 20. Kapitel
## Symptomatologie und Diagnose

Um zusammenzufassen: Wir haben von Freud gelernt, daß, klinisch gesprochen, die Regression vier Funktionen haben kann; sie wirkt: a) als Abwehrmechanismus; b) als pathogener Faktor; c) als eine sehr effektive Form des Widerstandes, und d) als wesentlicher Faktor in der analytischen Therapie.

In diesem Teil meines Buches soll nur ein kleiner Abschnitt aus dem Gesamtfeld der Regression erörtert werden, nämlich die Erscheinungen, die man in der analytischen Behandlung beobachten kann. Dies schließt die Regression als Abwehrmechanismus praktisch aus, da schwere Fälle von Halluzination in meiner ambulanten Praxis ziemlich selten vorkommen. Auch die Regression als pathogener Faktor konnte nur begrenzt und etwas einseitig studiert werden, weil in der Analyse die Regression als etwas Vorübergehendes behandelt wird. Sie wird zwar toleriert, aber der Patient soll sich nicht in ihr festsetzen und sie als eine Dauerlösung betrachten. Wenn man die pathogene Funktion der Regression betrachtet, erscheint sie weniger als Ereignis der Vergangenheit, sondern vielmehr als ein dynamischer Prozeß der Gegenwart; man sieht sie kommen, das Feld erobern, es für einige Zeit beherrschen, dann ihre Macht an andere Faktoren verlieren, z. B. die Realität, und schließlich verschwinden. Wahrscheinlich sind es hauptsächlich zwei Funktionen, die der Analytiker in der Behandlung wirklich häufig zu Gesicht bekommt: Regression als Widerstand und Regression als Verbündeter der Therapie.

Ich gedenke dieses Gebiet unter drei verschiedenen Gesichtspunkten zu erörtern, und beginne mit der Symptomatologie und Diagnose der Regression. Wesentlich sind folgende Fragen: Worin besteht die Regression während der Analyse, d. h., welches sind die differentialdiagnostischen Kriterien? Kommt sie nur in einer Form oder in mehreren Formen vor, und in welchen? Eine zweite Gruppe von Fragen betrifft die Dynamik. Welches sind die wesentlichen Ereignisse in einer regressiven Phase, und welche spezifische Bedeutung haben die einzelnen Ereignisse? Schließlich die Fragen der Technik und Therapie. Dieser letztere Fragenkomplex soll in diesem Teil des Buches nur kurz berührt werden, da er im einzelnen in Teil V besprochen wird. Die entscheidende Frage ist folgende: Was ist bestimmend dafür, ob die Regression sich pathogen oder therapeutisch auswirkt? Und falls diese Wirkung durch äußere Anlässe zustande kommt: Was kann der Analytiker tun, um zu erreichen, daß die Regression seines Patienten heilsam ist und keinerlei pathogene Wirkung hat?

Lassen Sie mich mit der Schilderung meiner eigenen ersten Erfahrungen mit solchen Behandlungen beginnen. Folgende Konstellation trat wiederholt ein: An einer Stelle der analytischen Behandlung, nach einer anscheinend ganz korrekten Deutung, änderte sich plötzlich die Atmosphäre, und der Patient erlaubte sich in der analytischen Situation versuchsweise eine Form primitiver Befriedigung oder höchst einfacher Objektbeziehung, die ihm bis dahin unmöglich, widerlich und abstoßend gewesen war. Wenn dies in der üblichen Manier teilnehmender Objektivität gedeutet wurde, zeigte sich keine weitere Entwicklung. Wenn dagegen der Analytiker darauf einging und reagierte, kam es zu einem plötzlichen Durchbruch mit bemerkenswerten therapeutischen Entwicklungen.

Daraus geht hervor, daß sowohl der Patient als auch sein Analytiker etwas mehr getan haben, zusätzlich zu dem – also nicht statt dessen –, was in der »klassischen« Analyse geschieht.

Es sei ein konkreter Fall angeführt. In der zweiten Hälfte der zwanziger Jahre nahm ich eine attraktive, lebhafte, ziemlich kokette junge Frau Ende der Zwanzig in analytische Behandlung. Ihre hauptsächliche Beschwerde war, daß sie nichts durchführen konnte. Sie hatte schon vor mehreren Jahren ihr Studium praktisch beendet, brachte es aber nicht fertig, sich zum Abschlußexamen zu melden. Sie war sehr beliebt, mehrere Männer hatten sich ihr genähert, einige mit ernsthaften Heiratsabsichten, aber sie konnte ihre Liebe nicht erwidern. Allmählich kam heraus, daß ihre Hemmung mit einem lähmenden Gefühl der Unsicherheit einherging, sobald sie ein Risiko eingehen und eine Entscheidung fällen sollte. Sie hatte eine enge Bindung zu ihrem energischen, ziemlich zwanghaften, aber äußerst zuverlässigen Vater; sie verstanden und schätzten einander, während ihre Beziehung zu der etwas eingeschüchterten Mutter, die sie als unzuverlässig empfand, offenkundig ambivalent war.

Es dauerte fast zwei Jahre, ehe diese Zusammenhänge für sie einsichtig wurden. Es war etwa zu jener Zeit, als ich einmal die Deutung gab, es sei für sie sehr wichtig, immer den Kopf oben und die Füße fest auf den Erdboden zu behalten. Darauf erwähnte sie, daß sie es seit frühester Kindheit nie fertiggebracht habe, einen Purzelbaum zu schlagen, obwohl sie es oft versucht hatte und ganz verzweifelt war, wenn es nicht ging. Ich warf ein: »Na, und jetzt?« – worauf sie von der Couch aufstand und zu ihrer eigenen größten Überraschung ohne weiteres auf dem Teppich einen tadellosen Purzelbaum schlug.

Dies erwies sich als ein wahrer Durchbruch. Es folgten Veränderungen in ihrem gefühlsmäßigen, sozialen und beruflichen Leben in Richtung auf größere Freiheit und Elastizität. Sie erreichte es, zu einer schwierigen Prüfung zugelassen zu werden, bestand sie, verlobte sich bald darauf und heiratete.

Wie es damals üblich war, brach sie mit ihrer Eheschließung die Behandlung ab; aber zwei Jahre später nahm sie ihre Analyse noch einmal für vierzehn Monate auf. Die nunmehr fast dreißigjährige Katamnese zeigt, daß es ihr gelungen ist, das Leben zu bestehen, trotz vieler Krisen und großer äußerer Schwierigkeiten, die ihr Schicksal mit sich brachte: Besetzung durch die Deutschen, Krieg, Eroberung durch die Russen, Errichtung des kommunistischen Regimes, Revolution usw. So hatte der Durchbruch zu günstigen Resultaten geführt, die auch Bestand hatten.

Wie soll man nun den Wendepunkt in dieser Behandlung – den Purzelbaum – in korrekten diagnostischen Ausdrücken beschreiben? Ich möchte zunächst eine einfache, unmißverständliche Erklärung vorschlagen, die vielleicht ohne größere Einwände angenommen werden kann. Für eine junge Frau von dreißig Jahren bedeutet ein Purzelbaum sicherlich eine primitive, kindliche Verhaltensweise, die nach reiferen, erwachsenen, bereits fest etablierten Verhaltensweisen auftritt. Das ist ein korrekter, aber umständlicher Satz; die psychoanalytische Theorie bietet statt dessen vier, einander weitgehend überschneidende Ausdrücke an: Übertragung, Agieren, Wiederholung und Regression. In unserem Falle sind alle vier teilweise richtig und teilweise nicht richtig.

Ohne Frage war jener Purzelbaum ein Agieren; aber es ist nicht klar, was eigentlich ausagiert wurde. Er ereignete sich auch in der Übertragung, wenn wir mit Übertragung die ganze analytische Situation meinen. Wenn wir aber den Begriff Übertragung im engeren Sinne verstehen, nämlich daß ein Gefühl von einem ursprünglichen Objekt auf den Analytiker übertragen wird, dann ist es nicht sicher, ob wir in unserem Falle von Übertragung sprechen können. Ähnliche Schwierigkeiten haben wir mit den Begriffen Wiederholung und Regression. Man kann doch nur etwas wiederholen, das man wenigstens einmal vorher getan hat, und man kann wohl auch nur zu etwas regredieren, das wenigstens einmal vorher bestanden hat. Wie unser Fall zeigt, war die Patientin aber gerade unfähig gewesen, jemals einen Purzelbaum zu schlagen. So wäre es eigentlich unlogisch, den ersten Purzelbaum ihres Lebens eine Wiederholung oder eine Regression zu nennen. Trotz dieses Widerspruches möchte ich aber doch den Begriff Regression benutzen, um das Auftauchen primitiver Verhaltens- und Erlebensformen als Reaktion auf die analytische Behandlung zu kennzeichnen, nachdem reifere Verhaltensformen bereits fest etabliert waren.

Übrigens hat das Fehlen an einer wirklichen Differentialdiagnostik, d.h. die Gewohnheit, alles »primitiv« zu nennen, was vom Patienten in der analytischen Situation produziert wird, insbesondere auch Übertragung und Regression, zu einer Reihe von Mißverständnissen geführt und hat die Forschung auf diesem Gebiet stark behindert. Ich will versuchen, hier und dort einige Punkte zu klären, habe aber kein allzu großes Vertrauen, daß meine Vorschläge sich durchsetzen werden. Es ist sehr viel leichter, eine neue schlechte Gewohnheit anzunehmen, als eine alte zu reformieren.

Ferner gibt es eine Reihe klinischer Zustände, die in mancher Hinsicht der Regression ähnlich sehen und daher oft mit ihr verwechselt werden, obwohl die dynamischen Strukturen ganz verschieden sind. Am häufigsten geschieht das wohl beim *Rückzug*, also beim Aufgeben des Kontakts mit dem Analytiker oder der Umwelt. Eine Sonderform dieses Zustandes wurde von Winnicott (1958) als die Fähigkeit beschrieben, auch in Gegenwart anderer allein sein zu können. Ferner kann auch dann, wenn ein Mensch fast gänzlich *von seinem schöpferischen Bereich absorbiert ist*, der Eindruck entstehen, als habe er sich von der Welt zurückgezogen. Alle diese Zustände können kurzlebig sein oder einige Zeit dauern; sie können pathologisch sein oder völlig normal, und schließlich kann auch ein wenig – oder sogar eine ganze Menge – Regression darin enthalten sein. Dennoch sollte man sie meiner Meinung nach von der eigentlichen Regression unterscheiden.

Dasselbe gilt von einem weiteren, sehr ähnlichen klinischen Bild, das man *Desintegration* nennen könnte. Eine höher organisierte, komplexe Struktur wird außer Aktion gesetzt, worauf primitivere Funktions- und Erlebnisweisen auftauchen oder vielleicht wiederauftauchen. Eine pathologische Form ist die progressive Schizophrenie, eine fast normale Form ist der Abbau der Genitalität im Alter. Diese beiden Zustände zeigen eine Anzahl echt regressiver Züge und könnten vielleicht als Beispiele der »Regression als Faktor in der Pathogenese« angeführt werden. Aber selbst wenn man diese Desintegrationszustände als regressiv erkennt, muß man sie doch von der in der analytischen Behandlung beobachteten Regression unterscheiden.

Um zu meinem Fall zurückzukehren: die beschriebene Episode ereignete sich um 1930. Unter Benutzung der Triebtheorie und der Ich-Psychologie, der damals in der Psychoanalyse vorherrschenden Theorien, könnte ich behaupten, daß ich in meinem Fall folgendes erreicht hatte: a) Ich hatte die Spannung in meiner Patientin erhöht, indem ich ihr die Gelegenheit bot, sogleich einen Purzelbaum zu schlagen, d.h., indem ich sie der gefürchteten Situation aussetzte; dadurch verhalf ich ihr b) zu einem Triebdurchbruch, der ihr eine lustvolle Befriedigung eines durch Verdrängung gehemmten Dranges oder Impulses erlaubte; und c) durch diese Erfahrung oder gleichzeitig mit ihr wurde ihr Ich stärker.

Zu jener Zeit vollzog sich in unseren theoretischen Konzeptionen, vor allem in Budapest, eine allmähliche Wandlung und ein Übergang von der fast ausschließlichen Beschäftigung mit der älteren Libido- und Triebtheorie und der neuen Ich-Psychologie zur Erkenntnis der Bedeutung der Objektbeziehungen. Es ist schwierig, ein exaktes Datum dafür anzugeben. Die Wandlung kündigte sich im dritten Kapitel von Ferenczis Buch »Versuch einer Genitaltheorie« (1924): »Entwicklungsstufen des erotischen Realitätssinnes«, an, erhielt weiteren Anstoß durch die enttäuschenden Resultate mit seiner aktiven Technik und durch seine intensiven Studien der Patient-Analytiker-Beziehung; sie kam aber erst nach 1928 mit der Veröffentlichung seiner beiden Arbeiten »Das Problem der Beendigung der Analysen« und »Die Elastizität der psychoanalytischen Technik« zu schnellerer Entwicklung.

Unter dem Eindruck dieser Neuorientierung verzeichnete auch ich die Änderungen in den Objektbeziehungen der Patientin. Es stimmte wohl, daß der Durchbruch zu einer Aufhebung der Verdrängung geführt hatte; eine Ich-Funktion, die wegen ihrer symbolischen Bedeutung gehemmt und ich-dyston geworden war, wurde befreit und konnte, nachdem sie ihre sekundäre erotische Besetzung verloren hatte, als etwas Lustbringendes in das Ich integriert werden. Aber es stimmte ebenfalls, daß der Durchbruch sich in der psychoanalytischen Situation ereignet hat, d.h. innerhalb einer Objektbeziehung, und daß er der Patientin neue Wege des Liebens und Hassens eröffnet hatte. Dies war für sie eine neue Entdeckung, und von da an waren die Beziehungen der Patientin zu ihren Liebes- und Haßobjekten freier und realistischer.

Auf dieser erweiterten Basis entwickelte ich nun das Konzept des *Neubeginns,* ein Konzept, das geeignet war, eine recht beachtliche Anzahl solcher klinischer Erfahrungen, wie ich sie eben berichtet habe, zu beschreiben. Ich machte mir eine Liste der Erscheinungen, die ich für Kennzeichen eines Neubeginns hielt (M. Balint, 1932 und 1934). Diese Liste war ein erster Versuch zu einer klinischen Symptomatologie der gutartigen Regression während der analytischen Behandlung. In den folgenden Kapiteln gedenke ich darzustellen, wie sich diese Liste im Laufe meiner nun dreißigjährigen klinischen Erfahrung auf diesem Gebiet verändert hat.

1. Während des Spannungsanstiegs, d.h. vor der Befriedigung des Triebimpulses, treten sehr eindrucksvolle, geräuschvolle Symptome auf; dann kommt es zu einem plötzlichen Umschwung, der

in ein Gefühl ruhigen, stillen Wohlbehagens ausläuft, das man übersehen könnte, wenn man nicht genau hinschaut.

2. Die von den neubegonnenen Handlungen gelieferte Befriedigung erreicht nie die Intensität der Endlust.

3. Aller Neubeginn ereignet sich in der Übertragung, d.h. innerhalb einer Objektbeziehung, und führt zu einer gewandelten Beziehung des Patienten zu seinen Liebes- und Haßobjekten, und infolgedessen zu einer erheblichen Angstminderung.

4. Der Neubeginn führt auch zu Charakteränderungen. Heute würden wir die gleichen klinischen Beobachtungen als Veränderungen im Ich beschreiben.

5. Schließlich die wichtigste Entwicklung: Der Neubeginn bedeutet a) die Rückkehr zu etwas »Primitivem«, zu einem Punkt vor Beginn der Fehlentwicklung, und das könnte man als eine Regression beschreiben; b) gleichzeitig aber kommt es zur Entdeckung eines neuen, besseren Weges, und das bedeutet doch eine Progression.

In meinem Buch ›Angstlust und Regression‹ (1959) habe ich die Summe dieser beiden Erscheinungen mit dem Ausdruck »Regression um der Progression willen« bezeichnet.

Noch einmal zurück zu meinem Fall. Wenn man akzeptiert, daß der Durchbruch für das gute therapeutische Ergebnis mitverantwortlich war, erhebt sich die Frage nach seiner Dynamik. Die Heilwirkung könnte folgendermaßen erreicht worden sein: a) das Bewußtsein – oder das Ich – wurde gezwungen, einen Teil der Verdrängung aufzuheben und einen Triebimpuls als ich-synton und lustbringend anzuerkennen; b) das Ich ist durch Erweiterung seiner Grenzen auf Kosten des Es gestärkt worden; und c) der Patientin wurde zu einem Neubeginn, oder wenn man will, zu einer Regression verholfen.

Natürlich könnte man argumentieren, daß der entscheidende Faktor für das gute therapeutische Resultat die analytische Arbeit war, die dem beschriebenen Vorfall vorausging, sowie die darauffolgende richtige Durcharbeitung. Der Vorfall selbst, zwar ganz eindrucksvoll, war eher unbedeutend, abgesehen davon, daß er der Patientin zu ein bißchen harmloser Erholung von der anstrengenden analytischen Arbeit verhalf. Dieses Argument ist auf der Grundlage eines erfolgreichen Falles schwer zu entkräften. Der Behandlungserfolg kann immer jedem einzelnen Faktor oder jeglicher Kombination von Faktoren zugeschrieben werden, infolgedessen ist es auch nahezu unmöglich, Erfolge als Beweise für die Validität einer neuen Technik anzuführen. Ich schlage daher vor, daß wir im Augenblick unser Urteil zurückstellen und unsere Untersuchung fortsetzen.

## 21. Kapitel
## Triebbefriedigung und Objektbeziehung

So weit, wie im vorigen Kapitel beschrieben, war ich gelangt, als Ferenczi im Mai 1933 starb. Das ist nun mehr als dreißig Jahre her. Allgemein war man damals der Ansicht, Ferenczis Experimente hätten gezeigt, daß es falsch sei, auf das Begehren eines regredierten Patienten einzugehen; es verursache dem Patienten und dem Analytiker endlose, fruchtlose Ungelegenheiten und sei auch von Freud verurteilt worden. Eine Zeitlang versuchte ich, das Gespräch in Gang zu halten, indem ich darauf hinwies, daß eine so generelle Verurteilung ungerecht und unnötig sei. (M. Balint, 1934, 1935, 1937, 1949, 1951 usw.) Was ich forderte, war kritische Bewertung – nicht unkritische Übernahme – des Wertvollen unter dem in Budapest unter Ferenczis Führung Erarbeiteten. Es kam kein Widerhall. Damit war ich darauf zurückverwiesen, meine klinische Arbeit fortzuführen und meine Vorstellungen durch weitere Erfahrung zu validieren. In den letzten Jahren scheint mir ein gewisser Wandel in der allgemeinen Haltung eingetreten zu sein – aber vielleicht irre ich mich. Ich mache daher einen neuen Versuch.

Unter den Merkmalen eines Neubeginns, die ich in meiner am Ende des 20. Kapitels vorgelegten Liste beschrieb, glaubte ich drei zu erkennen, die mir vielversprechend, d.h. für weitere Forschungsarbeiten geeignet erschienen. Das war in erster Linie die primitive Befriedigung selbst; dann die starken Schwankungen im Druck der analytischen Atmosphäre, nämlich heftiges, leidenschaftliches Verlangen nach Befriedigung, solange der Triebdrang noch ungesättigt, und fast völliges Verschwinden jeglicher Leidenschaftlichkeit, sobald die Befriedigung eingetreten war; und drittens die strikte Vorbedingung, daß all dies sich in der analytischen Situation, d.h. im Rahmen einer Objektbeziehung abspielte.

Beginnen wir mit der Befriedigung. Es kann kein Zweifel darüber herrschen, daß etwas befriedigt werden muß, aber es ist recht schwierig, dieses »Etwas« als Abkömmling einer bestimmten Triebkomponente zu identifizieren. In manchen Fällen kann man sich helfen, wenn man die Definition nicht allzu eng faßt, z.B. im Falle meiner Patientin mit dem Purzelbaum. Eine andere Patientin – auch ein erfolgreicher Fall mit einer etwa fünfundzwanzigjährigen Katamnese – wünschte sich eine Zeitlang während einer besonderen Phase ihrer Behandlung, einen meiner Finger halten zu dürfen. Mit etwas Mühe könnte man einen Anklammerungstrieb zur Erklärung der in diesem Fall beobachteten Befriedigung heranziehen – oder erfinden. Ein weiterer Patient mußte sich während seiner Phase des Neubeginns mehrere Wochen lang krankschreiben lassen. Es ist schwer zu sagen, ob er in jener Zeit wirklich krank war; jedenfalls war er nicht imstande zu arbeiten, blieb die meiste Zeit im Bett und ließ sich pflegen, erschien aber pünktlich zu den Analysestunden und versäumte nicht eine. In dieser Zeit bat er mehrmals um Extrastunden, besonders an den Wochenenden; ersatzweise sollte ich ihn anläuten. Auch diese Befriedigungen lassen sich schwer mit einer bestimmten Triebkomponente verknüpfen, aber es ist klar, daß die genannten drei Patienten eine gewisse einfache, gewährende Beziehung mit ihrer Umwelt brauchten, und zwar mit dem ihnen damals wichtigsten Objekt, dem Analytiker.

Zurück zur Frage der Differentialdiagnose. In jedem der drei obigen Fälle kam es zu primitiven Verhaltens- und Erlebensweisen, nachdem schon reifere Formen fest etabliert waren; das ist es, was ich Regression nennen möchte. Diese Regression führte zu einem Sehnen und Verlangen, und in allen drei Fällen reagierte der Analytiker positiv darauf, d.h., er befriedigte sie. Ich möchte unterstreichen, daß nicht etwa die *Deutung durch Befriedigung ersetzt* wurde, diese war vielmehr etwas Zusätzliches. In manchen Behandlungen ging die Deutung voraus, in anderen die Befriedigung, je nach den Erfordernissen der Situation.

In den dreißiger Jahren begann ich einzusehen, daß die vom Patienten geforderte und erlangte Befriedigung in der Phase des Neubeginns zwar wichtig, aber nicht entscheidend war; sie war vielleicht nur ein Mittel zum Zweck. Worauf es wirklich ankam, war die Hilfe, die der Patient bekam, um sich aus komplizierten, erstarrten, bedrückenden Beziehungen zu seinen Liebes- und Haßobjekten zu befreien – etwas, was man damals Charakterzüge nannte – und einfachere, weniger bedrückende Formen einzuleiten. So war z.B. in meinem erstgenannten Fall der Analytiker im entscheidenden Moment nicht ein stimulierendes, erregendes oder verbietendes erwachsenes Objekt, in dessen Gegenwart eine junge Dame niemals daran denken könnte, einen Purzelbaum zu schlagen, sondern ein sicheres Objekt, in dessen Gegenwart ein Patient sich ein kindliches Lusterleben erlauben konnte. Es würde übrigens nichts ausmachen, wenn dieser Unterschied in der Sprache des ödipalen Dreierkonflikts oder in einer der prä-ödipalen – oralen, analen, phallischen usw. – Sprachen ausgedrückt würde, denn auch diese Beschreibungen würden sich für die vielen Überdeterminierungen der Erscheinung als korrekt erweisen.

Um diese besondere Atmosphäre des Neubeginns zu charakterisieren, habe ich im Deutschen das Adjektiv *arglos* verwendet, das, ähnlich wie *Lust* oder *Besetzung*, kein echtes Äquivalent im Englischen besitzt. Das Wörterbuch bietet eine Vielzahl von Übersetzungen an: *guileless, innocent, simple, harmless, inoffensive, unsophisticated, unsuspecting;* keines deckt es ganz. Wir brauchten ein Wort zur Beschreibung einer Konstellation, von der der betreffende Mensch fühlt, daß ihm nichts Schädliches aus der Umwelt droht und daß auch in ihm selbst nichts Schädliches gegen die Umwelt gerichtet ist. In unserer analytischen Terminologie finden wir Adjektive wie prä-ambivalent, prä-persekutorisch oder prä-paranoid. Diese sind aber zu anspruchsvoll, um die schlichte, vertrauensvolle, eben arglose Atmosphäre dieser Periode zu beschreiben. Was der Patient in der Übertragung erlebt, ist die Empfindung, daß er endlich imstande ist, alle Panzerungen seines Charakters, alle Abwehrwaffen abzulegen und zu fühlen, daß das Leben einfacher und wahrer geworden war – eine wirklich neue Entdeckung.

All das unterschied den Neubeginn von der Regression, wie Freud sie beschrieben hat, als einen Prozeß, der sich gänzlich in der Seele des einzelnen abspielt, während die Regression, die ich in der analytischen Behandlung beobachtete, eben der Neubeginn, zum Gebiet der Zwei-Personen-Psychologie gehört, um einen modernen Terminus zu gebrauchen. Da die Entwicklung der Objektbeziehungen damals jedoch kein modisches Thema war, wurden meine Befunde kaum zur Kenntnis genommen, obwohl ich sie wiederholt vorgetragen habe (M. Balint, 1932 und später).

Zuerst übernahm ich Ferenczis theoretische Vorstellung der »passiven Objektliebe« (1924) zur Beschreibung dieser primitiven Beziehung. Er meinte, das wahre Ziel des erotischen Lebens sei es, geliebt zu werden, und jede andere beobachtbare Aktivität sei nur ein Umweg, ein indirekter Weg zu diesem Ziel. Diese Idee klang vielversprechend und war in der Tat imstande, eine Anzahl primitiver Haltungen gegenüber dem Liebesobjekt zu erklären, nicht nur von Kindern, sondern auch von Erwachsenen. Sie erwies sich dann aber als unhaltbar. Bei näherer Beobachtung der Patienten in der Periode des Neubeginns zeigte sich die enorme Wichtigkeit stiller, ruhiger Perioden der Zufriedenheit neben den Erwartungen, von der Umwelt geliebt und befriedigt zu werden, aber auch aktives Aufsuchen von Kontakten mit der Umwelt. Angesichts dieser unleugbaren Aktivität mußte die Bezeichnung »passive Objektliebe« aufgegeben werden, und ich benutzte statt dessen die Begriffe primitive oder primäre Objektliebe oder Objektbeziehung (M. Balint, 1937).

Ich mußte jedoch zugeben, daß auch dies noch keine ganz treffende Bezeichnung war. In dem Maße, wie sich meine Beobachtungsfähigkeit schärfte und ich imstande war, besser zuzuhören, konnte ich von meinen Patienten lernen – wie ich im 12. Kapitel kurz geschildert habe –, daß vor dem Auftauchen von primären Objekten eine noch frühere Phase liegt (M. Balint, 1957, 1959), die man als Phase der undifferenzierten Umwelt, der primären Substanzen oder – ein etwas umständlicher Ausdruck – die Phase der harmonisch verschränkten Vermischung bezeichnen könnte (M. Balint, 1959). Um zu wiederholen, was im 12. Kapitel ausführlicher dargestellt ist: Dieser Zustand läßt sich am besten mit der Beziehung vergleichen, die wir zu der uns umgebenden Luft haben. Es ist schwer zu sagen, ob die Luft in unseren Lungen oder unseren Eingeweiden zum Ich gehört oder nicht, und das hat auch keine Bedeutung. Wir atmen die Luft ein, entnehmen ihr, was wir brauchen, geben an sie ab, was wir nicht haben wollen, und atmen sie wieder aus, und wir kümmern uns nicht darum, ob die Luft das gerne hat oder nicht. Sie muß für uns in ausreichender Menge und Qualität da sein, und solange das der Fall ist, kann man die Beziehung des Individuums zur Luft nicht oder nur mit großen Schwierigkeiten beobachten. Wenn jedoch eine Störung in der Luftzufuhr eintritt, kommt es zu eindrucksvollen, lautstarken Symptomen, ähnlich wie beim hungrigen Säugling oder beim unbefriedigten Patienten in der ersten Phase des Neubeginns.

Die Luft ist nun kein Objekt, sondern eine Substanz, wie Wasser oder Milch. Wie ich schon erwähnt habe, gibt es einige wenige solcher Substanzen; dazu gehören die Elemente der Vorsokratiker: Wasser, Erde und Feuer; ferner gehören dazu auch einige Dinge, die man heutzutage in den Child-Guidance-Kliniken verwendet, z.B. Sand und Plastilin. Ihr Hauptkennzeichen ist ihre Unzerstörbarkeit. Man kann aus feuchtem Sand eine Burg bauen, sie wieder zerstören, und der Sand ist immer noch da; man kann den Wasserstrahl aus der Wasserleitung stoppen, aber wenn man den Finger wegnimmt, läuft das Wasser wieder usw.

Die Rolle des Analytikers in gewissen Perioden des Neubeginns ähnelt in mancher Hinsicht derjenigen der primären Substanzen oder Objekte. Er muß da sein; er muß in sehr hohem Maße fügsam sein, er darf nicht viel Widerstand leisten, er muß unbedingt unzerstörbar sein und muß seinem Patienten erlauben, mit ihm in einer Art harmonisch verschränkter Vermischung zu leben. Ich weiß, daß das recht komisch klingt, und ich bin auf eine ganze Menge wohlgezielter Witze über diese neue Technik vorbereitet, aber ich kann für mich anführen, daß ich Erlebnisse in Worten wiederzugeben versuche, die zu einer Periode gehören, die weit vor – oder jenseits – der Entdeckung der Wörter liegt, sogar vor dem Auftauchen von Objekten aus der ungestörten Harmonie der freundlichen Substanzen.

Nach meiner Erfahrung zielt die Regression in der analytischen Behandlung – die erste Phase des Neubeginns – auf die Errichtung einer Objektbeziehung, die in ihrer Struktur der primären Beziehung gleicht. Offenbar kann das nur geschehen, wenn der Analytiker sich klar darüber ist, daß es sich um dieses Bedürfnis handelt, wenn er erkennt, was in diesem Augenblick notwendig ist, wenn er diesen Wunsch als Teil des therapeutischen Prozesses akzeptiert und weder durch sein Verhalten noch durch seine Deutungen versucht, seine Entfaltung zu behindern.

Dies ist die positive Seite der Situation. Leider gibt es auch negative Seiten, die nun im nächsten Kapitel erörtert werden sollen.

## 22. Kapitel
## Die Formen der therapeutischen Regression

Bis zu diesem Punkt habe ich nur über Patienten berichtet, die eine erfolgreiche therapeutische Regression durchliefen. Das mag den Eindruck erweckt haben, als hielte ich die Regression für das einzig Wesentliche in einer schwierigen Behandlung, und ferner, als entbehrten Freuds wiederholte Mahnungen, bei regredierten Formen der Übertragung vorsichtig zu sein, weitgehend der klinischen Begründung, während Ferenczis technische Ideen alle in der richtigen Richtung gingen und nur sein vorzeitiger Tod ihn daran hinderte, das auch zu beweisen. Um diesen falschen Eindruck zu zerstreuen, wenden wir uns wieder klinischen Beobachtungen zu.

Vor einigen Jahren (M. Balint, 1952) habe ich mich ziemlich ausführlich mit dem Problem jener Patienten beschäftigt, die zwar zu einer Regression fähig, aber nicht imstande waren, jenen arglosen Zustand zu erreichen, der die absolut notwendige Vorbedingung für den Neubeginn ist, so daß ihre Behandlung nur mit einem Teilerfolg abgeschlossen werden konnte. Obwohl die Resultate ganz annehmbar waren, standen sie doch hinter denen zurück, die nach einem echten Neubeginn erreicht werden. Bezüglich der Einzelheiten muß ich den Leser auf die angeführte Veröffentlichung verweisen.

Abgesehen von den Fällen mit Teilerfolgen, bei denen die Patient-Analytiker-Einheit nicht bis zum Bereich des Neubeginns hinabgelangen konnte, teilen sich die Patienten meiner Erfahrung nach in zwei Gruppen: In manchen Behandlungen kam es nur zu einer oder einigen wenigen Perioden der Regression oder des Neubeginns, worauf der Patient spontan aus seiner primitiven Welt wiederauftauchte und sich besser oder sogar geheilt fühlte, so wie Ferenczi es vorausgesagt hatte; in einigen anderen Fällen schien der Patient niemals genug bekommen zu können; sobald einer seiner primitiven Wünsche, eines seiner Bedürfnisse befriedigt war, stellte sich ebenso fordernd und dringend ein neuer Wunsch, ein neues Verlangen ein. Dies führte in manchen Fällen zur Entwicklung suchtartiger Zustände, die sehr schwierig zu behandeln waren oder sich sogar – wie Freud vorausgesagt hatte – als unbehandelbar erwiesen.

Ich fand eine gewisse Erklärung dieses bedeutenden Unterschiedes in der dritten Gruppe von Ereignissen innerhalb der Symptomatologie der Periode des Neubeginns – die beiden ersten waren die primitiven Formen der Befriedigung und die Veränderungen in der Objektbeziehung. Die Ereignisse, die wir jetzt betrachten wollen, sind die heftigen Intensitätsschwankungen in der analytischen Atmosphäre beziehungsweise in der Übertragung. Solange man nicht tiefer geht, scheint die klinische Symptomatologie ziemlich einfach zu sein. Wenn die Spannung im Patienten ansteigt, also bevor die erwartete Befriedigung eingetreten ist, entwickeln sich eindrucksvolle, lärmende Symptome; sobald aber die Befriedigung erlebt worden ist, verschwinden die lärmenden Symptome, und bei sorgfältiger Beobachtung kann man beim Patienten Zeichen eines stillen, ruhigen Wohlbehagens entdecken. So weit war ich Mitte der dreißiger Jahre gelangt und zog natürlich den naheliegenden Vergleich zwischen diesen Beobachtungen und dem Wechsel im Verhalten des hungrigen beziehungsweise des satten Säuglings.

Indessen wurde mir bald klar, daß dieser so plausible Vergleich nur innerhalb der Grenzen der Ein-Personen-Psychologie galt. Um zu illustrieren, was ich meine, berufe ich mich auf den Vorläufer aller analytischen Therapien: auf die Behandlung von Fräulein Anna O. durch Breuer.

In diesem Fallbericht tauchen schon ganz klar einige immer wiederkehrende Züge der Regression auf, obwohl weder Breuer noch Freud das Archaische daran erkannt zu haben scheinen; jedenfalls enthält der Bericht nichts davon. Fräulein Anna O. hatte normalerweise keinen Zugang zu ihren verdrängten Erinnerungen, außer in der hypnotischen Trance, die ja ein primitiverer (d.h. regredierter) Zustand ist. Dann kam es zu der berühmten Schlußszene der Behandlung, zu welcher sie ihr Zimmer wie das Krankenzimmer ihres Vaters arrangierte; heute würden wir von Agieren sprechen.

Die Beziehung zwischen der Patientin und ihrem Therapeuten war während dieser Periode primitiver geworden, als es die Beziehung zwischen zwei normalen Erwachsenen zu sein pflegt. Ein auffallender Zug dieser veränderten Beziehung bestand darin, daß zwar der Therapeut für die Patientin überaus wichtig geworden war, sie aber nicht viel Rücksicht auf ihn zu fühlen oder zu zeigen imstande war: er mußte einfach die Erwartungen der Patientin befriedigen, ganz so, wie es in der Beziehung zu den primären Substanzen der Fall ist. So mußte Breuer, ein sehr beschäftigter Arzt, ihr z.B. über längere Zeit täglich zweimal ausgedehnte Besuche machen, und ihr erschien das eine Selbstverständlichkeit.

Eine andere Seite der Situation waren die für den Therapeuten sehr lohnenden Ergebnisse. Wenn er imstande war, die Forderungen des Patienten zu erfüllen, durfte er höchst aufschlußreiche, intime Geheimnisse der menschlichen Psyche beobachten und verstehen lernen, und er durfte fühlen, wieviel seine Hilfe dem Patienten bedeutete. Wir erinnern uns, daß Fräulein Anna O. ihrem Arzt Breuer die Methode der »Heilung durch Aussprechen« und fast mit Sicherheit auch die Entdeckung der Übertragung zum Geschenk machte, und es lag nicht an ihr, daß er den Wert dieses Geschenkes nicht in vollem Ausmaß erkannte.

Das ist nun ein nicht seltenes Bild bei diesem Patiententyp. Solange die Erwartungen und Bedürfnisse des Patienten erfüllt werden, darf der Therapeut höchst interessante psychische Ereignisse aufdecken, und der Patient wird sich im gleichen Ausmaß gebessert fühlen und dankbar sein. Das ist die eine Seite der Medaille, aber sie hat auch ihre Kehrseite. Wenn die Erwartungen nicht erfüllt werden, nicht erfüllt werden können, dann folgen endloses Leiden oder endlose Schmähungen oder beides. Wenn einmal dieser Zustand sich festgesetzt hat, wird der Analytiker große Mühe haben, dagegen anzugehen und sich und den Patienten wieder herauszuziehen, und noch viel schwerer wird es sein, die Beziehung zu beenden. Oft kommt es zu einem tragischen oder heroischen Finale.

Diese tragische Situation hat verschiedene Determinanten. Eine davon ist die Art der Regression, die ihrerseits von Charakter, Ich-Struktur und Krankheit des Patienten bestimmt ist; eine andere ist die Reaktion des Analytikers auf seinen regredierenden oder schon regredierten Patienten, die von seiner Technik, d.h. seiner Gegenübertragung bestimmt wird. Wenn der Analytiker, wie im 16. Kapitel dargestellt, die klassischen Anweisungen Freuds gewissenhaft befolgt, wird er solchen gefährlichen Situationen vermutlich kaum jemals ausgesetzt sein, auf Kosten freilich einer Anzahl abgebrochener Analysen von Patienten, denen man mit einer elastischeren Technik vielleicht hätte helfen können. Da nicht jede Regression tragisch endet, begeben wir uns der Möglichkeit, aus dem Vergleich unserer fehlgeschlagenen und erfolgreichen Fälle zu lernen, wenn wir den Spielraum unserer Reaktionen gar zu sehr einschränken.

Auch unsere Theorie müßte unter einer solchen Einschränkung leiden. Im vorigen Kapitel habe ich darauf hingewiesen, daß Freud und nach ihm fast alle analytischen Autoren die Regression als einen intrapsychischen Vorgang behandelten, eine Erscheinung der Ein-Personen-Psychologie. Diese Simplifizierung gilt nur, solange der Analytiker sein Studium auf Fälle von Regression beschränkt, in denen die Reaktion der Umwelt zu vernachlässigen ist, oder wenn er sich eng an Freuds Anweisungen hält. Sobald man diese Restriktionen nicht für absolut bindend hält, erscheint die Regression als ein Phänomen, das zum Bereich der Zwei-Personen-Psychologie gehört, also durch die Interaktion von Subjekt und Objekt, d.h. Patient und Analytiker, bestimmt ist.

Aus klinischen Beobachtungen wissen wir, daß bei manchen

Patienten die Regression zu ganz prekären oder tragischen Situationen führt; bei anderen ist die Atmosphäre völlig anders. Bei ihnen kam es, wie ich zu Anfang dieses Kapitels erwähnte, nur zu einer einzigen Regressionsperiode, die sich als ein echter Neubeginn erwies. Bei einer weiteren Anzahl von Patienten kam es zu einigen wenigen solcher Perioden. Bei wieder anderen schien dieser Zustand kein Ende zu haben, wie es bei Fräulein Anna O. der Fall gewesen war. Dann entwickelt sich eine Art gefährlicher Spirale: kaum ist das »Verlangen« des Patienten gestillt, erscheinen neue Wünsche und »Bedürfnisse«, die Befriedigung fordern und schließlich zu suchtartigen Zuständen führen (M. Balint, 1934, 1937, 1952). Man könnte also klinisch von gutartiger und bösartiger Regression sprechen.

Natürlich war es mein erster Gedanke, daß bei den Patienten mit bösartiger Regression ein starkes Mißverhältnis zwischen Trieb- und Ich-Stärke bestehen müßte; entweder die Triebe waren auch für ein normales Ich zu stark, oder das Ich war so schwach, daß es mit einer normalen Triebausstattung nicht zurechtkam. Wenn meine Theorie richtig war – so glaubte ich –, dann müßte sich der bösartige Typus der Regression durch äußerst lärmende Symptome verraten, wie man sie etwa bei verwöhnten Kindern oder schwer psychopathischen Erwachsenen sieht. Diese Vorhersage erwies sich jedoch nur in beschränktem Umfang als richtig, und ich mußte nach weiteren diagnostischen Kriterien Ausschau halten.

Es gibt noch andere kennzeichnende Unterschiede. Bei manchen Fällen von Regression – oder von Neubeginn – hat der Patient offenkundig das Ziel, Befriedigung zu erlangen. Dieser Wunsch ist so stark, daß er alles andere in der analytischen Situation überschattet. Auf diese Form bezieht sich wohl Freuds Bezeichnung »Verlangen«. Obwohl die von dem betreffenden Patienten gewünschte Befriedigung in der Regel eine prägenitale war, mußte die Stärke des Wunsches unweigerlich Verdacht erwecken; in manchen Fällen, jedoch nicht in allen, erbrachte die weitere Analyse den Beweis, daß dieser Verdacht mehr oder weniger gerechtfertigt war; die hohe Intensität erwies sich als Anzeichen der genital-orgastischen Natur dieser Wünsche. Das ist ein wichtiger Punkt, auf den wir am Schluß des Kapitels noch zurückkommen werden.

Ferner ereignen sich diese Regressionen, wie erwähnt, immer innerhalb der analytischen Situation, d.h. innerhalb einer Objektbeziehung. Infolgedessen ist die vom Patienten erwartete oder geforderte Befriedigung niemals autoerotisch, sondern muß aus der Umwelt kommen; sie muß also durch ein Ereignis in der äußeren Welt eingeleitet werden, in das nun der Analytiker nolens volens tief hineinverstrickt wird. In der Tat hängt es von seiner passiven Zustimmung oder aktiven Teilnahme – d.h. von seiner Entscheidung – ab, ob dieses äußere Ereignis stattfindet oder nicht, ob die Erwartungen oder »Bedürfnisse« des Patienten erfüllt oder frustriert werden. Nun gibt es aber noch eine andere Form der Regression, den echten Neubeginn, der gleichfalls vom tiefen Sich-Einlassen des Analytikers abhängt; aber bei diesem Typ liegt der Akzent nicht so sehr auf der Erwartung, daß die äußere Welt sich ändern werde; obwohl die Teilnahme der äußeren Welt, nämlich des Analytikers, wesentlich ist, findet die Wandlung, auf die es ankommt, im Patienten selbst statt.

Zur Illustration dieses letzten Typs möchte ich eine Episode aus einer Behandlung schildern, die ich auch schon an anderer Stelle veröffentlicht habe (M. Balint, 1961).

»Der Patient, dessen Behandlung damals schon etwa zwei Jahre lief, war von Beginn der Stunde an etwa dreißig Minuten lang still; der Analytiker akzeptierte das Schweigen, machte sich klar, was möglicherweise im Patienten vor sich ging, und wartete, ohne jeglichen Versuch, das Schweigen zu brechen, fühlte sich auch durchaus nicht unbehaglich oder unter dem Druck, etwas unternehmen zu müssen. Solche Schweigepausen während der Behandlungsstunden waren übrigens schon mehrmals vorgekommen, so daß Patient und Analytiker einige Übung darin hatten, sie zu tolerieren. Das Schweigen wurde schließlich gebrochen durch ein erlöstes Schluchzen des Patienten, und bald darauf war er imstande zu sprechen. Er teilte dem Analytiker mit, daß es ihm endlich gelungen sei, zu sich selber zu kommen. Seit seiner Kindheit habe man ihn niemals allein gelassen, es sei immer jemand dagewesen, der ihm sagte, was er tun müsse. Einige Sitzungen später berichtete er, daß er während des Schweigens alle möglichen Assoziationen hatte, sie aber als irrelevant, als bloße ärgerliche, oberflächliche Störungen von sich gewiesen habe.«

Um kein Mißverständnis aufkommen zu lassen, will ich hier wiederholen, wie meiner Vorstellung nach unsere Terminologie hinsichtlich dieses komplizierten Bereichs geklärt werden sollte. Es wird wohl Übereinstimmung darüber herrschen, daß das soeben berichtete Ereignis zur sogenannten Übertragung gehört und ein Stück Agierens enthält. Ebenso wird man wohl nicht bestreiten, daß es sich um das Emporkommen einer primitiven Verhaltensform handelte, nachdem reifere Formen schon fest etabliert waren. Etwas weniger bereitwillig wird man, glaube ich, zugeben, daß die hier verwendete Technik dem Patienten durch Wegräumen einiger seiner Hemmungen und vielleicht sogar Verdrängungen zu einer besseren Integration verhalf. Aber kann man die Episode eine Regression oder eine Wiederholung nennen? Meine Antwort auf diese Frage ist die gleiche wie im Falle des Purzelbaums, nämlich: logischerweise nein. Man kann doch nur etwas wiederholen, das wenigstens einmal vorher geschah; und das gleiche gilt, genaugenommen, für die Regression. Statt dieser beiden irreführenden Bezeichnungen schlage ich vor, diese Episode einen »Neubeginn« oder eine neue Entdeckung zu nennen, die zu einer anderen, befriedigenderen Beziehung zu einem wichtigen Objekt führt. In dieser Hinsicht ähnelt die Episode ganz der mit dem Purzelbaum. Der Unterschied ist nur das auffallende Fehlen jeglicher Handlung und sichtbaren Triebbefriedigung, die im ersteren Falle vorhanden war.

Um diesen wichtigen Unterschied anders zu beschreiben: In der äußeren Welt ereignete sich nichts. Sie blieb ganz ruhig und ließ den Patienten in Frieden. Das wiederum ermöglichte es dem Patienten, in seinem Innenleben voranzukommen, zu erkennen, daß manche seiner gewohnten, automatischen Weisen, die äußere Welt zu erleben und auf sie zu reagieren, unnötig, unbegründet und nutzlos waren – wenigstens in diesem speziellen Fall. Diese Entdeckung führte zu einem neuen Anfang. Anstelle der alten automatischen Beziehungsformen kann er nur etwas Neues und Anderes beginnen, das zur Errichtung einer befriedigenderen Beziehung zu seinen wichtigen Objekten führen kann.

Andererseits waren, gerade wegen des Fehlens einer Handlung, die man hätte verstehen und deuten können, die Anforderungen an die Technik des Analytikers in diesem Falle etwas höher als im Falle des Purzelbaums. Er mußte auch ohne Worte verstehen, was der Patient von ihm erwartete, und diesen Erwartungen entsprechen, d.h. dem Patienten uneingeschränkt und auch ohne Worte die Form der Objektbeziehung gewähren, die er brauchte. Ich möchte hinzufügen, daß dieser Fall auch in anderen Hinsichten typisch ist. Wenn der Patient sich verstanden und befriedigt fühlte, war er sehr dankbar, sein Zustand besserte sich, und das Material, das er vorbrachte, war höchst interessant; wäre er nicht verstanden und befriedigt worden, so hätte ihm dies nur weiteres »dumpfes« Leiden und vielleicht Verzweiflung bedeutet. Und hätte ferner der Analytiker das Schweigen des Patienten als Widerstandssymptom oder Agieren gedeutet (was auch durchaus korrekt gewesen wäre), dann wäre er der Verführung erlegen, dem Patienten Anweisungen zu geben, was er tun sollte; er hätte dann nur mit dem Patienten mitagiert, ohne Aussicht, je zu erkennen, was er damit tat.

Obwohl meine beiden Fälle gutartiger Regression oder eines Neubeginns dem bösartig verlaufenen Fall Anna O. in mancher Beziehung ähnlich sind, besteht doch ein bedeutender Unterschied, der hoffentlich aus dem Fallmaterial klar hervorgeht. Im einen Falle zielt die Regression auf die Befriedigung von Triebverlangen hin; was der Patient sucht, ist ein äußeres Ereignis, ein Tätigwerden des Objekts. Im anderen Falle erwartet der Patient nicht so sehr eine Befriedigung durch Handlungen von außen, sondern vielmehr die stillschweigende Erlaubnis, die äußere Welt so benutzen zu dürfen, daß er mit seinen inneren Problemen vorankommen kann – das, was mein Patient als »zu sich selber kommen« bezeichnete. Obwohl die Beteiligung von außen, vom Objekt her wesentlich ist, ist es eine ganz andere Art von Beteiligung; abgesehen von der Enthaltung von jeglicher Einmischung und unnötigen Störung der inneren Vorgänge im Patienten (zwei wichtige Aspekte), besteht die Hauptform dieser vom Patienten erhofften Beteiligung in der Anerkennung der Existenz dieses seines Innenlebens und seiner unverwechselbaren Individualität. Um die beiden Regressionstypen voneinander abzuheben, möchte ich vorschlagen, die erstere Form »Regression mit dem Ziel der Befriedigung« und die zweite »Regression mit dem Ziel des Erkanntwerdens« zu nennen. Gewiß sind beide Bezeichnungen nicht exakt und etwas unhandlich, aber ich finde keine besseren.

Diese Beobachtungen haben eine interessante Parallele in einer anderen Beobachtungsserie, richtiger gesagt, einer Reihe von Schlußfolgerungen über die realen Ur-Substanzen oder primären Objekte (vgl. das 12. Kapitel). Befriedigung durch Ereignisse oder Handlungen von seiten der äußeren Welt setzt eine Welt voraus, die entweder schon aus ganzen Objekten oder wenigstens aus gutausgebildeten Teilobjekten besteht, was bedeutet, daß die Regression des Patienten nicht sehr weit hinter die narzißtische, phallische, prä-ödipale Stufe zurückgegangen sein kann. Unsere Literatur enthält viele ausgezeichnete Schilderungen der leidenschaftlichen Wünsche, Phantasien und Triebverhaltensweisen von Kindern aus diesen frühen Perioden, besonders von Kindern, die frühzeitig irgendwelchen traumatischen Erlebnissen ausgesetzt waren, die – sofort oder später – zu schweren neurotischen Störungen führten. So wird z.B. die immense Schwierigkeit beschrieben, Kinder, die an solchen leidenschaftlichen Begierden oder »Bedürfnissen« leiden, zu befriedigen, ihre Tendenz, suchtartige Zustände wie etwa zwanghaftes Onanieren zu entwickeln, ihre große Anfälligkeit für sexuelle Verführung und schließlich ihre Disposition zu agierenden hysterischen Zuständen. Ich habe weiter oben erwähnt, daß ich bei manchen Patienten wegen der Leidenschaftlichkeit ihres Verlangens an der Echtheit ihres »Neubeginns« zweifelte. Jetzt möchte ich hinzufügen, daß alle diese Patienten zu der eben beschriebenen Kategorie gehören.

Die andere Erscheinung, die Regression mit dem Ziel des Erkanntwerdens, setzt eine Umgebung voraus, die den Patienten annimmt und bereit ist, ihn zu stützen und zu tragen, wie die Erde oder das Wasser einen Menschen trägt, der sich mit seinem Gewicht ihnen anvertraut. Im Gegensatz zu gewöhnlichen Objekten, vor allem normalen menschlichen Objekten, wird von diesen primären Objekten oder Substanzen keine Handlung erwartet; sie müssen nur da sein und müssen – stillschweigend oder explizit – erlauben, sie zu gebrauchen, sonst kann der Patient sich nicht ändern: ohne Wasser kann man nicht schwimmen, ohne Erde kann man nicht vorwärtsschreiten. Die Substanz, der Analytiker, darf nicht widerstreben, muß einwilligen, muß keinen Anlaß zu starker Reibung geben, muß den Patienten für eine Weile annehmen und tragen, muß sich als mehr oder weniger unzerstörbar erweisen, muß nicht auf starren Grenzen bestehen, sondern muß die Entwicklung einer Art von Vermischung zwischen ihm und dem Patienten zulassen.

Das bedeutet Einwilligung, Teilnahme und Beteiligung, aber nicht unbedingt Handeln, eher Verständnis und Toleranz; worauf es wirklich ankommt, ist die Schaffung und Aufrechterhaltung von Bedingungen, in denen innerlich, in der Seele des Patienten, sich etwas ereignen kann.

Symbolischer Ausdruck dieser primitiven, arglosen Beziehung in der analytischen Situation ist oft irgendeine Form körperlichen Kontakts mit dem Analytiker, am häufigsten der Wunsch, seine Hand oder einen seiner Finger halten oder seinen Stuhl berühren zu dürfen usw. Dieser Kontakt ist natürlich libidinös, gelegentlich sogar hochgradig besetzt, und er ist immer lebenswichtig für den Fortschritt der Behandlung. Mit ihm kann der Patient vorwärtskommen, ohne ihn fühlt er sich verlassen, verloren, der möglichen Änderung beraubt, bewegungsunfähig. Dennoch hat das Erleben im Falle der »Regression mit dem Ziel des Erkanntwerdens« niemals die Qualität von Verzweiflung und Leidenschaft, die das Erleben des Patienten bei der »Regression mit dem Ziel der Befriedigung« oder auch in schweren Formen von Hysterie charakterisiert. Ich bin geneigt zu denken, daß die Formen verzweiflungsvollen Anklammerns, die man so oft bei der Behandlung solcher Zustände findet, eine Regression kennzeichnen, die nur bis zur Phase der Teil-Objekte zurückgeht, während intensive Angst den Weg zur Entwicklung der vertrauenden, arglosen Atmosphäre versperrt, die für den Neubeginn wesentlich ist. Die Beziehung zu Teilobjekten ist anscheinend ihrem Ursprung und vielleicht sogar ihrem Wesen nach den Verfolgungsängsten verwandt; verzweiflungsvolles, leidenschaftliches Anklammern ist ein Ausdruck dieser Beziehung und zur gleichen Zeit ein Abwehrmechanismus gegen begleitende Ängste. Dies steht in schroffem Gegensatz zu dem entspannten Bedürfnis nach körperlichem Kontakt, das in der Periode des echten Neubeginns zu beobachten ist.

Im Leben sind die Dinge natürlich niemals einfach oder klar definiert. In den meisten Fällen therapeutischer Regression sieht der Analytiker eine Mischung aller möglichen Züge, wobei gewöhnlich ein einzelner oder einige wenige besonders hervortreten. Meiner Erfahrung nach pflegen aber gewisse Züge gemeinsam aufzutreten, so daß ich glaube, daß zwei nicht ganz scharf getrennte Assoziationsfelder, zwei klinische Syndrome existieren, die ich einmal Symptomgruppe A und Symptomgruppe B nennen will.

Die meisten Fälle, die zur Symptomgruppe A, der gutartigen Form der Regression, gehören, zeigen folgende klinische Merkmale:

1. Die gegenseitig vertrauende, arglose Beziehung, die an die primäre Beziehung zu den Ursubstanzen erinnert, kann sich ohne große Schwierigkeiten entwickeln.

2. Es kommt zu einer Regression, die in einen echten Neubeginn mündet und zur Entdeckung neuer Möglichkeiten führt.

3. Die Regression geschieht »mit dem Ziel des Erkanntwerdens«, vor allem hinsichtlich der seelischen Probleme des Patienten.

4. Die Forderungen, Erwartungen oder »Bedürfnisse« des Patienten erreichen nur mittlere Intensitätsgrade.

5. Anzeichen schwerer Hysterie in der klinischen Symptomatologie und genital-orgastische Elemente in der regressiven Übertragung fehlen.

Im Gegensatz dazu weisen die zur Symptomengruppe B, der bösartigen Form der Regression, gehörenden Fälle meist die folgenden Züge auf:

1. Da die Beziehung gegenseitigen Vertrauens nur sehr prekär ist, zerfällt die Atmosphäre der »Arglosigkeit« wieder und wieder; als Schutz und Sicherheitsmaßnahme gegen weitere solcher Katastrophen entwickelt der Patient häufig Symptome verzweifelten Anklammerns.

2. Es kommt zu einer malignen Regression, zu wiederholten, fruchtlosen Versuchen, einen Neubeginn zu finden, und es droht die Gefahr einer endlosen Spirale von Forderungen und Bedürfnissen mit schließlicher Entwicklung suchtartiger Zustände.

3. Die Regression hat das Ziel der Befriedigung durch äußere Handlung.

4. Die Forderungen, Erwartungen oder »Bedürfnisse« haben einen verdächtig hohen Intensitätsgrad.

5. Das klinische Bild enthält Anzeichen schwerer Hysterie und genital-orgastischer Elemente, und zwar sowohl in der normalen als auch in der regressiven Form der Übertragung.

Diese kondensierte Aufzählung beruht auf ziemlich breiter klinischer Erfahrung, ausgenommen ein Punkt, der nicht ganz so fest fundiert ist, m. E. aber durch weitere Beobachtungen zu belegen sein wird. Meinem Eindruck nach ist die bösartige Regression und die auf Befriedigung durch äußere Handlung zielende Regression in der Regel bei Patienten anzutreffen, die an einer recht schweren Hysterie oder an hysterischen Charakterstörungen leiden und aus ihrer Krankheit und Behandlung einen ziemlich hohen sekundären Krankheitsgewinn zu ziehen verstehen. Es ist mir nicht ganz klar, warum das so ist, aber ich stelle fest, daß in meinem klinischen Material diese Verbindung in mehreren Fällen vorkommt. Ich werde auf dieses Problem noch in Teil V zurückkommen.

Bevor ich weitergehe, möchte ich kurz zusammenfassen, was wir theoretisch über die Regression wissen. Im Sinne Freuds verstehen wir unter Regression einen seelischen Vorgang, bei dem die Richtung der normalerweise »progressiv« verlaufenden Prozesse im psychischen Apparat sich umkehrt und rückläufig wird. Ursache für die Blockierung der normalen Richtung kann alles Mögliche sein; auf der ödipalen Ebene ist es in der Regel ein Konflikt. In Auswirkung oder als Ergebnis der Regression kommt etwas »Primitives«, »Einfacheres« zum Vorschein; in manchen, wenn auch nicht in allen Fällen gehört dieses »Etwas« zum Bereich der Grundstörung. Klinisch kann sich das folgendermaßen manifestieren: a) als eine ganz bestimmte Triebbefriedigung, etwa in Gestalt einer Halluzination oder eines Traumes; b) als eine spezifische Verhaltensweise, etwa regressive Übertragung im Dienste des Widerstandes, und c) als Wiederholung, deren wichtigstes Beispiel ja die Übertragung selbst ist.

Von Freud haben wir gelernt, daß die Regression vier Funktionen oder Rollen haben kann; sie tritt auf a) als Abwehrmechanismus; b) als Faktor in der Pathogenese; c) als besondere Widerstandsform, und schließlich d) als wichtiger Bündnispartner in der Therapie. Bemerkenswerterweise hat Freud und haben nach ihm dann fast alle psychoanalytischen Theoretiker eine Seite der Regression übersehen, nämlich die Rolle der Regression in der Objektbeziehung. Sie mußte übersehen werden, weil die Regression immer nur im Rahmen der Ein-Personen-Psychologie studiert wurde. Von dieser Regel gibt es allerdings zwei bemerkenswerte Ausnahmen, nämlich a) Regression als Bündnispartner in der Therapie, ein Aspekt, den Freud nur einmal im Vorübergehen erwähnt, und b) Regression als eine spezifische Form der Übertragung im Dienste des Widerstandes, eine Funktion, von der stets nur die bedrohlichen Aspekte als Hindernisse und warnende Zeichen beschrieben wurden.

In den Teilen III und IV habe ich zu zeigen versucht, daß Regression nicht nur ein intrapsychisches, sondern auch ein zwischenmenschliches Problem ist; hinsichtlich der therapeutischen Nutzbarmachung sind die zwischenmenschlichen Aspekte sogar ausschlaggebend. Um die volle Bedeutung der Regression zu verstehen und in der analytischen Situation mit ihr umgehen zu können, muß man sich vor Augen halten, daß die Form, in der sie auftritt, nur zum Teil vom Patienten, seiner Persönlichkeit und seiner Krankheit abhängig ist. Zum Teil hängt sie auch vom Objekt ab. Sie muß folglich als eines unter mehreren Symptomen der Interaktion zwischen Patient und Analytiker angesehen werden. Diese Interaktion hat mindestens drei Aspekte: Die Art und Weise, a) wie die Regression vom Objekt anerkannt wird; b) wie sie vom Objekt angenommen wird und c) wie das Objekt darauf reagiert. Wie wir in den Kapiteln 20 bis 22 gesehen haben, wird vom Objekt, dem Analytiker, erwartet, daß er ähnlich wie eine Ursubstanz reagiert, d.h. dem Patienten erlaubt, mit ihm eine Art primärer Beziehung einzugehen, oder sich mit primärer Objektliebe besetzen zu lassen. In Teil V wird es unsere Aufgabe sein zu untersuchen, was dies für die psychoanalytische Technik bedeutet.

## 23. Kapitel
## Die Kontroverse zwischen Freud und Ferenczi und ihre Auswirkungen

Wir wollen den Bericht über die historische Meinungsverschiedenheit zwischen Freud und Ferenczi an der Stelle wiederaufnehmen, wo wir ihn am Schluß des 19. Kapitels unterbrachen. Die Hauptursache für diesen tragischen Zwist war wohl das technische Problem, wie man mit regredierten Patienten umgehen solle, die eine starke Übertragung entwickeln. Der Eindruck dieses Zwiespalts war so schmerzlich, daß die analytische Bewegung zunächst mit Verleugnung und Stillschweigen reagierte, einem Schweigen, das erst in den letzten Jahren gebrochen worden ist. In der Zwischenzeit waren allerlei Gerüchte über Freud und Ferenczi aufgetaucht und hatten ihren Weg in die Presse gefunden: Freud sei ein rücksichtsloser Autokrat, ein Diktator gewesen (Fromm, 1963), Ferenczi ein kleiner, feiger Projektemacher (Jones, 1957). Natürlich sind diese Anwürfe gänzlich unbegründet, und wenn sie von etwas zeugen, so nur vom Größenunterschied der Persönlichkeit zwischen den Opfern dieser Schmähungen und den kleinlichen Kritikern.

Die in diesem Teil zu besprechenden klinischen Erfahrungen können uns einige Hinweise auf die Entstehung der Meinungsverschiedenheiten geben. Ich glaube, Freud hatte in seinen ersten Jahren als Psychotherapeut fast ausschließlich Fälle bösartiger Regression zu sehen bekommen, die einen tiefen Eindruck bei ihm hinterließen. Ferenczi dagegen hatte einige bemerkenswerte Erfolge bei einigen gutartigen Fällen von Regression neben manchen Fehlschlägen bei Fällen mit bösartiger Regression zu verzeichnen, und diese Erfolge machten ihm einen so starken Eindruck, daß er sich in seinem bekannten Enthusiasmus zu nicht genügend begründeten Verallgemeinerungen hinreißen ließ. Läßt sich diese etwas kühne Annahme aus der Literatur belegen? Ich meine, daß sowohl in Freuds als auch in Ferenczis Schriften Aussagen zu finden sind, die in diese Richtung weisen.

Freuds erster Fall einer bösartigen Regression war die von Breuer behandelte Anna O.; Breuer und Freud waren damals bereits befreundet. Wir wissen aus den von Jones (1953) zitierten Briefen Freuds an seine Braut, daß Breuer dem jüngeren Freund – Freud war damals siebenundzwanzig Jahre alt – seine Not mit der schweren Regression dieser Patientin klagte, und daß Freud über Breuers Methode ziemlich kritisch dachte. Wir wissen auch von späteren unerfreulichen Erlebnissen mit grob sexuellen Manifestationen bei aus der hypnotischen Trance erwachenden Patienten, die Freud in seiner ›Selbstdarstellung‹ (1925, Ges. W., Bd. XIV, S. 52) erwähnt. Schließlich wirkte vielleicht am stärksten Freuds Enttäuschung über die Irreführung durch seine hysterischen Patienten nach, denen er geglaubt hatte, daß sie in der Frühkindheit sexuell mißbraucht wurden, also ein »passives Sexualtrauma« erlitten hätten. Wir wissen, daß Freud in seiner frühen Arbeit ›Zur Ätiologie der Hysterie‹ (1896) ausdrücklich feststellte, seine Theorie (vom frühkindlichen Sexualtrauma) könne sich nunmehr auf achtzehn voll analysierte Fälle stützen, offenbar alles Fälle von Hysterikern. Wir wissen auch, daß dieser Bann erst durch seine Eigenanalyse gebrochen wurde[1]. Es ist verständlich, daß Freud von den Erwartungen dieser Patienten als von einem »Verlangen« sprach, was vermuten läßt, daß er schon damals die Gefahr der Entwicklung suchtartiger Zustände erkannte.

Im 19. Kapitel habe ich in einiger Ausführlichkeit geschildert, wie langsam sich das Regressionskonzept entwickelte. Ich habe dargestellt, wie mit den Jahren die schädlichen Seiten der Regression in Freuds Arbeiten immer stärker in den Vordergrund traten und er schließlich zu einer extrem vorsichtigen Haltung gelangte. Dementsprechend rückte die therapeutische Funktion der Regression immer mehr in den Hintergrund und wurde schließlich fast vergessen.

Es war also kein Wunder, daß Freud alarmiert, kritisch und – was bei Freud in der Tat selten vorkam – etwas unzugänglich wurde, als er sah, wie Ferenczi, für den er soviel Zuneigung empfand und den er sehr hochschätzte, in die gleichen Untiefen hineintappte, aus denen er, Freud, sich nur mit äußerster Anstrengung hatte retten können. Er sah deutlich und richtig, welchen Gefahren Ferenczi begegnen mußte, andererseits konnte er die Möglichkeiten einer neuen, wichtigen Entwicklung unserer Technik und Theorie offenbar nicht erkennen und daher auch nicht richtig beurteilen.

Ferenczi dagegen, mit seinem ungestümen Optimismus und sei-

[1] Wir wissen natürlich nicht, ob zwischen diesen beiden Ereignissen wirklich eine Kausalbeziehung besteht; immerhin ist der zeitliche Zusammenhang auffallend. Vor seiner Eigenanalyse glaubte Freud fest an die Realität der Verführungsszenen; danach war er völlig davon überzeugt, daß die Verführung nur in der Phantasie des Kindes stattfand. Ferner wissen wir, daß Freud im Sommer 1897 mit seiner Eigenanalyse begann oder in Gang kam; in einem Brief an Fließ aus dem September desselben Jahres gab er seine Gründe an, warum er die Idee des infantilen Sexualtraumas als eines realen Ereignisses fallenlassen müsse – eine besonders eindrucksvolle, meisterhafte Argumentation, sogar in einem Werk wie dem Freudschen.

ner leicht zu entfachenden Begeisterung für alles Neue – ich habe davon bei mehreren Gelegenheiten berichtet (M. Balint, 1933, 1948) –, beging seinen gewöhnlichen Fehler, alle Warnungen, die seine Fehlschläge ihm hätten bedeuten müssen, in den Wind zu schlagen und seine Erfolge überzubewerten. Er war von den Ergebnissen seiner neuen Technik so beeindruckt, daß er folgenden Schluß zog: Wenn ein Patient bereit ist, regelmäßig zur Analyse zu kommen, so muß der Analytiker Methoden erfinden, um ihm zu helfen. In seinem aufrichtigen Glauben an diesen Grundsatz kam er seinen Patienten in der Erfüllung ihrer Erwartungen unglaublich weit entgegen (vgl. das 17. Kapitel). Er zog das Fazit seiner Experimente und nannte seine neue Methode »Relaxationsprinzip« (1930). Diese Bezeichnung entsprang einer naheliegenden Assoziation, da die neue technische Idee, im Gegensatz zur aktiven Technik, darauf hinauslief, dem Patienten jeden unnötigen Spannungszuwachs zu ersparen. Ferenczi glaubte, daß man durch positives Eingehen auf die Erwartungen, Forderungen und Bedürfnisse des Patienten, nachdem sie in ihrer wahren Bedeutung erkannt waren, den toten Punkt einer sich hinschleppenden Analyse überwinden könnte, so daß man wieder zu fruchtbarer Arbeit und absehbarer Beendigung der Analyse kommen könnte. Das aber bedeutete das Aufgeben des Abstinenzprinzips.

Seine ersten Ergebnisse mit dieser Technik waren durchaus ermutigend. Seine Patienten – von denen die meisten mehr als zehn Jahre Behandlung bei anderen Analytikern hinter sich hatten – lebten wieder auf, ihr Zustand besserte sich, und sie beschenkten Ferenczi mit zwei wichtigen Entdeckungen. Die eine betraf den enormen Einfluß der »gewohnten«, »üblichen« oder »klassischen« Einstellung des Analytikers zur Ausübung seines Berufs auf die sich entwickelnde Übertragungsbeziehung und auf den Verlauf der analytischen Kur; die andere betraf die technischen Möglichkeiten der Gegenübertragungsdeutung (Ferenczi, 1932 und nachgelassene Notizen).

Dabei übersah Ferenczi keineswegs, welche Probleme sich aus seinen technischen Neuerungen ergaben: das zeigt sich ganz deutlich in seinen posthum veröffentlichten Artikeln und Notizen. Aber er war ehrlich überzeugt, daß seine Befunde einen wesentlichen Fortschritt der analytischen Behandlungstechnik bedeuteten. Es war für ihn ein schmerzliches Problem, auf das er immer wieder zurückkam, warum Freud die Bedeutung dieser neuen Ideen nicht erkennen konnte. Ich bin sicher, daß dies Gefühl, von Freud nicht verstanden zu werden – schließlich war Freud sein Lehranalytiker gewesen – schuld daran war, daß Ferenczi so lange nicht erkennen konnte, daß die unzweifelhaften Besserungen bei einigen seiner

Patienten immer nur so lange anhielten, als er imstande war, ihr Verlangen zu stillen; diese Erkenntnis kam ihm erst ganz allmählich gegen Ende des Jahres 1932 und Anfang 1933, als er wegen zunehmender körperlicher Schwäche seine analytische Praxis aufgeben mußte. Eine Anzahl seiner Patienten reagierte darauf mit Verwirrung, Verzweiflung und bitterem Ressentiment und zugleich mit Verschlechterung ihres Zustandes. Obwohl dies für Ferenczis wissenschaftlichen Stolz ein schwerer Schlag war, nahm er ihn hin, sprach verschiedentlich über die Fehler, die er wahrscheinlich in letzter Zeit begangen habe; wenn er wieder gesund sei, wolle er noch einmal ganz von vorn anfangen; er hoffe aber, daß seine Experimente und auch seine Fehler kommenden Analytikergenerationen als Wegweiser und Warnsignale dienen könnten.

Trotzdem glaube ich nicht, daß Ferenczi schon den Unterschied zwischen den verschiedenen Regressionsformen gesehen hatte, den ich im 22. Kapitel dieses Buches beschreibe. Auch ich kam erst vor etwa fünfzehn Jahren zu dieser Differentialdiagnose, möchte aber festhalten, daß ich den ersten Anstoß dazu durch meine Kontakte mit einigen Analysanden aus der letzten Patientengruppe Ferenczis erhielt. Ich verfolgte ihre Entwicklung und achtete besonders auf die Art und Weise, wie sie über ihre Erlebnisse in der Behandlung bei Ferenczi und danach sprachen.

Die Gründe der tragischen Meinungsverschiedenheit zwischen Freud und Ferenczi, die beiden Männern soviel Kummer bereitete und die Entwicklung der analytischen Technik erheblich verzögert hat, sind nun, wie ich hoffe, klarer geworden. Wegen seiner eigenen Unsicherheit konnte Ferenczi sich Freuds wohlgemeinte und wohlbegründete Kritik nicht zu eigen machen; er sah darin nur einen Mangel an Verständnis. Freud seinerseits stand noch unter dem Eindruck seiner enttäuschenden Versuche der neunziger Jahre und fand in Ferenczis Experimenten nur eine weitere Bestätigung für seine Zurückhaltung. Der Charakter der beiden Männer, obwohl an der Oberfläche sehr verschieden, hatte im Grunde doch auch manches Gemeinsame. Wie in vielen tragischen historischen Freundschaften wirkte dieses Gemeinsame zunächst als starke Anziehungskraft und bildete viele Jahre hindurch die Grundlage für eine enge, gute Freundschaft, führte jedoch unausweichlich zum tragischen Ende, wobei alle, einschließlich sämtlicher Psychoanalytiker, die Verlierer waren.

Das historische Ereignis des Zwists zwischen Freud und Ferenczi wirkte in der psychoanalytischen Welt wie ein Trauma. Ob man annahm, daß ein erfahrener Meister der psychoanalytischen Technik wie Ferenczi, Autor vieler klassischer Arbeiten zur Psychoanalyse, derart verblendet war, daß selbst Freuds wiederholte

Warnungen ihm seine Fehler nicht klarzumachen vermochten, oder aber daß Freud und Ferenczi, die beiden prominentesten Psychoanalytiker, nicht imstande waren, ihre klinischen Befunde und theoretischen Vorstellungen wechselseitig zu verstehen und richtig zu beurteilen – in beiden Fällen war der Schock gleich peinlich und erschütternd. Die erste Reaktion war erschrockener Rückzug. In stillschweigender Übereinkunft wurde die Regression in der analytischen Behandlung zum gefährlichen Symptom erklärt und ihr Wert als therapeutischer Verbündeter vollständig oder doch fast vollständig mißachtet. Dies gilt besonders für die Einstellung aller derer, die man zum »Zentralmassiv« der klassischen Psychoanalyse rechnen kann.

Für die meisten Analytiker, die zu dieser Gruppe gehören, hatte die Regression weiterhin vor allem den gefährlichen, schädlichen Aspekt, der im 19. Kapitel dieses Buches erörtert wurde; sie galt als schwer anzugehender Abwehrmechanismus, als wichtiger Faktor in der Pathogenese und als gefürchtete Widerstandsform. Ihre Funktion als therapeutischer Verbündeter ist aus den Erwägungen praktisch verschwunden. Falls daher regressive Phänomene in der Behandlung auftauchten, wurden sie entweder als unerwünschte, durch unkorrekte Technik hervorgerufene Symptome betrachtet, oder als Anzeichen einer so tiefen Störung bewertet, daß die Prognose als höchst zweifelhaft galt. Die in solchen Fällen am häufigsten angewandte Maßnahme bestand darin, den Patienten so schnell wie möglich aus seiner Regression herauszuholen und die Behandlung mit einem annehmbaren Teilerfolg abzuschließen. Jedenfalls ist dies das Bild, das sich bei der Panel-Diskussion über ›Technische Aspekte der Regression in der Psychoanalyse‹ auf dem Winter-Kongreß der Amerikanischen Psychoanalytischen Vereinigung im Jahre 1957 ergab. Übrigens wurde als Parallelveranstaltung zu dem Panel über Regression ein zweites Panel über ›Technische Aspekte der Übertragung‹ abgehalten. Wenn man die Rednerliste der beiden Rundgespräche vergleicht, kann man leicht feststellen, welche davon zum »Zentralmassiv« und welche zum Rand gehören.

Die einzige neue, aber sehr fruchtbare Idee, die von dieser Gruppe ausging, war die von Ernst Kris, der bei seinen Untersuchungen über die Kreativität des Künstlers zwischen zwei Regressionsformen unterschied. Bei der einen wird das »Ich von der Regression übermannt«, bei der anderen steht die Regression »im Dienste des Ichs«. Diese letztere Form ist nach Kris nur ein Sonderfall der generellen Fähigkeit des gut integrierten Ichs, manche Primärprozesse zu steuern und zu beherrschen. Kris hat diesen Gedanken schon 1935 formuliert und kam in mehreren seiner späteren Arbeiten darauf zurück. Fraglos hat diese Unterscheidung manches mit den von mir erwähnten beiden »Assoziationsfeldern« gemeinsam; die bösartige Regression und die Regression mit dem Ziel der Befriedigung kommen der das Ich übermannenden Regression nahe; mit einiger Anstrengung kann man auch Ähnlichkeiten zwischen der Regression im Dienste des Ichs und der Regression mit dem Ziel des Erkanntwerdens auffinden. Irgendwelche Schwierigkeiten des Vergleichs dürften mit unseren verschiedenen Voreinstellungen zusammenhängen, wie ich es einmal nennen möchte (M. Balint, 1949). Kris war an der künstlerischen Schöpferkraft interessiert, also einer Sublimierung, die zum Bereich der Ein-Personen-Psychologie gehört. In der Panel-Diskussion über ›Kriterien der Analysierbarkeit‹ hat Peter Knapp das Problem ausgezeichnet umrissen. Nachdem er festgestellt hatte, daß man mit »Regression im Dienste des Ichs« zwar erklären könne, was während des schöpferischen Prozesses im Individuum vor sich geht, daß man damit aber nicht beschreiben und erklären könne, was in der analytischen Behandlung geschieht, fuhr er fort: »Damit eine Psychoanalyse möglich ist, muß eine zusätzliche Fähigkeit die ›Regression im Dienste des Ichs‹ ergänzen, nämlich die ›Regression auf Geheiß eines Objekts‹«. (Knapp, 1959)

Dies muß wie eine revolutionäre Ansicht gewirkt haben und wurde höchstwahrscheinlich verdrängt. Jedenfalls hat sie, soweit ich entdecken konnte, in der Literatur kein Echo gefunden. Selbst ein so origineller Denker wie Bertram Lewin konnte sich in seiner Freud-Vorlesung über ›Träume und die Regression im Traum‹ (1958) nicht ganz von den Einschränkungen der Krisschen Vorstellungen freimachen. Auch zwei so unorthodoxe Therapeuten wie Gill und Brenman konnten sich nicht darüber hinwegsetzen (Gill und Brenman, 1959).

Die anderen zu dieser Gruppe zählenden Analytiker wagen sich nicht einmal so weit vor; sie wiederholen treu und monoton die Lehre von der Verbindung zwischen Fixierung und Regression, die schon Freud in seinen ›Vorlesungen zur Einführung in die Psychoanalyse‹ aufgestellt hatte. Zum Beweis möchte ich aus vielen anderen nur die folgenden Arbeiten zitieren: Phyllis Greenacre: ›Regression and Fixation‹ (1960); Jacob Arlow: ›Conflict, Regression and Symptom Formation‹ (1963) und Jeanne Lampl-de Groot: ›Symptom Formation and Character Formation‹ (1963).

So ergibt sich auf dem Gebiet der Regression ganz allgemein der Eindruck von Leere und Stagnation. In letzter Zeit haben sich jedoch einige wenige Analytiker gefunden, die am Problem der therapeutischen Regression interessiert waren. Der eine war Alexander (1956), der vorschlug, zwischen zwei Typen von Regression zu unterscheiden: Regression auf ein Trauma und Regression auf die prä-traumatische Befriedigungssituation. Sehr wahrscheinlich bestehen zwischen Alexanders und meinen beiden Typen manche Parallelen. Ferner ist an der Chestnut-Lodge-Klinik eine interessante Forschungsarbeit mit schwer regredierten Patienten im Gange, deren wichtigste Ergebnisse von Searles veröffentlicht wurden (z. B. 1961, 1963). Schließlich hat Winnicott in London die Regression im Rahmen der analytischen Behandlung seit Jahren studiert; seine weit verstreuten Arbeiten sind inzwischen in zwei Bänden gesammelt worden (1958 und 1965). Unter seinem Einfluß haben mehrere Analytiker, darunter Little (1957) und Khan (1960, 1962), begonnen, sich für dieses Gebiet zu interessieren.

Das ist aber auch ungefähr alles. Alle diese Analytiker, einschließlich meiner selbst, gehören nicht zum »klassischen« Zentralmassiv, sondern zum Randgebiet. Man kennt uns, duldet uns, liest uns vielleicht sogar, aber man zitiert uns nicht. Eine gute Illustration dieser Behauptung ist das Buch von Gill und Brenman (1959). Obwohl die therapeutische Verwendung der Regression zu den Hauptthemen dieses Buches gehört und es eine umfangreiche Bibliographie hat, ist keiner der oben genannten Autoren angeführt. Es gibt jedoch Zeichen, daß diese Periode ihrem Ende zugeht. Die tragische Kontroverse zwischen Freud und Ferenczi ereignete sich in den frühen dreißiger Jahren, also vor nunmehr über fünfunddreißig Jahren. Inzwischen ist eine neue Generation von Analytikern herangewachsen, und man kann hoffen, daß sie imstande, ja, schon im Begriff ist, gewisse Dogmen und Glaubenssätze zu überprüfen, die jahrelang für jeden guten Analytiker tabu waren. Ein solches vielversprechendes Zeichen ist die Arbeit von Wolfgang Loch (1963/1964) mit dem Titel ›Regression‹.

Im gleichen Jahr veröffentlichte Anna Freud eine Arbeit: ›Regression as a Principle in Mental Development‹ (1963), in welcher sie, statt wie üblich nur die gefährlichen Seiten der Regression hervorzuheben, auch deren positive Seiten beschreibt. Gleich darauf folgte ein neues Rundgespräch der Amerikanischen Psychoanalytischen Vereinigung auf der Herbsttagung im Dezember 1965 über ›Zustände tiefer Regression während der Analyse‹. Da zeigte es sich, wie sehr das Klima sich inzwischen gewandelt hatte. Obwohl mehrere der Diskussionsredner die gleichen waren wie 1957, war das Verhältnis zwischen Randgruppen und »klassischem« Zentrum wie fünfzig zu fünfzig. Es gab noch einige unverkennbare Zeichen der alten Vorbehalte, aber die Atmosphäre war doch eine ganz andere. Es wurden mehrere eindrucksvolle, detaillierte Fallberichte vorgetragen, aus denen hervorging, daß tief-regressive Zustände nicht nur in der analytischen Situation geduldet, sondern in manchen Fällen dazu verwendet werden können, den Gang der analytischen Behandlung voranzutreiben. Zeichen von Vorurteilen oder vorgefaßten Meinungen fehlten in der ausgezeichneten Diskussion völlig; jeder Diskussionsredner war aufrichtig interessiert und begierig, seinen Anteil zur Klärung eines schwierigen Problems beizusteuern.

Eine kritische Bemerkung muß jedoch angefügt werden. Obwohl einige Redner, darunter der Vorsitzende, John Frosch, sowie Martin Cang, mehrmals versuchten, die Diskussion auf den Anteil des Analytikers an der Verlängerung der Regression, vielleicht sogar deren Provozierung, und auf seine technischen Reaktionen auf sie zu lenken, hatten sie damit keinen Erfolg. Die Diskussion beschränkte sich auf die Bereiche der Ein-Personen-Psychologie; das Ich, das von der Regression übermannt wird, die Ich-Struktur des Patienten, in dessen Behandlung es zur Regression kommt, die seelischen Kräfte, die zur Regression beitragen, die Veränderungen, die den Patienten aus ihr herausführen können usw.

Es wurde also fast völlig vermieden, die Regression – ihre Struktur, ihre Ursachen und ihre Bedeutung für die Behandlung – als Interaktion zwischen dem einen Patienten und seinem Analytiker aufzurollen, d.h. als eine Erscheinung zu betrachten, die zum Bereich der Zwei-Personen-Psychologie gehört, vor allem zu dem seelischen Bereich, den ich die Grundstörung nenne.

# Teil V
# Der regredierte Patient und sein Analytiker

## 24. Kapitel
## Therapeutische Regression, primäre Liebe und Grundstörung

Im vorangehenden Teil haben wir festgestellt, daß die Regression, die wir in der analytischen Situation beobachten, mindestens zwei Ziele haben kann: Erlangung von Triebbefriedigung oder das Erkanntwerden durch ein Objekt; mit anderen Worten: Regression ist zugleich ein innerseelisches und ein zwischenmenschliches Phänomen. Es sind auch deutliche Zeichen vorhanden, daß für die analytische Behandlung regredierter Zustände die zwischenmenschliche Seite die wichtigere ist.

Hier stehen wir vor einem Problem, das wir die »Heilkraft der Objektbeziehung« nennen könnten. Obwohl es in der Regel nicht ganz so deutlich ausgesprochen wird, zwingt sich uns die Erkenntnis auf, daß Deutung und Objektbeziehung die beiden wichtigsten Faktoren der psychoanalytischen Therapie sind. Es ist jedoch nicht zu übersehen, daß wir uns im Falle der Objektbeziehung auf relativ unsicherem Grunde befinden, da die psychoanalytische Theorie davon nicht sehr viel weiß.

Was wir besitzen, ist einiges systematisches Wissen über die Triebe und Triebschicksale, über die seelische Struktur und die verschiedenen Abwehrmechanismen, auch über die Rolle des Konflikts in der Psychopathologie. Auf diese drei Pfeiler – die Triebtheorie, die seelische Struktur und die pathogenen Wirkungen der Konflikte – stützte Freud seine technischen Empfehlungen. Das Ziel seiner Technik war die Bewußtmachung des Unbewußten – »Wo Es war, soll Ich sein«, wie es in einer späteren Formulierung heißt; als Werkzeug diente fast ausschließlich die Deutung. Obwohl Freud schon 1912 und 1915 in seinen beiden Arbeiten zur Übertragung ausdrücklich feststellte, daß die Übertragung, also eine Objektbeziehung, erhebliche heilende Wirkungen entfalten könne, hatte er offenbar doch kein rechtes Zutrauen zu diesen Wirkungen und hielt sie keiner besonderen Untersuchung für würdig. Infolgedessen hat die Deutung immer als die weitaus wichtigste technische Maßnahme gegolten.

Ich habe im Teil IV zu zeigen versucht, daß es eine wohl unzulässige Simplifizierung ist, die Betonung so ausschließlich auf die Deutungsarbeit des Analytikers zu legen. Das mochte noch angehen, solange wir aus den um analytische Hilfe Bittenden diejenigen auswählen zu sollen meinten, die sich ohne große Schwierigkeiten in den Rahmen fügen konnten, den wir auf Grund von Freuds frühen Arbeiten zur Technik (1911–1915) für die analytische Behandlung geschaffen hatten. Solange dieser Rahmen von uns allen als obligatorisch anerkannt wurde, konnte man sagen, daß die Arbeit des Analytikers fast ausschließlich im Deuten bestand.

Wenn wir jedoch annehmen, daß der von Freud empfohlene Rahmen nur einer unter vielen denkbaren oder nur der »primus inter pares« ist, dann taucht vor uns eine neue Aufgabe auf, nämlich andere Formen zu finden, in welchen wir auch mit weniger streng ausgewählten Patienten eine erfolgreiche psychoanalytische Arbeit leisten können. Diese Aufgabe ist von besonderer Bedeutung im Hinblick auf unsere regredierten Patienten.

Um zu wiederholen, was wir in den vorhergehenden Kapiteln festgestellt haben: In bestimmten Abschnitten der Behandlung ist die Schaffung und Erhaltung einer leistungsfähigen Beziehung, besonders mit regredierten Patienten, vielleicht wichtiger als korrektes Deuten. Möglicherweise hatte auch Freud etwas dergleichen im Sinne, als er von den therapeutischen Wirkungen der Übertragung schrieb. Sein Interesse konzentrierte sich aber, wie erwähnt, auf die intrapsychischen Prozesse, die therapeutische Wirkungen haben könnten, so daß er den zwischenmenschlichen Erscheinungen und ihren möglichen Wirkungen für die Therapie nicht viel Aufmerksamkeit zuwandte.

Deutungen sind notwendigerweise immer verbal, gesprochene Worte. Obwohl sie im wesentlichen darauf hinzielen, dem Patienten Zugang zu seinen Gefühlen, Affekten, Erlebnisweisen zu verschaffen, die er vorher nicht zulassen durfte, erfordern Deutungen intellektuelles Verstehen, Denken oder eine neue »Einsicht«. Alle diese Beschreibungen hängen eng mit »sehen« oder »stehen« zusammen, mit philobatischen Funktionen also, die man allein ausüben kann. Im Gegensatz dazu ist die Objektbeziehung immer eine Interaktion zwischen mindestens zwei Menschen; sie wird nicht selten auch auf nicht-verbalem Wege erzeugt und aufrechterhalten. Es läßt sich auch schwer in Worten beschreiben, was da eigentlich geschaffen wird. Wir sprechen von Verhalten, Klima, Atmosphäre usw., aber das sind alles unklare, nebelhafte Begriffe, die etwas nur unscharf Begrenztes andeuten und daher an die Worte erinnern, mit denen man die Urelemente beschreibt. Aber wenn auch die verschiedenen Formen der Objektbeziehung nicht in genauen, eindeutigen Worten beschrieben werden können, wenn auch die Wahl der beschreibenden Worte immer subjektiv, willkürlich und unexakt bleiben muß, fühlen wir doch, daß die »Atmosphäre«, das »Klima«, die Stimmung wirklich vorhanden sind. Oft besteht gar kein Bedürfnis, das in Worten auszudrükken – obwohl Worte natürlich ein wichtiger zusätzlicher Faktor für die Schaffung und Aufrechterhaltung der Objektbeziehung sind. Im

Gegensatz zur »Einsicht« als dem Ergebnis einer korrekten Deutung, führt die Schaffung einer richtigen Objektbeziehung zu einem »Gefühl«; während »Einsicht« mit »sehen« korreliert ist, hat »Gefühl« mit dem Berühren oder Befühlen zu tun, und das ist entweder die primäre Mutter-Kind-Beziehung oder es ist Oknophilie.

Um zu unserem Hauptthema, der Regression, zurückzukehren: Bei Freud waren es also die intrapsychischen Aspekte, die lebenslang im Mittelpunkt seines Interesses standen. Ein Grund für die relative Vernachlässigung der Objektbeziehung liegt vielleicht darin, daß zu der Zeit, als Freud die regressiven Formen der Übertragung beschrieb, seine Triebtheorie praktisch abgeschlossen war; die dritte Auflage seiner ›Drei Abhandlungen zur Sexualtheorie‹ erschien 1915, im gleichen Jahr also, in welchem er seine Arbeit ›Bemerkungen über die Übertragungsliebe‹ veröffentlichte. Dagegen war eine Entwicklungslehre der Objektbeziehung damals noch in den ersten Anfängen.

Freud gründete seine vielzitierten therapeutischen Empfehlungen, der Analytiker dürfe auf das »Verlangen« eines regredierten Patienten nicht positiv reagieren und solle es insbesondere nicht befriedigen, auf seine Triebtheorie. Die analytische Therapie müsse im Zustand der »Abstinenz«, der »Versagung« und »Entbehrung« durchgeführt werden. In vieler Beziehung ist diese Empfehlung durchaus richtig. Wenn der Analytiker nichts anderes tut, als daß er das »Verlangen« seines regredierten Patienten erfüllt, kann seine Maßnahme nur vorübergehenden Erfolg haben. Da die Quelle des »Verlangens« überhaupt nicht angerührt worden ist, wird der Patient nach einer Weile neue Forderungen erheben, die mit unverminderter Stärke nach neuer Befriedigung verlangen. Wenn dann der Analytiker, unter dem Eindruck des himmlischen Friedens, der seiner Maßnahme unmittelbar gefolgt war, sich bewogen fühlt, mit weiteren Befriedigungen zu experimentieren, kann sich eine endlose Spirale entwickeln, wie das für regredierte Zustände nicht ungewöhnlich ist.

Wenn man also positiv auf das Sehnen und Verlangen des regredierten Patienten eingeht, wird sich das sehr wahrscheinlich als ein technischer Fehler entpuppen. Wiederum aber kann das Eingehen auf die Bedürfnisse des Patienten zu einem bestimmten Zweck, einer besonderen Form der Objektbeziehung, die primitiver ist als die sonst zwischen Erwachsenen bestehende, eine legitime technische Maßnahme sein, die möglicherweise mit der Grundregel der »Versagung« und »Entbehrung« nichts zu tun hat.

Wenn wir aber dieser Vorstellung folgen, dann verlassen wir die Grenzen der Triebtheorie, die ja zur Sphäre der Ein-Personen-

Psychologie gehört, und betreten das Reich der Zwei-Personen-Psychologie. Auf der Grundlage der ersteren konnten wir behaupten, daß Form wie auch Tiefe der Regression allein vom Patienten, seiner Kindheit, seinem Charakter, der Schwere seiner Krankheit usw. determiniert sind; bei der letzteren müssen wir in Erwägung ziehen, daß sie das Ergebnis einer Interaktion zwischen diesem einen Patienten und diesem einen Analytiker ist. Wenn wir uns einmal die Beiträge des Analytikers, d.h. seine Technik vor Augen halten, so können wir sagen, daß das klinische Auftreten einer Regression auch von der Art und Weise abhängt, wie die Regression erkannt, angenommen und vom Analytiker beantwortet wird.

Die wichtigste Form der Antwort des Analytikers auf die Regression des Patienten ist wohl die Deutung; es kann für die Behandlung von entscheidender Bedeutung sein, ob der Analytiker ein bestimmtes Phänomen als ein Streben nach Triebbefriedigung oder als das Bedürfnis nach einer besonderen Form der Objektbeziehung sieht.

Nehmen wir an, der Analytiker sei bereit, die Regression als eine Bitte, Forderung oder das Bedürfnis nach einer besonderen Form von Objektbeziehung zu betrachten. Sogleich erhebt sich dann die nächste Frage, nämlich wie weit er darin gehen darf, oder mit anderen Worten, welche Art von Objektbeziehung er in Erwägung ziehen sollte, um sie seinem regredierten Patienten anzubieten oder von ihm anzunehmen. Dies ist ein wichtiges technisches Problem und hat, wie fast jedes Problem der psychoanalytischen Technik, mehrere Aspekte.

Der erste Aspekt gehört in das Grenzgebiet zwischen der Ein-Personen- und der Zwei-Personen-Psychologie: Man kann ihn als das Problem der Differentialdiagnose beschreiben. Der Analytiker muß imstande sein zu erkennen, welche Formen der Objektbeziehung in diesem Moment für diesen seinen regredierten Patienten angemessen oder sogar therapeutisch angezeigt sind. Um das zu tun, muß er nicht nur bejahen, daß solche Beziehungen existieren und therapeutische Wirkungen haben können, sondern er muß auch soviel von ihnen wissen, daß er imstande ist, diejenige Beziehung auszuwählen, die die besten therapeutischen Möglichkeiten enthält.

Damit betreten wir umstrittenes Gebiet. Manche Analytiker glauben fest, daß nur solche Formen der Objektbeziehung mit einer ordnungsgemäßen analytischen Praxis vereinbar seien, die dem Analytiker erlauben, seine Rolle passiver, sympathisierender Objektivität aufrechtzuerhalten, wie sie von Freud beschrieben wurde. Ich habe den Eindruck, daß dies vielerorts noch immer als eine absolute Richtschnur gilt, und wenn der Analytiker sie aus irgendwelchen Gründen aufgibt, dürfe die Behandlung nicht länger analytisch genannt werden. Wenn dieser mein Eindruck den Tatsachen entspricht, so folgt daraus, daß diese Analytiker wahrscheinlich behaupten werden, eine solche Differentialdiagnose sei unnötig oder könne sogar zu einer verfehlten, den Patienten schädigenden Technik führen. In Teil III dieses Buches, vor allem in den Kapiteln 14 und 16, habe ich einige der Folgen dieser generellen Einstellung erörtert.

Damit man mich recht versteht, möchte ich darauf hinweisen, daß eine dem Patienten gegebene Deutung, er habe immer nur versucht, eine bestimmte genitale oder gar prägenitale Beziehung herzustellen, etwas vollkommen anderes ist, als wenn wir akzeptieren, daß der Patient in dieser bestimmten Phase seiner Behandlung eine besondere Form der Objektbeziehung braucht, und wir ihm erlauben, sie in der analytischen Situation herzustellen und aufrechtzuerhalten. Im Falle der besser bekannten, späteren Objektbeziehungen haben Deutungen in der Regel die Kraft, eine therapeutische Rückkehr zur Wirklichkeit anzubahnen und zu festigen; in manchen Fällen kann es zum Agieren kommen, aber auch das kann man mit Deutungen kontrollieren. Das meiste dieser Art vollzieht sich im ödipalen Bereich, so daß die Erscheinungen sich einigermaßen adäquat in der normalen Sprache der Erwachsenen ausdrücken lassen. Die wichtigsten dieser Erscheinungen sind – in umgekehrter chronologischer Reihenfolge – die phallisch-narzißtische Form mit ihren vielen Varianten, etwa egoistisch-selbstbehauptend, aggressiv-kastrierend, unterwürfig, masochistisch usw.; dann die vielen anal-sadistischen Formen mit all den dazugehörigen Überkompensationen und Reaktionsbildungen usw.

Um der Vollständigkeit willen muß ich auch die verschiedenen oralen Formen der Objektbeziehung erwähnen, die heute unter dem Stichwort »orale Abhängigkeit« zusammengefaßt werden und die von vielen Analytikern hier ganz selbstverständlich mit aufgeführt werden würden. Da meiner Meinung nach der Begriff der »oralen Abhängigkeit« ein irreführender ist, möchte ich kurz meine dagegen sprechenden Argumente vortragen. Die Beziehung, die man mit »oraler Abhängigkeit« zu beschreiben versucht, ist keine einseitige Abhängigkeit, sondern eine wechselseitige Beziehung; die Mutter ist libidinös fast im gleichen Maße von ihrem Neugeborenen abhängig wie dieses von ihr; beide können diese besondere Form der Beziehung und diese besonderen Befriedigungen nicht unabhängig voneinander erleben. Wenn auch die orale Seite einen wichtigen Teil der Gesamterscheinung bildet, ist doch auch eine Anzahl anderer Faktoren vorhanden, und es ist schwer zu beurteilen, welches der wichtigste ist. Darüber hinaus tritt ja die Mutterbrust, das eigentliche Gegenstück zum Mund des Säuglings, durch die moderne Säuglingsernährung oft ganz zurück, in der Mehrzahl der Fälle, ohne daß das wechselseitige Abhängigkeitsverhältnis dadurch ernstlich gestört wird, und dieses letztere ist meiner Meinung nach der entscheidende Faktor in der Mutter-Kind-Beziehung.

Eben diese Interdependenz sollte uns daran erinnern, daß die Beschreibung einer solchen Beziehung im Sinne und mit den Begriffen der Ein-Personen-Psychologie notwendigerweise irreführend sein muß. Obwohl das weitgehend für alle Objektbeziehungen gilt, nimmt die Auswirkung der Interdependenz im gleichen Verhältnis ab, wie die Bedeutung der Kooperation des Partners sich vermindert. Ein lehrreiches Beispiel hierfür ist die anale Herrschaft über das Objekt, deren Theorie in der Psychoanalyse vielleicht am besten ausgearbeitet ist. Hier ist die Kooperation des Partners minimal, und daher kann diese Beziehung auch adäquat mit den Begriffen der Ein-Personen-Psychologie beschrieben werden. Bei der genitalen Liebe dagegen ist es wesentlich, daß ein gleichgültiges Objekt, das wir lieben, von uns in einen kooperativen Partner verwandelt wird. Die Beziehung eines Menschen zu einem gleichgültigen Objekt kann noch recht gut mit unserer Terminologie beschrieben werden; die Beziehung zwischen kooperierenden Partnern verlangt nach einer neuen Terminologie, die zur Zwei-Personen-Psychologie gehört.

Eine weitere wesentliche Schwierigkeit ist die, daß alle primitiven Beziehungen in der Regel zur präverbalen Entwicklungsphase gehören. Wie schon in Teil I gesagt, eignen sich Erscheinungen aus diesem Bereich nicht gut für eine Beschreibung in Worten. Diese beiden Schwierigkeiten müssen wir uns im folgenden immer vor Augen halten: die durch die intensive Interdependenz zweier Individuen verursachte und die auf Grund der Primitivität der sich entwickelnden, kaum in der konventionellen Sprache der Erwachsenen wiederzugebenden Beziehung entstehende[1].

[1] Der Begriff der oralen Abhängigkeit ist verhältnismäßig neu. Ich habe in Freuds Werken keinen Hinweis darauf finden können, so daß es sich vermutlich um eine nachfreudianische, möglicherweise amerikanische Prägung handelt. Es wäre nicht uninteressant, die genaue Herleitung festzustellen. Einige wenige Daten hierzu: Das Wort »Abhängigkeit« ohne das Beiwort »oral« kommt ein paarmal in Fenichels Lehrbuch vor (1945). »Orale Abhängigkeit« habe ich erstmals bei Alexander gefunden (1950). Bei Melanie Klein habe ich den Begriff zu meiner Überraschung nicht finden können; einzelne Autoren aus ihrer Schule erwähnen es zum erstenmal in ›New Directions in Psycho-Analysis‹ (1955), einem Sammelband mit Beiträgen zu Ehren von Melanie Kleins 70. Geburtstag 1952. Auch hier kam das Adjektiv »oral« nicht vor, aber so wie der Begriff »dependence« verwendet wird, würde man heute von »oraler Abhängigkeit« sprechen,

Nach Beseitigung dieses Hindernisses und der damit zusammenhängenden Unklarheit können wir zu unserem Hauptproblem zurückkehren: Welche Form einer primitiven, möglicherweise präverbalen Objektbeziehung darf der Psychoanalytiker von seinem regredierten Patienten anzunehmen oder ihm gar anzubieten erwägen?

Ich habe in den vorstehenden Kapiteln, besonders in Kapitel 4, 12, 15 und 22, die Kennzeichen dreier solcher Formen, die ich in meiner analytischen Praxis beobachtet habe, im einzelnen beschrieben. Es sind die folgenden: a) Die primitivste dieser Formen, die ich primäre oder *Urform der Liebe* oder primäre Objektbeziehung genannt habe, ist eine Art harmonischer Vermengung und gegenseitiger Durchdringung zwischen dem sich entwickelnden Individuum und seinen primären Substanzen oder seinem primären Objekt; ferner b) die *Oknophilie* und c) der *Philobatismus*, einander gewissermaßen entgegengesetzte Verfassungen, die schon die Entdeckung eines einigermaßen stabilen Teilobjekts oder ganzen Objekts voraussetzen. Denn das vorwiegend oknophil erlebende Individuum fühlt sich nur in engster Nähe zu Objekten sicher, und die zeitlichen oder örtlichen Abstände zwischen den Objekten werden als furchtbar und gefährlich erlebt. Diese Erscheinungen waren schon ziemlich lange bekannt und sind in letzter Zeit unter dem Einfluß der Ethologie als »Bindungsverhalten« (»attachment behaviour«, s. Bowlby, 1958) bezeichnet worden. Im Gegensatz dazu erlebt der vorwiegend philobatisch eingestellte Mensch die Objekte als unzuverlässig und riskant, neigt dazu, ohne Objekte auskommen zu wollen, sucht »freundliche Weiten« auf, welche ihm die verräterischen Objekte in Raum und Zeit vom Leibe halten.

Die nächste Frage muß nun natürlich lauten, was der Patient von der Regression profitieren kann. Warum ist sie für ihn so wichtig? Wie schon mehrmals erwähnt, durchlaufen nicht alle Patienten unbedingt eine regressive Phase. Manche Patienten können also ohne eine solche auskommen, brauchen sie vielleicht nicht einmal. Man kann jedoch nur schwer einen Hinweis auf die Zahl der Menschen erhalten, die eine regressive Phase brauchen oder nicht brauchen. Die Patienten, die eine analytische Behandlung erhalten, bilden ja keinen repräsentativen Bevölkerungsquerschnitt, da sie auf Grund der Vorstellungen des Analytikers von ihrer Analysierbarkeit ausgewählt

der Abhängigkeit des Kindes von seiner Mutter; zwei Autoren, die diesen Begriff benützen, sind Paula Heimann und Joan Rivière. Seit 1952 erscheint der Terminus »Abhängigkeit« und »orale Abhängigkeit« mit zunehmender Häufigkeit auch in den Arbeiten von Winnicott.

worden sind. Aber es steckt doch vielleicht etwas Wahres hinter dem Eindruck, daß in unserem derzeitigen Patientenmaterial die Anzahl der Menschen, die eine Regression nötig haben, größer ist als in der Vergangenheit, daß sie sogar ständig wächst.

Die Antwort auf unsere Frage ist mit der Vorstellung der *Grundstörung* und mit den Beobachtungen verknüpft, die mich zur Entdeckung des »Neubeginns« führten. Hier ist mein Gedankengang folgender: Wir alle haben gewisse Charakterzüge, oder in moderner Terminologie ausgedrückt, gewisse »patterns«, geprägte Schemata unserer Objektbeziehungen. Sie sind zum Teil Ergebnisse von Konflikten oder eines Komplexes in uns; wenn der Analytiker mit seinen Deutungen dem Patienten helfen kann, diese Konflikte und Komplexe aufzulösen, so reduziert sich das Zwanghafte an diesen Schemata zu einer Flexibilität, die die Anpassung an die Realität erleichtert. In einer Anzahl von Fällen jedoch, in der meiner Vorstellung nach die starren Verhaltensweisen ihren Ursprung in einer Reaktion auf die Grundstörung genommen haben, werden Deutungen sehr viel weniger wirksam sein, da es keinen eigentlichen Konflikt oder Komplex zu lösen gibt und im Bereich der Grundstörung Worte ohnehin keine wirklich zuverlässigen Instrumente darstellen.

In manchen Fällen, in denen Worte, d.h. Assoziationen mit darauffolgenden Deutungen, nicht imstande zu sein scheinen, die notwendigen Veränderungen herbeizuführen oder aufrechtzuerhalten, müßte man nun nach zusätzlichen therapeutischen Mitteln Ausschau halten. Meiner Ansicht nach besteht das wichtigste dieser Mittel darin, dem Patienten zu helfen, eine primitive Beziehung in der analytischen Situation einzugehen, die seinem eingeschliffenen Schema entspricht, und sie in ungestörtem Frieden aufrechtzuerhalten, bis er die Möglichkeit neuer Formen der Objektbeziehung entdecken, erleben und mit ihnen experimentieren kann. Da die Grundstörung, solange sie aktiv ist, die Formen der für das Individuum erreichbaren Objektbeziehungen bestimmt, ist es eine unumgängliche Aufgabe der Behandlung, diese Grundstörung inaktiv zu machen, indem Bedingungen hergestellt werden, in welchen sie ausheilen kann. Um das zu erreichen, muß der Patient die Möglichkeit haben, auf die spezielle Form seiner Objektbeziehungen zu regredieren, in welcher der ursprüngliche Mangelzustand aufgetreten war, oder sogar auf eine noch darunter liegende Stufe. Dies ist eine Vorbedingung, die erfüllt sein muß, bevor der Patient, zunächst nur sehr versuchsweise, sein starres Verhaltensschema aufgeben kann. Erst dann kann er »neu beginnen«, d.h. neue Weisen der Objektbeziehung entwickeln, durch die er die aufgegebenen ersetzen kann. Diese neuen Verhaltensweisen werden weniger defensiv sein als die früheren, daher flexibler, und werden ihm mehr Möglichkeiten eröffnen, sich spannungs- und reibungsloser an die Wirklichkeit anzupassen als bisher.

Die nächste und letzte Frage dieses Kapitels lautet: Was kann der Analytiker tun, um diesen Vorgang zu fördern? Eine umfassendere Antwort auf diese Frage soll im folgenden Kapitel gegeben werden; hier möchte ich drei äußerst wichtige *negative* Aspekte hervorheben – Reaktionen nämlich, die der Analytiker zu vermeiden suchen muß. Unsere Technik, so wie sie gegenwärtig in Mode ist – zunächst möglichst alles als Übertragung zu deuten –, führt uns in die Versuchung, uns für unsere Patienten zu mächtigen, kenntnisreichen Objekten zu verwandeln und ihnen dadurch zu helfen oder sie zu zwingen, in eine oknophile Welt zu regredieren. In dieser Welt bestehen viele Möglichkeiten zur Abhängigkeit, dagegen nur wenige, unabhängige Entdeckungen zu machen. Man wird mir hoffentlich zustimmen, daß letzteres therapeutisch mindestens ebenso wichtig ist wie das erstere. Umgekehrt bedeutet dies, daß der Analytiker nicht starr an einer Form der Objektbeziehung festhalten sollte, die er einmal nützlich gefunden hat, sei es bei anderen Patienten, sei es in früheren Phasen der jeweiligen Behandlung; statt dessen sollte er jederzeit bereit sein, mit seinem Patienten zwischen der oknophilen und der philobatischen primitiven Welt hin- und herzupendeln, sogar noch tiefer als diese auf die Primärbeziehung zu regredieren. Das ist aber doch nur möglich, wenn der Analytiker imstande ist, die oben beschriebene Differentialdiagnose zu stellen.

Ein weiterer negativer Aspekt besteht darin, daß zuzeiten der Analytiker alles tun muß, was in seiner Macht steht, um nicht zu einem zu scharf konturierten Objekt zu werden oder als solches zu handeln. Mit anderen Worten, er muß seinem Patienten erlauben, in einer Beziehung mit ihm zu existieren, als wäre er ein Stück seiner Ursubstanzen. Er müßte also willens sein, den Patienten zu tragen, nicht aktiv, sondern wie Wasser den Schwimmer oder wie die Erde den darauf Gehenden trägt, d. h., für den Patienten da zu sein und sich von ihm, ohne zuviel Widerstand dagegenzustemmen, gebrauchen zu lassen. Natürlich ist etwas Widerstand nicht nur erlaubt, sondern sogar unerläßlich. Aber der Analytiker muß darauf achten, daß sein Widerstand gerade nur diejenige Reibung erzeugt, die für den Fortschritt notwendig ist, aber auf keinen Fall mehr, da sonst der Fortschritt wegen des Widerstandes des Mediums zu mühsam wird. Vor allem aber muß er da sein, muß immer für den Patienten vorhanden sein und muß unzerstörbar sein wie das Wasser und die Erde. Wir haben einige dieser Aspekte im 22. Kapitel betrachtet und werden auch in der Folge noch auf sie treffen.

Ein Nebenprodukt des vorhin erwähnten negativen Aspekts ist

schließlich die dritte Gefahr, vor der gewarnt werden muß, nämlich daß der Analytiker in den Augen seines Patienten »omnipotent« erscheint oder unbewußt den Anschein von Allmacht erweckt. Das ist eine der schwierigsten Aufgaben in diesem Behandlungsabschnitt. Der regredierte Patient erwartet natürlich, daß sein Analytiker mehr weiß und mehr kann als er; und wenn weiter nichts, soll er entweder ausdrücklich oder doch durch sein Verhalten versprechen, daß er ihm, dem Patienten, helfen werde, aus der Regression herauszukommen, daß er ihm als Führer durch die Regression dienen werde usw. Irgendein Versprechen in dieser Richtung, sogar der leiseste Anschein einer stillschweigenden Einwilligung, schafft die größten, fast unüberwindlichen Hindernisse für die analytische Arbeit. Auch hier ist das einzige, was der Analytiker tun kann, die Übernahme der Rolle einer Ursubstanz, die da ist, nicht zerstört werden kann, eo ipso den Patienten trägt, die Bedeutung und das Gewicht des Patienten spürt, ihn aber dennoch trägt, unbekümmert um die Aufrechterhaltung von Grenzen zwischen sich und dem Patienten usw. usw., eine Substanz, die aber kein Objekt im eigentlichen Sinne des Wortes ist und keinen Wert auf separate Existenz legt.

Verschiedene Autoren haben diese Objektbeziehung, oder richtiger, Umwelt-Patient-Beziehung, zu beschreiben versucht. Sie haben verschiedene Bezeichnungen dafür geprägt. Anna Freud (in den Kriegsjahren) sprach vom »bedürfnisbefriedigenden Objekt«; Hartmann (1939) von den »durchschnittlich zu erwartenden Umgebungsbedingungen«; Bion stellte in einem Vortrag vor der Britischen Psychoanalytischen Gesellschaft (1966) den »Behälter« (»container«) dem »darin Enthaltenen« (»contained«) gegenüber. Der wortmächtigste Erfinder solcher Termini scheint Winnicott zu sein, der 1941 von einer »ausreichend guten Umwelt« sprach, dann die Vorstellung eines »Mediums« hatte, in welchem der Patient sich bewegen kann wie der Motor im Öl; 1949 schilderte er die »normalerweise liebende Mutter« und 1956 sprach er von »primärer Mütterlichkeit«, 1960 von der »Tragefunktion der Mutter«. 1963 entlieh er der amerikanischen Literatur den Begriff der »funktionserleichternden Umwelt« (»facilitating environment«) und benutzte ihn auch im Titel seines neuesten Buches (1967). Margaret Little (1961) verwendete den Ausdruck »Ureinheit« (»basic unity«), M. Khan schlug (1963) das Bild eines »Schutzschildes« vor. R. Spitz spricht von einem »Mittler der Umwelt« (»mediator of the environment«, 1965), M. Mahler wiederum zieht »extrauterine Matrix« vor (1952). Jeder dieser Ausdrücke ist insofern korrekt, als jeder den einen oder anderen Aspekt dieser nichtomnipotenten Beziehung, die ich meine, beschreibt. Natürlich habe ich ein Vorurteil zugunsten meines eigenen Begriffs »primary love«, da ich ihn für allgemeiner halte und er mir alle anderen Aspekte zu decken scheint.

Wenn wir dieser Vorstellung folgen, dann erscheint das Problem, ob man dem Verlangen des regredierten Patienten nachgeben dürfe oder nicht, in einem anderen Licht, so daß man zweifeln kann, ob wir nicht mit einem Scheinproblem gerungen haben, das deshalb nicht gelöst werden konnte, weil es falsch formuliert war. Es handelt sich in Wirklichkeit gar nicht darum, den regredierten Patienten zu befriedigen oder zu frustrieren, sondern darum, in welcher Weise die Reaktion des Analytikers auf die Regression des Patienten die Patient-Analytiker-Beziehung und damit den weiteren Verlauf der Behandlung beeinflussen wird. Wenn die Reaktion des Analytikers, z.B. sein Eingehen auf die Erwartungen des Patienten, bei diesem den Eindruck erweckt, sein Analytiker sei kenntnisreich und fähig, ja, fast allwissend und allmächtig, dann müßte man diese Reaktion als riskant und nicht ratsam betrachten; sie könnte leicht die Ungleichheit zwischen Patient und Analytiker vermehren und dadurch, daß die Grundstörung des Patienten sich verschlimmert, zu suchtähnlichen Zuständen führen. Kann aber Befriedigung auf eine Weise erfolgen, die die Ungleichheit nicht vermehrt, sondern eine Objektbeziehung nach dem Muster der primären Liebe, wie ich es genannt habe, erzeugt, dann sollte man sie durchaus als Mittel der Wahl in Betracht ziehen.

Hier möchte ich eine kurze Diskussion über ein Thema einschieben, das ich den *oknophilen Trend unserer heutigen Technik* nennen möchte. Die psychoanalytische Technik – und auch die Theorie – war von der Intensität der oknophilen Erscheinungen, die in der analytischen Situation auftreten, so beeindruckt, daß sie ihr ganzes Interesse auf sie konzentrierte und die ebenso wichtigen Formen der primären und philobatischen Beziehung fast gänzlich vernachlässigte. So entwickelte sich die Theorie der objektsuchenden, anklammernden und ambivalenten Abhängigkeit. Ich habe schon andernorts[2] darauf hingewiesen, daß unsere moderne Technik alles, was in der analytischen Situation vorkommt oder vom Patienten gebracht wird, in erster Linie als Übertragungserscheinung zu verstehen und zu deuten versucht. Umgekehrt bedeutet dies, daß der hauptsächliche Bezugsrahmen, innerhalb dessen fast jede Deutung formuliert wird, eine Beziehung zu einem hochwichtigen, allgegenwärtigen Objekt, dem Analytiker, und einem ihm nicht ebenbürtigen Subjekt, dem Patienten, ist,

2 ›Angstlust und Regression‹ (1959), vor allem Kapitel 12.

der jetzt eben scheinbar nichts fühlen, denken oder erleben kann, was nicht mit dem Analytiker in Beziehung steht.

Man kann leicht sehen, daß diese moderne Technik der Übertragungsdeutung zu einem Weltbild führen muß, bestehend aus einem recht unbedeutenden Subjekt, das von mächtigen, weisen und allgegenwärtigen Objekten umgeben ist, die die Macht haben, alles korrekt in Worten auszudrücken, wovon der Analytiker ein eindrucksvolles Beispiel ist. Wenn man dies als das wahre, den Frühphasen der menschlichen Entwicklung entsprechende Bild annimmt, so kommt man ohne weiteres zur Theorie der »oralen Abhängigkeit«. Die Abhängigkeit ist offenkundig, und das Adjektiv »oral« wird ihr flugs unter dem Einfluß unserer Triebtheorie angehängt, die zur Beschreibung alles Primitiven oder Frühen nur dieses eine Wort hat. Die Tatsache, daß in einer so geführten Behandlung nahezu alle Transaktionen zwischen Patient und Analytiker durch das Medium des Wortes vor sich gehen, verstärkt die »oralen« Aspekte, und wir Analytiker, die Patienten und unsere Theorie assoziieren damit, daß Deutungen, d.h. Worte, für »Milch« stehen können und der Analytiker für »Brust«.

Das aber führt zu einem Argumentieren im Kreise; alles, was in der analytischen Situation geschieht, wird auf diese Weise verstanden und gedeutet, wodurch wiederum der Patient »lernt« – wie im 15. Kapitel beschrieben –, alle seine präverbalen Erlebnisse in dieser Sprache auszudrücken und in gewissem Ausmaße sogar zu fühlen, wodurch er wiederum den Analytiker überzeugt, daß sowohl seine Theorie als auch seine Deutungen absolut richtig sind. Das ist einmal wieder ein Beispiel für eine Entwicklung, die oft und in praktisch jeder Wissenschaft, besonders aber auch in der Psychoanalyse eingetreten ist, daß nämlich ein Teil der Wahrheit dazu benutzt wird, die ganze Wahrheit zu unterdrücken. Im vorliegenden Fall handelt es sich um die Teile »oral« und »abhängig«, die bekanntlich in jeder primitiven menschlichen Beziehung vorkommen. Was unterdrückt wird, ist, daß sich mit diesen Teilaspekten keineswegs das ganze Bild erklären läßt; statt dessen ist durch unsere gegenwärtige Technik die Bedeutung dieser beiden Aspekte ganz unverhältnismäßig übertrieben worden.

Freud kann uns hier wieder ein Beispiel sein. Wie seine Falldarstellungen zeigen, hat er der Übertragung wohl gebührende Aufmerksamkeit zugewandt, hat sie aber nicht vor allem anderen gedeutet. Infolgedessen war er zwar für seine Patienten ein sehr wichtiges Objekt, aber seine Technik zwang sie nicht dazu, ein Weltbild aufzurichten, in welchem die oben beschriebene bedrückende Ungleichheit zwischen einem oknophilen Subjekt und seinem über alles wichtigen Objekt besteht. Wie schon erwähnt, kommt im Sachwortverzeichnis der 23 Bände der ›Standard Edition‹ von Freuds Werken das Wort »dependence« nur selten, das Wort »oral dependence« überhaupt nicht vor.

Zur Illustrierung der hier auftauchenden Probleme möchte ich eine Episode aus einer langen Behandlung schildern. Nach einer unbefriedigenden Analysenstunde an einem Freitag, in welcher der Patient nach einigem Zögern zugab, daß kein richtiger Kontakt zwischen ihm und seinem Analytiker zustande gekommen war, weil er sich gezwungen gefühlt hatte, während der ganzen Stunde den Analytiker zu etwas Nutzlosem abzuwerten, fiel es ihm schwer, aus dem Behandlungszimmer zu gehen. Schon die Türklinke in der Hand, sagte er, er fühle sich so elend und bitte um eine zusätzliche Stunde irgendwann am Wochenende, um wieder zu sich zu kommen.

Zweifellos ist das ein Verlangen nach Befriedigung, und es entsteht die Frage, wie man darauf antworten sollte. Ich möchte erwähnen, daß dieser Patient schon gelegentlich eine Extrastunde an einem Wochenende gehabt hatte; solche Stunden hatten ihn sehr befriedigt und ihm seine Spannungen, wie zu erwarten, immer beträchtlich erleichtert; echte analytische Arbeit konnte jedoch in diesen Stunden nur selten geleistet werden.

Nehmen wir einmal an, daß ihm seine Bitte als ein neues Zeichen seines unersättlichen Verlangens gedeutet und aus diesem Grunde abgelehnt würde. Sogar wenn der Patient die Deutung annimmt, wird er sich um so elender fühlen, weil er seinen guten, geduldigen Analytiker wieder einmal unnötig geplagt hat. Wenn der Patient die Deutung nicht annimmt, wird er den Analytiker als unfreundlich und grausam erleben, und die Spannung in der Therapie wird sich erhöhen. Es ist ebenso fraglich, ob die Situation erträglicher würde, wenn der Analytiker das Verlangen als Widerstand oder als Übertragung von Aggressivität oder Haß aus der Kindheit deuten würde.

Erfüllt er jedoch die Bitte um eine Extrastunde, die er als Symptom der Wiederholung einer frühen Versagung deuten mag, die durch die Gier des Kindes herbeigeführt wurde oder durch welche Gier und Neid erst erweckt wurden, dann macht er sich zum omnipotenten Objekt und zwingt seinen Patienten in eine oknophile Beziehung hinein.

Was ich selbst in diesem Fall zu tun versuchte, war, zunächst einmal die Qual des Patienten anzuerkennen und zu akzeptieren, damit er fühlen konnte, ich stünde auf seiner Seite; dann zu gestehen, ich hätte nicht das Gefühl, daß eine Extrastunde, die ich ihm geben würde, ausreichen könnte, um ihm das zu geben, was er im Augenblick erwartete und dessen er vielleicht sogar bedurfte; zudem würde ihn das klein und schwach machen, während der Analytiker groß und mächtig erscheinen würde, was beides nicht wünschenswert sei. Aus allen diesen Gründen gab ich also der Bitte nicht Raum. Der Patient ging sehr unzufrieden davon.

Bei der Wahl meiner Antwort hatte ich zwei Ziele im Auge. Einerseits versuchte ich, die Entwicklung einer nicht wünschbaren Beziehung zu verhindern, etwa das Verhältnis zwischen einer strengen, überlegenen, alles besser wissenden Autoritätsfigur und einem enttäuschten Menschen, oder auch das Verhältnis zwischen einem Schwachen, Stützungsbedürftigen und einer wohlwollenden, großzügigen Autorität, was alles zur Vermehrung der Ungleichheit zwischen Subjekt und mächtigem Objekt hätte führen müssen. Statt dessen versuchte ich eine Beziehung zu schaffen, in welcher keiner von uns beiden allmächtig war, jeder seine Grenzen zugab, in der Hoffnung, daß auf diese Weise eine fruchtbare Zusammenarbeit zwischen zwei Menschen zustande kommen könnte, die nicht von Grund auf verschieden an Bedeutung, Gewicht und Macht sind.

Am selben Abend rief mich der Patient an. Ich muß vorausschicken, daß er das sehr selten tat, wohl nicht öfter als einmal im Jahr in einem besonderen Notfall. Diesmal rief er mich nach 8 Uhr abends an. Er konnte am Telefon kaum sprechen, stammelte lange Zeit Undeutliches, konnte aber schließlich sagen, daß er mich habe anrufen müssen – er müsse mir sagen, daß er dem Weinen nahe sei – weiter nichts – er wolle nichts von mir, auch keine Extrastunde – aber er habe mir sagen müssen, wie ihm zumute sei.

Diese Episode zeigt, wie die Reaktion des Analytikers einen Vorgang, der anfangs in Richtung eines »Verlangens« nach Befriedigung, d. h. einer möglicherweise bösartigen Entwicklung ging, in eine gutartige verwandelte, d. h. in eine Regression, zu dem Zwekke, erkannt zu werden. Das geschah dadurch, daß der Analytiker vermied, auch den Anschein von Allwissenheit und Allmacht zu erwecken; andererseits hatte er seine Bereitwilligkeit fühlen lassen, die Rolle des primären Objekts zu übernehmen, dessen Hauptfunktion darin besteht, den Patient zu verstehen und für ihn dazusein.

Die unmittelbare Wirkung dieses Vorfalls war eine erhebliche Lösung der Spannung, der Patient verlebte ein verhältnismäßig gutes Wochenende und konnte danach für längere Zeit Kontakt halten und mitarbeiten. Ich möchte sogar behaupten, daß der Vorgang eine Besserung der Atmosphäre in der analytischen Situation einleitete oder festigte, in welcher es dann möglich war, einen beträchtlichen Fortschritt zu erzielen.

## 25. Kapitel
## Der unaufdringliche Analytiker

Am Schluß von Kapitel 22 stellten wir fest, daß es zwei Formen von Regression gibt, aber wir ließen die Frage der Behandlungstechnik offen. Was kann der Analytiker tun, um, soweit menschenmöglich, jegliches Risiko einer malignen Regression auszuschließen und die Entwicklung der gutartigen Form der Regression zu sichern? Die Erörterung im vorstehenden Kapitel ergab einige allgemeine Richtlinien hierfür. Je mehr die Technik und das Verhalten des Analytikers auf Allwissenheit und Allmacht hindeuten, um so größer ist die Gefahr einer malignen Form der Regression. Andererseits sind die Chancen einer gutartigen Form um so besser, je mehr der Analytiker die Ungleichheit zwischen seinem Patienten und sich selbst verringern kann, je weniger er sich dem Patienten aufdrängt und je einfacher er sich gibt.

Damit sind wir bei einem der wichtigsten Probleme der modernen analytischen Technik angelangt, nämlich in welchem Maße die beiden therapeutischen Mittel – Deutung und Objektbeziehung – im jeweiligen Fall angewendet werden sollen; wann, in welcher Proportion und in welcher Reihenfolge soll man sie verwenden? Diese Probleme sind in jedem Falle wichtig, sind aber besonders akut in der Behandlung des regredierten Patienten, wenn die Arbeit zum Bereich der Grundstörung vorgedrungen ist. Da, wie wir sahen, der Nutzen, den Worte in diesem Bereich haben, nur begrenzt und unsicher ist, scheint die Objektbeziehung während dieser Zeitspanne der wichtigere und zuverlässigere Faktor zu sein; sobald aber der Patient aus seiner Regression aufgetaucht ist, tritt die Deutung wieder in ihr Recht.

Es erhebt sich nun die Frage, welche Technik der Analytiker zur Verfügung hat, um diejenige Objektbeziehung zu schaffen, die seiner Meinung nach für den betreffenden Patienten am geeignetsten ist, oder anders ausgedrückt, die den besten therapeutischen Erfolg verspricht. Der erste Analytiker, der recht systematisch mit solchen Effekten experimentierte, war Ferenczi. Von daher gesehen, waren seine »aktive Technik« und sein »Relaxationsprinzip« gewollte Versuche, Objektbeziehungen zu schaffen, die seiner Meinung nach für die Bedürfnisse mancher Patienten geeigneter waren als die von Freud empfohlene klassische analytische Situation. Ferenczi erkannte ziemlich bald, daß er versuchen könnte, was er wollte: das Ergebnis war, daß seine Patienten immer abhängiger von ihm wurden, beziehungsweise daß er immer wichtiger für sie wurde. Andererseits konnte er nicht erkennen, warum das so war. Heute können wir sagen, daß seine Technik die Ungleichheit zwischen dem Patienten und ihm, statt sie zu verringern, nur immer vermehrte, bis die Patienten ihn als wahrhaft allwissend und übermächtig empfanden.

Schon ziemlich früh in meiner beruflichen Laufbahn merkte ich, daß die Einhaltung der Parameter der klassischen Technik eine strenge Auswahl der Patienten voraussetzte. In meinem Anfänger-Enthusiasmus schien mir das unannehmbar, und unter Ferenczis Einfluß begann ich, mit nichtverbaler Kommunikation zu experimentieren. Von 1932 an berichtete ich in mehreren Arbeiten von meinen Experimenten und deren Resultaten, von denen die meisten in meinem Buch ›Urformen der Liebe‹ (M. Balint, 1952) abgedruckt sind. Natürlich haben sich meine Technik und mein Denken im Laufe der Jahre erheblich gewandelt. Obwohl ich mir völlig klar darüber bin, daß auch meine gegenwärtigen Vorstellungen noch keineswegs endgültig sind, haben sie doch wieder einmal ein Stadium erreicht, in welchem ich sie »organisieren«, d.h. in so konkreter Form ausdrücken kann, daß sie diskutiert und vor allem kritisiert werden können.

In meinen Bemühungen, die erwähnten Schwierigkeiten zu überwinden, habe ich nun einige Jahre lang mit einer Technik experimentiert, die es dem Patienten erlaubt, eine Zweier-Beziehung zu erleben, die nicht in Worten ausgesprochen werden kann und auch nicht ausgesprochen zu werden braucht, ja vielleicht nicht einmal ausgesprochen werden darf, die vielmehr gelegentlich nur durch das ausgedrückt wird, was man »agieren« in der analytischen Situation nennt. Ich beeile mich hinzuzufügen, daß alle nichtverbalen Mitteilungen und das Agieren natürlich durchgearbeitet werden, nachdem der Patient aus der Regression wieder aufgetaucht und auf die ödipale Ebene zurückgelangt ist – aber eben erst dann und nicht eher.

Ich rekapituliere die verschiedenen Gedankengänge, die mich bei diesen Experimenten leiteten. Bei vielen Gelegenheiten fand ich zu meiner Bestürzung und Verzweiflung, daß Worte aufgehört hatten, zuverlässige Kommunikationsmittel zu sein, wenn die analytische Arbeit zu Bereichen unterhalb des ödipalen Niveaus vorgedrungen war. Der Analytiker versucht aus allen Kräften, seine Deutungen klar und eindeutig zu machen, aber der Patient bringt es fertig, sie als etwas ganz anderes zu empfinden, als was beabsichtigt war. Auf dieser Ebene erweisen sich Erklärungen, Argumente, bessere oder erweiterte Fassungen der Deutung als vergeblich, der Analytiker muß die bittere Tatsache hinnehmen, daß seine Worte auf dieser Ebene, statt die Situation zu klären, sehr oft mißverstanden, mißdeutet werden und die Sprachverwirrung zwischen ihm und dem Patienten dauernd vermehren.

Diese klinische Beobachtung ist so wichtig für meinen Gedankengang, daß ich ihn noch aus einem anderen Blickwinkel betrachten will. Die Worte hören in solchen Perioden auch auf, Vehikel für freie Assoziationen zu sein; sie werden leblos, repetitiv und stereotyp. Sie klingen wie alte, abgespielte Grammophonplatten, bei denen die Nadel immer in derselben Rille läuft. Das gilt übrigens oft auch für die Deutungen des Analytikers; auch sie scheinen während dieser Perioden endlos das gleiche zu wiederholen. Der Analytiker entdeckt zu seiner Verzweiflung und Bekümmerung, daß es zur Zeit gar keinen Zweck hat, weiterhin die verbalen Mitteilungen des Patienten deuten zu wollen. Auf der ödipalen und sogar auf manchen der sogenannten »prä-ödipalen« Ebenen erreicht eine richtige Deutung, die einen verdrängten Konflikt bewußt macht und damit einen Widerstand oder eine Abspaltung aufhebt, daß die freien Assoziationen des Patienten wieder in Fluß kommen. Auf der Ebene der Grundstörung tritt das nicht immer ein. Die Deutung wird entweder als eine Störung, eine Grausamkeit, eine ungerechtfertigte Forderung oder Einmischung empfunden, oder sie wird als so leblos, so regelrecht tot erlebt, daß sie überhaupt keine Wirkung hat.

Ein anderer Gedankengang ergab sich bei der Aufdeckung des oknophilen Trends in unserer Technik, über den ich in den vorstehenden Kapiteln (und in meinem Buch ›Angstlust und Regression‹, 1959, Kapitel XII) bereits gesprochen habe. Gegenwärtig ist der Analytiker gehalten, alles, was in der analytischen Situation geschieht, immer und sogar in erster Linie im Hinblick auf die Übertragung, d.h. eine Objektbeziehung, zu deuten. Diese sonst sinnvolle und leistungsfähige Technik bedeutet aber außerdem, daß wir uns unseren Patienten ständig als Objekte anbieten, an die sie sich anklammern können, und daß wir alles, was im Patienten dem Anklammern widerstrebt, als Widerstand, Aggressivität, Narzißmus, Empfindlichkeit, paranoide Angst, Kastrationsfurcht usw. deuten. Dadurch wird eine hochgradig ambivalente, gespannte Atmosphäre geschaffen; der Patient kämpft um seine Unabhängigkeit, findet seinen Weg jedoch an jedem Punkt durch oknophile »Übertragungs«-Deutungen blockiert.

Ein dritter Gedankengang hängt mit meinen Beobachtungen an »schweigenden Patienten« zusammen. Schweigen kann, wie zunehmend erkannt wird, viele Bedeutungen haben, deren jede eine andere technische Handhabung erfordert. Es kann trostlose, fürchterliche Leere bedeuten, allem Leben und Wachstum feindlich, aus welchem der Patient unbedingt und so schnell wie möglich herausgeholt werden muß; es kann auch eine freundliche, anregende Weite bedeuten, die den Patienten einlädt, abenteuerliche Fahrten in das unerforschte Land seiner Phantasie zu unternehmen; in diesem Falle wäre eine oknophile Übertragungsdeutung ganz und gar nicht angebracht und würde nur störend wirken. Das Schweigen kann auch ein Versuch sein, die harmonische Verschränkung der primären Liebe wiederherzustellen, die zwischen dem Individuum und seiner Umwelt herrschte, bevor noch Objekte auftauchten, und in diesem Falle ist jegliches Eingreifen, sei es durch Deutung, sei es durch sonstige Maßnahmen, kontraindiziert, da die Harmonie zerstört wäre, sobald Forderungen an den Patienten gestellt würden.

Ein letzter Gedankengang ist mit meinen Vorstellungen über den Bereich der Kreativität verknüpft, dem seelischen Bereich, in welchem es überhaupt kein organisiertes äußeres Objekt gibt; jegliches Aufdrängen eines solchen Objekts durch Aufmerksamkeit heischende Deutungen zerstört unvermeidlich für den Patienten die Möglichkeit, etwas aus sich selbst heraus zu erschaffen.

Es wurde bereits im 5. Kapitel erörtert, daß in diesem Bereich die Objekte noch unorganisiert sind; der Schaffensprozeß, der zu ihrer Organisierung führt, braucht vor allem Zeit. Diese Zeit kann kurz, aber auch sehr lang sein; aber die Dauer kann von außen nicht beeinflußt werden. Fast mit Sicherheit gilt das gleiche auch von den Schöpfungen unserer Patienten aus ihrem Unbewußten. Das mag einer der Gründe sein, warum die normalen Deutungen des Analytikers von dem auf diesen Bereich regredierten Patienten als unannehmbar empfunden werden. Deutungen sind ja ganze, »organisierte« Gedanken oder Objekte, deren Interaktionen mit den nebelhaften, traumähnlichen, noch »unorganisierten« Inhalten dieses Bereichs der Kreativität entweder alles zerstören oder zu einer unnatürlichen, frühreifen Organisation führen würden.

Von außen gesehen, ist das Subjekt aller dieser so unterschiedlichen Zustände ein schweigender Patient, der sich scheinbar von der normalen analytischen Arbeit zurückgezogen hat, der »agiert«, statt zu assoziieren, oder möglicherweise sogar wiederholt, statt zu erinnern; und letztlich kann er auch beschrieben werden als auf irgendwelches primitive Verhalten regredierend, statt die Grundregel zu befolgen. Alle diese Beschreibungen – Rückzug, Agieren, Wiederholung, Regression – sind korrekt, aber unvollständig, und das kann zu falschen technischen Maßnahmen führen.

So war die Technik, die ich bei auf die Ebene der Grundstörung oder der Kreativität regredierten Patienten im allgemeinen für brauchbar befand, folgende: Ich ließ der Regression zunächst freien Lauf, ohne irgendwelche gewaltsamen Versuche zu machen, mit Deutungen einzugreifen. Die Dauer dieses Zustandes mochte nur wenige Minuten umfassen, konnte aber ebensogut sich über mehrere Sitzungen erstrecken. Wie ich schon mehrmals erwähnte, sind Worte in diesen Perioden ohnehin keine zuverlässigen Kommunikationsmittel mehr, sie sind leblos, repetitiv und stereotyp geworden und scheinen nicht das zu meinen, was sie sagen. Auch in diesem Fall gilt der bewährte Rat: Die Aufgabe des Analytikers besteht darin, zu verstehen, was hinter den Worten des Patienten liegt; das Problem ist nur, wie dem regredierten Patienten dieses Verstehen vermittelt werden kann. Auf diese Frage würde meine Antwort lauten: Dadurch, daß wir vorbehaltlos die Tatsache annehmen, daß Worte nicht mehr zuverlässig sind, und daß wir vorübergehend ehrlich jeden Versuch unterlassen, den Patienten auf die verbale Ebene zurückzuzwingen. Das bedeutet, daß wir es auch unterlassen müssen, das Material, das der Patient produziert, zu »organisieren« – es ist ohnehin kein »richtiges« Material –, und daß wir es in seiner inkohärenten, sinnlosen, unorganisierten Form belassen, bis der Patient auf die ödipale Ebene der konvenierten Sprache zurückgekehrt und imstande ist, dem Analytiker den Schlüssel zum Verständnis seiner Produktionen in die Hand zu geben.

Mit anderen Worten, der Analytiker muß die Regression akzeptieren. Dazu muß er eine Umwelt, ein Klima schaffen, in dem er und sein Patient die Regression in gemeinsamem Erleben tolerieren können. Das ist wesentlich, weil in diesen Zuständen jeder äußere Druck die ohnehin starke Tendenz des Patienten verstärkt, ungleichgewichtige Beziehungen zwischen sich und seinen Objekten zu entwickeln, wodurch seine Regressionsneigung auf unabsehbare Zeit verlängert würde.

Ich möchte das soeben Gesagte illustrieren, indem ich auf die schon im 21. Kapitel erwähnte Episode aus einer Analyse zurückkomme; der Patient war damals seit zwei Jahren in Behandlung. Der Patient schwieg von Beginn der Sitzung an über eine halbe Stunde lang; der Analytiker akzeptierte sein Schweigen, stellte sich vor, was vermutlich im Patienten vorging, wartete ohne jeglichen Versuch des Eingreifens ab; er fühlte sich dabei nicht einmal unbehaglich oder unter einem Druck, etwas tun zu sollen. Ich muß hinzufügen, daß in dieser Behandlung Schweigepausen schon vordem mehrmals eingetreten waren und Patient und Analytiker daher einige Übung darin hatten, sie zu tolerieren. Schließlich brach der Patient das Schweigen, indem er erleichtert zu schluchzen begann; bald darauf war er imstande zu sprechen. Er sagte, es sei ihm endlich einmal gelungen, zu sich selber zu kommen; seit seiner Kindheit habe man ihn niemals allein gelassen, immer sei jemand dagewesen, der ihm sagte, was er zu tun habe. Einige Stunden später berichtete er, daß ihm während der Schweigepause alle möglichen Assoziationen durch den Kopf geschossen seien, er habe sie aber als unwesentliche Störungen abgewiesen.

Natürlich hätte man das Schweigen leicht als Widerstand, als Rückzug, als Zeichen von Verfolgungsangst, als Unfähigkeit, mit depressiven Ängsten fertig zu werden, als Symptom des Wiederholungszwangs usw. deuten können; da der Analytiker den Patienten recht gut kannte, hätte er auch das eine oder andere Thema erraten und deuten können, das in den Assoziationen des Patienten aufgetaucht war, desgleichen auch die Gründe, warum der Patient das Gefühl hatte, diese oder jene Assoziation zurückweisen zu müssen. Dies alles wären in jeder Hinsicht richtige Deutungen gewesen – außer in der einen, daß sie das Schweigen zerstört hätten und der Patient dann nicht »zu sich selber gekommen« wäre, jedenfalls nicht bei dieser Gelegenheit. Jede, auch die korrekteste Deutung, hat ja immer eine ungewollte Nebenwirkung. In diesem Fall hätte sie unvermeidlich den Wiederholungszwang des Patienten verstärkt, denn es wäre ja wieder jemand dagewesen, der ihm sagte, was er fühlen, denken, tun sollte.

Ferner ereignete sich alles dies in einer exklusiven Zweier-Beziehung; das dynamische Problem, um das es ging, hatte nicht die Struktur eines Konflikts, für den es eine Lösung zu finden galt. Die Situation erforderte etwas mehr Geschicklichkeit vom Analytiker als, sagen wir, das Verstehen verbaler Assoziationen; auch wenn er die richtige Antwort auf das Schweigen fand, riskierte der Analytiker, Erwartungen im Patienten zu erwecken, daß dies immer so sein würde, was möglicherweise zu suchtartigen Zuständen führen könnte. Ein weiteres Risiko war, daß der Patient den Eindruck erhalten könnte, er habe einen unerhört weisen und mächtigen Analytiker, der die unausgesprochenen Gedanken des Patienten lesen und richtig beantworten könne, das Risiko also, omnipotent zu erscheinen. Schließlich sind Worte in dieser Situation keine zuverlässigen Kommunikationsmittel mehr, so daß eine verbale Deutung den Patienten verfrüht in den ödipalen Bereich zurückdrängt und nur neue Hindernisse für die therapeutische Arbeit geschaffen hätte, statt diese abzubauen. Natürlich sind das alles charakteristische Anzeichen dafür, daß die analytische Arbeit den Bereich der Grundstörung erreicht hat.

Solange der Patient auf diese Ebene regrediert ist, kann die geeignete Technik nur darin bestehen, das »Agieren« in der analytischen Situation als Kommunikationsmittel zuzulassen und keinen Versuch zu unternehmen, es schleunigst durch Deutungen zu »organisieren«. Das bedeutet jedoch keinesfalls, daß in solchen Zeitabschnitten die Rolle des Analytikers unbedeutend oder rein auf sympathisierende Passivität beschränkt sei. Im Gegenteil, seine Gegenwart ist überaus wichtig. Nicht nur muß der Patient fühlen, daß der Analytiker da ist, sondern auch, daß er im richtigen Abstand da ist – nicht so weit entfernt, daß der Patient sich verloren oder verlassen fühlen muß, noch so nah, daß er sich bedrängt und unfrei fühlt – also in genau dem Abstand, der dem augenblicklichen Bedürfnis des Patienten entspricht. Der Analytiker muß also, allgemein gesprochen, wissen, welches die Bedürfnisse des Patienten sind, warum sie gerade so sind und warum sie fluktuieren und sich wandeln.

Von einem anderen Blickwinkel aus betrachtet, besteht das technische Problem darin, wie man dem Patienten »etwas« anbieten kann, das als Primärobjekt oder wenigstens als geeigneter Ersatz für ein solches dienen kann – mit anderen Worten, auf welches er seine primäre Liebe projizieren kann.

Soll dieses »etwas« a) der Analytiker selber sein (der Analytiker, der es unternimmt, die Regression zu »managen«) oder b) die therapeutische Situation? Da ist es die Frage, wer oder was geeigneter ist, jene Harmonie mit dem Patienten herzustellen, so daß nur das Minimum an Interessenkollision zwischen ihm und seinem gegenwärtig erreichbaren Objekt entsteht. Insgesamt gesehen ist es sicherer, wenn der Patient die therapeutische Situation als einen solchen Ersatz akzeptieren kann, wenn aus keinem anderen Grunde so deswegen, weil dadurch das Risiko, daß der Analytiker zu einem überaus wichtigen, allwissenden und allmächtigen Objekt für den Patienten wird, sich verringert.

Dieses Sich-als-»primäres-Objekt«-Darbieten ist natürlich nicht gleichbedeutend mit dem Geben primärer Liebe; auch die Mutter *gibt* dem Kind keine primäre Liebe; vielmehr verhält sie sich wie ein primäres Objekt, d.h., sie läßt sich als Primärobjekt mit primärer Liebe besetzen. Dieser Unterschied zwischen dem Geben primärer Liebe und dem sich mit primärer Liebe Besetzen-Lassen dürfte für unsere Technik von fundamentaler Bedeutung sein, und zwar nicht nur für die Technik mit regredierten Patienten, sondern auch in manchen schwierigen Behandlungssituationen.

Ich möchte diese Rolle noch von einer anderen Seite her beschreiben, d.h. mit wieder anderen »Worten«: Der Analytiker muß während dieser Perioden als derjenige funktionieren, der für den Patienten Zeit und ein Milieu bereithält. Das soll nicht heißen, daß er die Verpflichtung habe, den Patienten für seine früheren Entbehrungen zu entschädigen und ihm mehr Fürsorge, Liebe, Zuneigung zu geben, als seine Eltern ihm ursprünglich gaben (selbst wenn er das versuchen wollte, müßte er mit großer Wahrscheinlichkeit scheitern). Was der Analytiker bereithalten muß, und zwar nach Möglichkeit nur während der regulären Behandlungsstunden, ist Zeit, die frei ist von äußeren Versuchungen, Reizen und Forderungen, einschließlich solcher, die vom Analytiker selber ausgehen. Das Ziel besteht darin, dem Patienten zu ermöglichen, daß er zu sich selber finden, sich selber annehmen, mit sich zurechtkommen kann, obwohl er weiß, daß er eine Narbe in sich trägt, seine Grundstörung nämlich, die aus seinem Leben nicht »weganalysiert« werden kann. Darüber hinaus muß man ihn *seinen eigenen Weg* zur Welt der Objekte finden lassen – ihm nicht den »rechten« Weg durch noch so tiefe und korrekte Deutungen weisen wollen. Wenn dies alles geschehen kann, wird der Patient nicht das Gefühl haben, daß die Objekte auf ihn eindringen und ihn bedrängen wollen. In diesem Ausmaß allein sollte der Analytiker dem Patienten eine bessere, verständnisvollere Umwelt bereiten, nicht jedoch in Form von mehr Fürsorge, Liebe, Beachtung, Befriedigung oder Schutz.

Vielleicht sollte man hervorheben, daß Erwägungen dieser Art als Kriterien dienen können, welches »Verlangen« oder »Bedürfnis« man befriedigen, welches andere man zwar erkennen, aber unbefriedigt lassen muß.

Das Leitprinzip während dieser Perioden besteht darin, alle nicht unbedingt notwendigen Eingriffe zu unterlassen; besonders Deutungen sollten ganz genau geprüft werden, da sie fast immer als unbegründete Forderung, als Angriff, Kritik, Verführung oder Stimulierung empfunden werden. Eine Deutung sollte nur dann gegeben werden, wenn der Analytiker ganz sicher ist, daß der Patient sie *braucht*, daß er eher das Ausbleiben der Deutung als unbegründete Forderung oder Stimulierung empfinden würde. Unter diesem Aspekt kann vielleicht auch die Gefahr dessen, was ich oknophile Deutungen nannte, deutlicher gesehen werden. Obwohl der Patient eine Umwelt, eine Welt der Objekte braucht, dürfen diese Objekte – in erster Linie der Analytiker – nicht als fordernd, eingreifend, eindringend empfunden werden, da dies die alte, bedrückende Ungleichheit zwischen Subjekt und Objekt nur verstärken würde.

Ich hoffe, daß diese klinische Beschreibung dem Leser helfen kann zu verstehen, warum so viele Analytiker ebenso viele verschiedene Ausdrücke benutzen, um dieselbe Sache zu beschreiben. Einige dieser Ausdrücke wurden schon am Schluß von Kapitel 24 aufgezählt. Alle haben folgende Züge gemeinsam: die Feststellung, daß kein bedrückendes oder forderndes Objekt da sein darf, daß die Umwelt still, friedlich, sicher und unaufdringlich sein muß, daß sie aber vorhanden und dem Subjekt günstig gestimmt sein muß; das Subjekt seinerseits jedoch darf in keiner Weise verpflichtet sein, sie zu beachten, anzuerkennen, sich um sie zu sorgen. So sind diese gemeinsamen Züge zweifellos echte Kennzeichen dessen, was ich primäre Objekte oder Ursubstanzen genannt habe.

Diese Art von Objekt oder Umwelt bereitzuhalten, ist gewiß ein bedeutender Teil der therapeutischen Aufgabe. Natürlich ist es dennoch nur ein Teil und nicht die ganze Aufgabe. Neben einem »bedürfniserkennenden« und vielleicht sogar »bedürfnisbefriedigenden« Objekt muß der Analytiker ja auch ein »bedürfnisverstehendes« Objekt sein, das darüber hinaus auch noch imstande sein muß, dieses Verständnis dem Patienten mitzuteilen.

## 26. Kapitel
## Überbrückung der Kluft

Im 14. Kapitel sprach ich von der tiefen Kluft, die »das Kind im Patienten« von seinem erwachsenen Analytiker trennt, und behauptete, daß der auf die Ebene der Grundstörung regredierte Patient von sich aus in der Regel unfähig ist, diese Kluft zu überbrücken. Ich stellte die Frage, welcher Teil der Annäherung vom Analytiker übernommen werden könnte und welcher dem Patienten überlassen bleiben muß. Die erste Antwort auf die Frage, wie man die Kluft überbrücken kann, ist die Standardantwort: Der Analytiker muß verstehen, was der Patient eigentlich von ihm braucht. Dieses Verstehen muß, ja darf dem regredierten Patienten zu bestimmten Zeiten nicht durch Deutungen mitgeteilt werden, sondern dadurch, daß der Analytiker die Atmosphäre schafft, die der Patient braucht. Das umfaßt Toleranz und Respekt für das »Agieren« des Patienten in der Analyse; vor allem darf man ihn nicht drängen, zu früh die nicht-verbalen Ausdrucksformen in verbale, ödipale umzusetzen. Im vorigen Kapitel habe ich versucht zusammenzufassen, was meiner Meinung nach der Analytiker tun kann. Wenn meine Vorstellungen sich als richtig erweisen, könnten sie auch manche der Rückschläge erklären, die unvermeidlich eintreten, wenn der Analytiker, vom Leiden seines Patienten verführt, mehr zu tun versucht.

Bei der Behandlung dieser Zustände muß der Analytiker vor allem bedenken, daß es im großen ganzen nicht ratsam ist, durch scharfgezielte, korrekte Deutungen in die Abwehrfront eindringen oder die Spaltung rückgängig machen zu wollen, da das beim regredierten Patienten das Gefühl erweckt, als glaube er nicht an den Ernst und die Berechtigung seiner Leiden, Klagen und Anklagen. Vielmehr sollte der Analytiker alle Klagen und Vorwürfe aufrichtig als real und wahr akzeptieren und dem Patienten viel Zeit lassen, seine heftigen Vorwürfe in Bedauern zu verwandeln. Dieser Prozeß darf nicht durch Deutungen vorangetrieben werden, und seien sie noch so korrekt, weil sie nur als unberechtigte Eingriffe, als Versuch zur Abwertung der Klagen empfunden werden, was den therapeutischen Prozeß verlangsamt, statt ihn zu beschleunigen.

Freilich scheinen manche Patienten das Gefühl zu haben, daß das Leben ohne ihre Anklagen und ihren Haß oder – anders ausgedrückt – ohne volle Kompensation für all ihr Leid und den damit verbundenen Haß nicht lebenswert sei. Jede Deutung, die neues Licht auf die betreffende Stelle zu werfen versucht, wird als Abwertung ihrer berechtigten Klagen empfunden, ja, als Drohung, ihnen ihre Daseinsberechtigung zu entziehen, da sie wirklich das Gefühl haben, es bliebe ihnen dann gar nichts mehr, wofür es sich zu leben lohnte.

Etwa dasselbe gilt auch für die sogenannten Verfolgungsängste. Auch sie können nicht mit Erfolg analysiert werden, wenn man dem Patienten nicht das Gefühl gibt, daß der Analytiker ganz auf seiner Seite steht und die Berechtigung für seine Klagen uneingeschränkt anerkennt. Zugleich muß der Analytiker dem Patienten ausreichend Zeit – in manchen Fällen sogar sehr viel Zeit – für seine heftige Aggressivität lassen, auf die schließlich Trauer und Bedauern über das ursprüngliche Versagen oder Trauma und die durch sie verursachten Verluste folgen.

Falls der Analytiker imstande ist, möglichst viele dieser Anforderungen aufrichtig und rückhaltlos zu erfüllen, kann sich eine neue Beziehung entwickeln, die es dem Patienten ermöglicht, eine Art von Bedauern oder Trauer über den ursprünglichen Defekt und Verlust zu empfinden, die zu der Störung oder Wunde in seiner seelischen Struktur führten. Diese Trauer unterscheidet sich grundsätzlich von derjenigen, die beim realen Verlust eines geliebten Menschen oder bei Beschädigung oder Zerstörung eines inneren Objekts eintritt und für die Melancholie charakteristisch ist. Das Bedauern oder die Trauer, von der ich hier spreche, gilt der nicht rückgängig zu machenden Tatsache eines Defekts oder einer Störung im Patienten selbst, die in der Tat einen Schatten über sein ganzes Leben geworfen haben und deren unglückliche Folgen niemals voll wiedergutgemacht werden können. Wohl mag der Schaden ausheilen, aber es wird immer eine Narbe bleiben, d.h., ein Rest dieser Folgen wird immer erkennbar sein[1].

[1] Wie schon in meiner Arbeit ›New Beginning and the Paranoid and Depressive Syndromes‹ (1952) beschrieben, ist diese Trauer mit dem Aufgeben eines narzißtischen Selbstbildes verbunden, das sich vielleicht ursprünglich als Überkompensation der Grundstörung gebildet hatte. Eine ähnliche Überkompensation versteckt sich möglicherweise auch hinter der Meinung, daß eine voll abgeschlossene analytische Kur den Patienten befähigen werde, nie mehr auf unnötige Hemmungen oder Verdrängungen ausweichen zu müssen. Dieses idealisierte Bild bedeutet, daß nach einer regelrecht abgeschlossenen Analyse der Patient keine Charakterfehler mehr haben dürfte. Vielleicht ist es möglich, diesem Ideal auf ödipalem Niveau mehr oder weniger nahezukommen, aber es ist unrealistisch, dasselbe auf dem Niveau der Grundstörung zu erwarten. Die Grundstörung kann nicht behoben, aufgelöst oder ungeschehen gemacht werden; sie kann vielleicht unter Narbenbildung abheilen, was bedeutet, daß ihr ehemaliges Vorhandensein doch immer erkennbar bleiben wird. Der hier besprochene Trauerprozeß betrifft die endgültige Aufgabe der Hoffnung, jemals das makellose Selbstideal zu erreichen. Eine erfolgreiche Behandlung muß die Hinnahme der Tatsache umschließen, daß eine Grundstörung vorhanden war und daß man sich der Gegebenheit in realistischer Weise anpassen muß.

Dieser Trauerperiode muß man ungehindert ihren Lauf lassen, obwohl sie bei manchen Patienten zum Verzweifeln lange dauern kann. Zwar kann man den Prozeß nicht beschleunigen, aber es ist höchst wichtig, daß der Analytiker ihm als Zeuge beiwohnt. Da er zum Bereich der Grundstörung gehört, ist es anscheinend unmöglich, ihn allein durchzustehen; er kann nur im Rahmen einer Zweier-Beziehung wie etwa der analytischen Situation vor sich gehen. Wenn der Analytiker dem Patienten eine ausreichende, ungedrängte Zeitspanne für diese Trauer bereitstellen und die dazu nötige primitive Atmosphäre durch seine Toleranz und sein Nichteingreifen aufrechterhalten kann, beginnt der Patient, auf eine etwas andere Weise als zuvor mitzuarbeiten, als sei er nun willens und fähig, seine Position gegenüber seinen Objekten neu zu bewerten und die Möglichkeit zu überprüfen, die oft wenig anziehende und gleichgültige Welt um ihn her dennoch zu akzeptieren.

Die therapeutische Haltung, die hiermit angedeutet ist, unterscheidet sich in ihren einzelnen Zügen nicht wesentlich von derjenigen, die der Analytiker bei Patienten auf ödipalem Niveau einnimmt, und sogar die Themen, an denen gearbeitet wird, sind gewöhnlich die gleichen. Der Unterschied liegt mehr in der Atmosphäre, der Stimmung, und zwar sowohl beim Patienten wie beim Analytiker. Der Analytiker fühlt nicht so sehr das Bedürfnis, alles sogleich »verstehen« zu müssen, und vor allem ist er nicht gedrängt, alles Unerwünschte sogleich durch korrekte Deutungen »organisieren« und ändern zu müssen. Er ist vielmehr toleranter hinsichtlich der Leiden des Patienten und kann sie besser ertragen, d.h., er kann seine Impotenz zugeben, statt sich krampfhaft zu bemühen, die Leiden »wegzuanalysieren«, um seine therapeutische Omnipotenz zu beweisen. Andererseits unterliegt er auch nicht der anderen Versuchung, das Leben des regredierten Patienten voller Mitgefühl zu »managen« und so zu beeinflussen, daß seine Umwelt nicht mehr so unerträglich für ihn ist, denn das wäre eine ebenso omnipotente Reaktion. Er bemüht sich auch nicht, seinem Patienten »korrigierende emotionale Erlebnisse« zu verschaffen, so wie es ein Kliniker bei der Behandlung eines Mangelzustandes tun würde – eine dritte Form omnipotenter Reaktion. Im Gegenteil: Wenn der Analytiker die leiseste Neigung verspürt, auf seinen regredierten Patienten durch omnipotente Reaktionen einzugehen, dann kann er die sichere Diagnose stellen, daß die Arbeit den Bereich der Grundstörung erreicht hat. Ich möchte nachdrücklich darauf aufmerksam machen, daß jede derartige Neigung des Analytikers als ein Symptom der Krankheit des Patienten zu bewerten ist, daß man jedoch keinesfalls handelnd eingreifen sollte. Das ist übrigens leichter gesagt als getan.

Nun noch einige Bemerkungen über das »Befriedigen der Bedürfnisse oder des Verlangens des Patienten«. In der klassischen Technik wird das Verlangen nicht als möglicherweise echtes Bedürfnis anerkannt, auf das man eingehen muß, sondern lediglich als ein Triebwunsch, den man verstehen muß. In einigen modernen Techniken wird empfohlen, daß der Analytiker sich überlegt, ob er nicht doch über das Verstehen hinaus ein Stück des Bedürfnisses des Patienten in der analytischen Situation befriedigen sollte, indem er ihm z. B. erlaubt, etwas davon zu »agieren«.

Hier stehen wir vor mehreren Problemen. Wir müssen fragen, wann eine solche Befriedigung eintreten, welche Art von Befriedigung erlaubt werden und wie sie aussehen sollte.

Beginnen wir mit einem Beispiel aus der Behandlungspraxis. Eine meiner Patientinnen berichtete, daß sie in der Kindheit zu Wutgebrüll neigte, das für sie selber und für die ganze Familie immer ein schreckliches Erlebnis war. Ihre Mutter fand jedoch einen Weg, sie zu beruhigen. Sie nahm die kleine Tochter auf den Arm und drückte sie fest, aber nicht heftig an sich. Die Patientin erinnerte sich, daß sie dieses mitfühlende Festgehaltenwerden als beruhigend und beschützend empfand; es dauerte dann immer nur wenige Minuten, bis sie sich beruhigt hatte. In diesem Fall könnte man das Wutgebrüll als eine Art Forderung und die Beruhigung durch die Mutter als eine Art Reaktion darauf betrachten.

Nehmen wir einmal an, daß etwas Ähnliches auch in der Analyse geschieht. Darf der Analytiker ebensoviel tun wie diese Mutter, und wie sollte das aussehen? Darf er versuchen, seinen Patienten durch Deutungen, durch einen symbolischen Akt oder sogar durch reales Handeln zu befriedigen? In welchen Fällen darf man »das Kind im Patienten« als Kind behandeln, in welchen anderen Fällen als Erwachsenen? Bevor der Leser sich über solche Ansinnen entrüstet, möchte ich daran erinnern, daß in jedem Falle die analytische Situation für den Patienten auch eine Art »Festgehaltenwerden« bedeutet. Schließlich wird er doch aufgefordert, sich auf die Couch zu legen und vor dem Ende der Stunde nicht wieder aufzustehen, was unbedingt als eine Bewegungseinschränkung empfunden werden muß. Um zu unserem Problem zurückzukehren: Man kann die klassische analytische Situation als eine Bewegungsbeschränkung durch eine symbolische Handlung des Analytikers bezeichnen, und ich möchte hinzufügen, daß durch diese symbolische Handlung sich zwischen Analytiker und Patienten eine Beziehung entwickelt, die beiderseits befriedigend ist – freilich nur bis zu einem gewissen Grade.

Darüber hinaus ist das klassische Vorgehen ein überzeugendes Beispiel einer jeglicher Deutung voraufgehenden symbolischen Handlung durch den Analytiker. Indem wir unsere Patienten auffordern, sich auf die Couch zu legen, halten wir sie doch symbolisch fest, noch bevor die Notwendigkeit von Deutungen oder sonstigen Interventionen eingetreten ist. Dieses Beispiel zeigt auch einen anderen wichtigen Aspekt der Befriedigung eines Bedürfnisses durch den Analytiker in der analytischen Situation. Wir wissen, daß es im allgemeinen zwei Arten von Triebbefriedigung gibt. Die erste Gruppe ist zwar an sich befriedigend, wirkt aber auch als weiterer Stimulus, der die Gesamterregung steigert. Ein bekanntes Beispiel hierfür sind die verschiedenen Vorlustmechanismen der Liebe. Die andere Gruppe von Befriedigungen hat einen besänftigenden, beruhigenden Effekt. Sie übt diese Wirkung aus, indem sie irritierende oder erregende Stimuli aus dem Bewußtsein des Patienten entfernt und ihm auf diese Weise zu einem Zustand verhilft, den ich als stilles, ruhiges Wohlbehagen beschrieben und als die beste Grundlage für ein gutes Einvernehmen zwischen dem Individuum und seiner Umwelt bezeichnet habe.

Wenn es erlaubt ist, von diesem Beispiel ausgehend zu verallgemeinern, so kommen wir zu einer weiteren Antwort auf unsere Frage. Die Art der Befriedigung, die mit der analytischen Situation vereinbar ist, ist keine, die auf den Patienten erregend wirkt; im Gegenteil, sie reduziert die Gesamtspannung und führt auf diese Weise zu einem besseren Verständnis zwischen ihm und dem Analytiker. Wenn wir die klassische analytische Anordnung im einzelnen betrachten, finden wir, daß in ihr eine ganze Anzahl solcher Befriedigungen enthalten ist. Um nur einige wenige zu nennen: der ruhige, wohltemperierte Raum, die bequeme Couch, eine neutrale Umgebung, ein Analytiker, der den Patienten nicht unnötig unterbricht, Muße, sich auszusprechen usw. usw. Insgesamt könnte man diese Befriedigungen auch als Betreuung, sogar als eine Art psychologischer Krankenpflege beschreiben.

Offenbar fängt das alles gleich zu Beginn der Analyse an. Zwar sind manche Analytiker der unerschütterlichen Meinung, daß die von Freuds technischen Empfehlungen gesetzten Grenzen für immer und im vollen Umfang bestehen bleiben sollten und daß man keine Technik analytisch nennen dürfe, die darüber hinausgeht. Meines Erachtens ist diese Einstellung zu starr. Ich wiederhole noch einmal, daß der Analytiker in gewissen Fällen, besonders aber bei regredierten Patienten, etwas weitergehen und gewisse Wünsche befriedigen darf, um die therapeutische Beziehung aufrechtzuerhalten.

Einige Bedingungen müssen allerdings eingehalten werden. Erstens darf der Analytiker durch seine Handlungen nicht die Gefahr heraufbeschwören, zum »allwissenden und allmächtigen Objekt« zu werden. Zweitens muß er sicher sein, daß das Resultat der

Befriedigung keine weitere Erhöhung der Erregung beim Patienten auslöst, sondern zur Errichtung des »stillen, ruhigen Wohlbehagens« und zu einem besseren, sichereren Verständnis zwischen ihm und seinem Patienten führt. Ferner muß er zusehen, daß es nicht zur Entwicklung der malignen Form der Regression kommt.

Je mehr man den Eindruck gewinnt, daß die Regression hauptsächlich auf Befriedigung durch ein äußeres Objekt hinzielt, um so mehr muß der Analytiker auf der Hut sein. Besonders wenn die Möglichkeiten des Patienten in der Welt der Objekte nur beschränkt sind, wächst die Gefahr der Herausbildung suchtartiger Zustände.

Dies habe ich als recht wichtiges Kriterium anzusehen gelernt. Es wirkt sich anscheinend in zwei Richtungen aus: Es beeinflußt die Zukunft des Patienten, wirft aber auch Licht auf seine frühere Psychopathologie. Wenn in der äußeren Welt nicht viele zuverlässige gute Objekte vorhanden sind, ist die Gefahr der Entwicklung einer sehr intensiven Übertragung, eventuell einer wahnhaften Übertragung (Margaret Little, 1938, 1961) groß und die Aussicht, das Defizit mit etwas anderem von ähnlicher Bedeutung und Intensität in der äußeren Welt auszugleichen, ziemlich gering. Andererseits bedeutet das Fehlen guter Objekte auch, daß der Patient wegen seiner Neurose nur eine begrenzte Kapazität besitzt, die notwendige »Eroberungsarbeit« (M. Balint, 1947) zu leisten, durch welche ein gleichgültiges Objekt in einen beteiligten Partner verwandelt wird; dies deutet auf eine recht schwere Grundstörung in der seelischen Struktur und dem Charakter des Betreffenden hin.

Wenn jedoch gute äußere Objekte oder sogar Partner vorhanden sind, dann kann der Analytiker schon einiges wagen, wie es im Falle meiner Patientin mit dem Purzelbaum möglich war. Wenn dagegen in der äußeren Welt annehmbare Partner kaum zu finden sind, ist es wirklich besser, Freuds Rat zu befolgen und sich vor dem Verlangen des Patienten zu hüten.

Wenn aber Anzeichen der anderen Art von Regression im klinischen Bild vorwiegen, nämlich einer Regression, die auf Erkanntwerden abzielt, dann sind meiner Meinung nach die Aussichten eher gut. Wohl muß der Analytiker auf eine schwierige Zeit vorbereitet sein, besonders was seine Aufrichtigkeit betrifft. Diese Patienten können es absolut nicht ertragen, wenn ihnen ihr Analytiker nicht die reine, unverfälschte Wahrheit sagt. In der Regel sind sie ohnehin überempfindlich und reagieren mit Schmerz und Rückzug auf jedes Anzeichen von Unaufrichtigkeit, selbst solche, die sich unter der Form der konventionellen guten Manieren verbergen.

Wenn es dem Analytiker gelingt, alle diese lockenden Fallgruben zu vermeiden, wird der Patient, teilweise in Reaktion auf die vermehrte Toleranz des Analytikers, eine sonst nicht sichtbare, ruhige Entschlossenheit zeigen, die Sache durchzustehen, sie sozusagen auf Bewährung hinzunehmen, um sie verstehen oder auch nur einmal richtig ins Auge fassen zu können.

Damit kommt der Patient allmählich aus seiner Regression heraus. Das braucht noch nicht endgültig zu sein, es können sogar noch Rückfälle folgen, aber es ist doch der erste Schritt auf einem langen Weg. Daher ist das, was ich in diesem Teil beschrieben habe, weder das glückliche Ende noch die ganze Geschichte. Es bedeutet jedoch immer die Anknüpfung einer neuen Beziehung zwischen dem Patienten und einem Teil seiner Welt, der ihm bisher durch die von seiner Grundstörung geschaffenen Kluft versperrt war, und infolgedessen ein Schritt zu einer besseren Ich-Integration.

Wie ich soeben sagte, ist das, was ich in diesem Teil zusammengefaßt habe, keineswegs alles. Ich könnte sogar einige fehlende Kapitel aufzählen. Erstens habe ich nichts über die Funktion der Wiederholung, des Agierens in der analytischen Therapie gesagt; mit anderen Worten, ich habe nicht definiert, wann, wie weit und unter welchen Bedingungen die Wiederholung zu einem therapeutischen Agens werden kann.

Ein weiteres Kapitel sollte von den Wegen handeln, die dem Patienten potentiell offenstehen, um seine innere Welt zu ändern, die ja weitgehend seine Beziehungen zu den äußeren Objekten bestimmt. Ein gleichlaufendes Kapitel müßte die technischen Mittel erörtern, die dem Analytiker zur Verfügung stehen, um dem Patienten zu helfen, diese Wandlung zu vollziehen. Und schließlich müßte ein sehr wichtiges Kapitel von den Funktionen der Deutung handeln. Ich meine hier die klassische Deutung in den Perioden *zwischen* den Regressionsepisoden. Das technische Problem, das ich im Sinne habe, besteht darin, wie man die beiden wichtigen Aufgaben vereinen kann, die durch eine und dieselbe Deutung erfüllt werden sollen: erstens eine Atmosphäre, in der gewisse, therapeutisch wichtige Ereignisse stattfinden können, zu schaffen und zu erhalten; zweitens, dem Patienten zu helfen, daß er sich dessen bewußt wird, welche Beiträge er selber und welche der Analytiker zur Schaffung dieser Atmosphäre geleistet hat, wie diese beiden Beiträge einander und das Endresultat bestimmten. Der Leser wird hoffentlich erkennen, daß eine jede Atmosphäre bestimmte Deutungen erleichtert, andere ausschließt; umgekehrt schaffen manche Deutungen eine bestimmte Atmosphäre, während die Vermeidung solcher Deutungen eine gänzlich andere Atmosphäre zuläßt.

# Bibliographie


Alexander, F. (1956): Two Forms of Regression and Their Therapeutic Implications. Psychoanal. Quarterly, 25. Wiederabdruck in: The Scope of Psychoanalysis. New York (Basic Books) 1961

Arlow, J. (1963): Conflict, Regression and Symptom Formation. In. J. Psycho-Anal., 44. – Konflikt, Regression und Symptombildung. Psyche, XVII (1963/1964)

Balint, Enid (1963): On being Empty of Oneself. Int. J. Psycho-Anal., 44, S. 470

Balint, Michael (1932): Character Analysis and New Beginning. – Charakteranalyse und Neubeginn

– (1934): The Final Goal of Psycho-analytic Treatment. – Das Endziel der psychoanalytischen Behandlung

– (1935): Critical Notes on the Theory of the Pregenital Organization of the Libido. – Zur Kritik der Lehre von den prägenitalen Libidoorganisationen

– (1937): Early Developmental States of the Ego. Primary Object-Love. – Frühe Entwicklungsstadien des Ichs. Primäre Objektliebe

– (1948): On Genital Love. – Über genitale Liebe

– (1949): Changing Therapeutical Aims and Techniques in Psycho-Analysis. – Wandlungen der therapeutischen Ziele und Techniken in der Psychoanalyse

– (1951): On Love and Hate. – Über Liebe und Haß. *(Alle Arbeiten stehen in Balint, M., 1952 bzw. 1966)*

– (1952): Primary Love and Psycho-Analytic Technique. 1. Aufl. London (Hogarth Press); New York (Liveright). 2. Aufl. London (Tavistock Publications); New York (Liveright) 1965. – Die Urformen der Liebe und die Technik der Psychoanalyse. Bern und Stuttgart (Huber-Klett) 1966

– (1955): Notes on Parapsychology and Parapsychological Healing. Int. J. Psycho-Anal., 36

– (1956): Pleasure, Object, and Libido. Brit. J. Med. Psychol., 29, S. 162

– (1957): The Doctor, His Patient and the Illness. London (Pitman); New York (International Universities Press) 2. Aufl. 1964. – Der Arzt, sein Patient und die Krankheit. Stuttgart (Klett)

– (1958): The Three Areas of the Mind. Int. J. Psycho-Anal., 39, S. 1. – Psyche, XI (1957/1958)

– (1959): Thrills and Regression, London (Hogarth); New York (International Universities Press). – Angstlust und Regression, Stuttgart (Klett) 1960

– (1960): The Regressed Patient and His Analyst, Psychiatry, 23, S. 231. – Der regredierte Patient und sein Analytiker, Psyche, XV (1962/1963)

Bibring, E. (1963): Versuch einer allgemeinen Theorie der Heilung. Int. Z. f. Psa. 1937, 23, S. 18

– (1954): Psychoanalysis and the Dynamic Psychotherapies. J. Amer. Psychoanal. Ass., II, S. 745

Bion, W. R. (1962): Learning from Experience. London (Heinemann)

– (1963): Elements of Psychoanalysis. London (Heinemann)

Bowlby, J. (1958): The Nature of the Child's Tie to his Mother. Int. J. Psycho-Anal., 39, S. 350. – Über das Wesen der Mutter-Kind-Bindung. Psyche, XIII (1959/1960)
Breuer, J., und S. Freud (1895): Studien über Hysterie. Leipzig, Wien (Deuticke)
Clyne, M. B. (1962): Night Calls. London (Tavistock Publications); Philadelphia (Lippincott). – Anruf bei Nacht. Stuttgart (Klett) 1964
Deutsch, H. (1937): Don Quixote and Don Quixotism. Psychoanal. Quart., 6, S. 215
Doi, Takeo (1962): Amae – A Key Concept for Understanding Japanese Personality Structure. Psychologia (Kioto), 5, 1
– (1963): Some Thoughts on Helplessness and the Desire to be Loved. Psychiatry, 26, S. 266
Eissler, K. (1953): The Effect of the Structure of the Ego on Psychoanalytic Technique. J. Amer. Psychoanal. Ass., I, S. 104
Fenichel, O. (1945): The Psychoanalytical Theory of Neurosis. New York (Norton)
Ferenczi, S. (1919): Technische Schwierigkeiten einer Hysterieanalyse. Bausteine z. Psychoanalyse, Bd. 3
– (1921): Weiterer Ausbau der ›aktiven Technik‹ in der Psychoanalyse. Bausteine z. Psychoanalyse, Bd. 2
– (1924): Über forcierte Phantasien. Bausteine z. Psychoanalyse, Bd. 2
– (1926): Kontraindikationen der aktiven psychoanalytischen Technik. Bausteine z. Psychoanalyse, Bd. 2
– (1924): Versuch einer Genitaltheorie. Leipzig (Int. Psa. Verlag)
– (1928): Die Elastizität der psychoanalytischen Technik. Bausteine z. Psychoanalyse, Bd. 3
– (1930): Relaxationsprinzip und Neokatharsis. Bausteine z. Psychoanalyse, Bd. 3
– (1931): Kinderanalysen mit Erwachsenen. Bausteine z. Psychoanalyse, Bd. 3
– (1932): Sprachverwirrung zwischen den Erwachsenen und dem Kind. Bausteine z. Psychoanalyse, Bd. 3. Auch in Psyche, XXI (1967)
– (1932): Fragmente und Notizen. Bausteine z. Psychoanalyse, Bd. 4. (Bausteine zur Psychoanalyse. Bd. 1–4, Bern-Stuttgart, Huber)
Freud, A. (1936): Das Ich und die Abwehrmechanismen. München (Kindler) 1964
– (1963): Regression as a Principle in Mental Development. Bull. Menninger Clinic, Bd. 27, S. 126
Freud, S. (1894): Die Abwehrneuropsychosen. Ges. W., Bd. I
– (1895): Manuskript H. In: Aus den Anfängen der Psychoanalyse. Frankfurt am Main (S. Fischer)
– (1896): Zur Ätiologie der Hysterie. Ges. W., Bd. I
– (1900): Die Traumdeutung. Ges. W., Bd. II/III
– (1905): Bruchstück einer Hysterie-Analyse. Ges. W., Bd. V
– (1905): Drei Abhandlungen zur Sexualtheorie. Ges. W., Bd. V
– (1907): Der Wahn und die Träume in W. Jensens »Gradiva«. Ges. W., Bd. VII
– (1909): Über Psychoanalyse. Fünf Vorlesungen. Ges. W., Bd. VIII

– (1909): Analyse der Phobie eines fünfjährigen Knaben. Ges. W., Bd. VII
– (1910): Eine Kindheitserinnerung des Leonardo da Vinci. Ges. W., Bd. VIII
– (1911): Psychoanalytische Bemerkungen über einen autobiographisch beschriebenen Fall von Paranoia (Dementia paranoides). Ges. W., Bd. VIII
– (1912): Zur Dynamik der Übertragung. Ges. W., Bd. VIII
– (1913): Totem und Tabu. Ges. W., Bd. IX
– (1914): Zur Einführung des Narzißmus. Ges. W., Bd. X
– (1914): Erinnern, Wiederholen und Durcharbeiten. Ges. W., Bd. X
– (1914): Zur Geschichte der psychoanalytischen Bewegung. Ges. W., Bd. X
– (1915): Bemerkungen über die Übertragungsliebe. Ges. W., Bd. X
– (1916/17): Vorlesungen zur Einführung in die Psychoanalyse. Ges. W., Bd. XI
– (1917): Metapsychologische Ergänzung zur Traumlehre. Ges. W., Bd. X
– (1918): Wege der psychoanalytischen Therapie. Ges. W., Bd. XII
– (1920): Jenseits des Lustprinzips. Ges. W., Bd. XIII
– (1923): »Psychoanalyse« und »Libidotheorie«. Ges. W., Bd. XIII
– (1923): Das Ich und das Es. Ges. W., Bd. XIII
– (1925): Selbstdarstellung. Ges. W., Bd. XIV
– (1926): Hemmung, Symptom und Angst. Ges. W., Bd. XIV
– (1937): Die endliche und die unendliche Analyse. Ges. W., Bd. XVI
– (1940): Abriß der Psychoanalyse. Ges. W., Bd. XVII
Fromm, E. (1963): The Dogma of Christ and Other Essays on Religion, Psychology and Culture. London (Routledge)
Greco, R. S., mit R. A. Pittenger (1966): One Man's Practice. London (Tavistock); Philadelphia (Lippincott). – Ein Hausarzt und seine Praxis. Stuttgart (Klett) 1968
Greenacre, Ph. (1952): Pre-genital Patterning. Int. J. Psycho-Anal., 33, S. 414
– (1953): Trauma, Growth and Personality. London (Hogarth)
– (1960): Regression and Fixation. J. Amer. Psychoanal. Ass. VIII, S. 703
Hartmann, H. (1956): The Ego Concept in Freud's Work. Int. J. Psycho-Anal., 37
Hill, L. B. (1955): Psychotherapeutic Intervention in Schizophrenia. Chicago (University of Chicago Press)
Hoffer, W. (1959): Reconsideration of Freud's Concept ›Primary Narcissism‹, Vortrag vor der British Psycho-Analytical Society, Juni 1959
Jones, E. (1927): The Early Development of Female Sexuality, wiederabgedruckt in: Papers on Psycho-analysis. London (Baillière, Tindall and Cox), 4. Aufl. 1938
– (1953): The Life and Work of Sigmund Freud. 3 Bde., London (Hogarth Press). – Sigmund Freud, Leben und Werk. Frankfurt am Main (S. Fischer)
Kanzer, Mark (1955): The Communicative Function of the Dream. Int. J. Psycho-Anal., 36, S. 261
Khan, M. (1962): Dream Psychology and the Evolution of the Psychoanalytic Situation. Int. J. Psycho-Anal., 43
Klein, M., et al. (1955): New Directions in Psycho-Analysis. London (Tavistock); New York (Basic Books)
Klein, M. (1957): Envy and Gratitude. London (Tavistock); New York (Basic Books), – deutsch in: Das Seelenleben des Kleinkindes. Stuttgart (Klett) 1962

Knapp, P. (1959): Siehe Panel Discussion on Criteria for Analysability
Kris, E. (1935): The Psychology of Caricature, wiederabgedruckt in: Psychoanalytic Explorations in Art. New York (International Universities Press)
– (1952): Psychoanalytic Explorations in Art. New York (International Universities Press)
Lampl-de Groot, J. (1963): Symptom Formation and Character Formation. Int. J. Psycho-Anal., 44, S. 1
Lask, A. (1966): Asthma: Attitude and Milieu. London (Tavistock); Philadelphia (Lippincott)
Lewin, B. D. (1958): Dreams and the Uses of Regression. New York (International Universities Press)
Little, M. (1957): ›R‹. The Analyst's Total Response to his Patient's Needs. Int. J. Psycho-Anal., 38
– (1958): On Delusional Transference. Int. J. Psycho-Anal., 39, S. 134. – Über wahnhafte Übertragung. Psyche, XII (1958/1959)
Loch, W. (1963/64): Regression. Psyche, XVII, S. 516
Loewenstein, R. (1958): Remarks on Some Variation in Psychoanalytic Technique. Int. J. Psycho-Anal., 39, S. 202. – Bemerkungen über einige Variationen der psychoanalytischen Technik. Psyche XIII (1959/1960)
Main, T. F. (1957): The Ailment. Brit. J. med. Psychol., 30
Panel Discussions (1957): Technical Aspects of Regression during Psychoanalysis. J. Amer. Psychoanal. Ass. 1958, VI
– (1957): Technical Aspects of Transference. J. Amer. Psychoanal. Ass. 1960, VIII
– (1959): Criteria for Analysability. J. Amer. Psychoanal. Ass., VIII
– (1960): Panel on Analysability. J. Amer. Psychoanal. Ass., VIII, S. 86–95
– (1963): Panel on Analysability. Bull. Philadelphia Ass. Psychoanal., 13, S. 36–39
– (1966): Severe Regressive States during Analysis. J. Amer. Psychoanal. Ass., 14, S. 538
Rank, O. (1924): Die Don Juan-Gestalt. Wien (Int. Psa. Verlag)
Reich, A. (1953): Narcissistic Object Choice in Women. J. Amer. Psychoanal. Ass., 1, S. 22
Rickman, J. (1951): Number and the Human Sciences. In: Psychoanalysis and Culture. New York (International Universities Press); auch in: Selected Contributions on Psychoanalysis. London (Hogarth Press) 1957
Searles, H. F. (1961): Sources of the Anxiety in Paranoid Schizophrenia. Brit. J. med. Psychol., 34, S. 129
– (1963): The Place of Neutral Therapist Responses in Psychotherapy with the Schizophrenic Patient. Int. J. Psycho-Anal., 44, S. 42
– (1963): Transference Psychosis in the Psychotherapy of Chronic Schizophrenia. Int. J. Psycho-Anal., 44, S. 249
Spitz, R. A. (1946): Anaclitic Depression, The Psychoanalytic Study of the Child. Bd. 2
Stanton, A. H., und M. S. Schwartz (1954): The Mental Hospital. New York (Basic Books)
Strachey, J. (1961): Editorial Notes to Freud's The Ego and the Id. Standard Edition, Bd. XIX

Weiss, E. (1957): A Comparative Study of Psychoanalytical Ego Concepts. Int. J. Psycho-Anal., 38, S. 212
Winnicott, D. W. (1949): Hate in the Conter-Transference. Int. J. Psycho-Anal., 30
– (1951): Transitional Objects and Transitional Phenomena. Int. J. Psycho-Anal., 34. – Übergangsobjekte und Übergangsphänomene. Psyche, 23 (1969)
– (1958): Collected Papers. London (Tavistock); New York (Basic Books)
– (1958): The Capacity to be Alone. Int. J. Psycho-Anal., 39. – Über die Fähigkeit, allein zu sein. Psyche, XII (1958/1959)
Zetzel, E. (1956): Current Concepts of Transference. Int. J. Psycho-Anal., 37, S. 372

## Bibliographie zum Spezialthema der oralen Abhängigkeit und verwandter Zustände


*Orale Abhängigkeit*

Alexander, F. (1950): Psychosomatic Medicine. London (Allen & Unwin), New York (Norton), S. 102–104, 133–134

Masserman, J. (1951): Some current concepts of sexual behaviour. Psychiatry, 14

Meerloo, J. (1952): Artificial ecstasy. J. Nerv. Ment. Dis., 115, 246–266

Grunberger, B. (1953): Oral conflicts and hysteria. Rev. Franc. Psa., 17

Friedman, L. J. (1953): Defensive aspects of orality. Int. J. Psycho-Anal., 34

Klein, Melanie et al. (1955): New Directions in Psychoanalysis. London (Tavistock); New York (Norton)

*Durchschnittlich zu erwartende Umgebungsbedingungen*

Hartmann, H. (1939): Ich-Psychologie und Anpassungsproblem. Int. Z. Psychoanal. u. Imago, 24; Psyche, XIV (1960/1961)

*Bedürfnisbefriedigendes Objekt*

Freud, A. (Kriegsjahre und 1963): Concept of developmental lines. Psychoanalytic Study Child, 18

*Extrauterine Matrix*

Mahler, M. (1952): On Childhood psychosis and schizophrenia. Psychoanalytic Study Child, 7

*Ausreichend gute Umwelt*

Winnicott, D. W. (1941): The Observation of infants in a set situation. In: Collected Papers. London (Tavistock); New York (Basic Books) 1958

*In der Regel liebevolle Mutter*

Winnicott, D. W. (1949): The Ordinary devoted mother and her baby. Collected Papers. London (Tavistock) 1958

*Primäre Mütterlichkeit*

Winnicott, D. W. (1956): Primary maternal preoccupation. Collected Papers. – Primäre Mütterlichkeit. Psyche, XIV (1960/1961)

*Tragefunktion*

Winnicott, D. W. (1960): The Parent-infant relationship. In: The Maturational Processes and the Facilitating Environment. London (Hogarth) 1965

*Grundlegende Einheit*

Little, Margaret (1960): On Basic Unity. Int. J. Psycho-Anal., 41

*Funktionserleichternde Umwelt*
Winnicott, D. W. (1963): Casework and mental illness, and Theory of psychiatric disorder. In: The Maturational Processes and the Facilitating Environment. London (Hogarth) 1965

*Schutzschild*
Khan, M. (1963): The Concept of cumulative trauma. Psychoanalytic Study Child, 18

*Mittler der Umwelt*
Spitz, R. A. (1965): The First Year of Life. New York (International Universities Press). – Vom Säugling zum Kleinkind. Stuttgart (Klett)

# Register

# dialog und praxis

## Psychologie · Therapie · Lebenshilfe

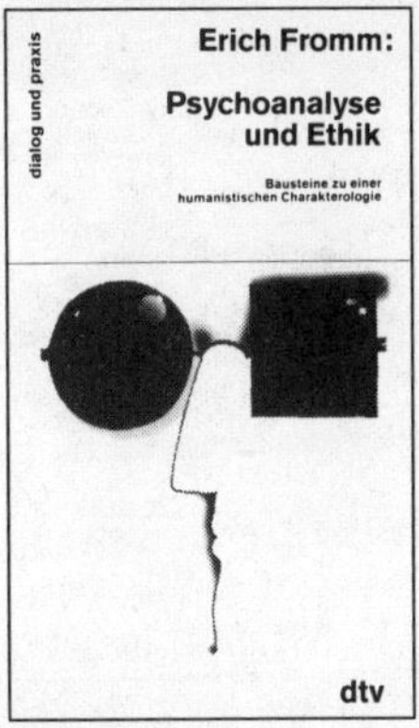


Erich Fromm:
Psychoanalyse und Ethik
dtv 15003

Erich Fromm:
Psychoanalyse und Religion
dtv 15006

Erich Fromm:
Über den Ungehorsam
dtv 15011

Eva Jaeggi:
Wir Menschenbummler
dtv 15014

Arno Gruen:
Der Verrat am Selbst
dtv 15016

Jerome D. Frank:
Die Heiler
dtv 15001

# dialog und praxis

## Psychologie · Therapie · Lebenshilfe

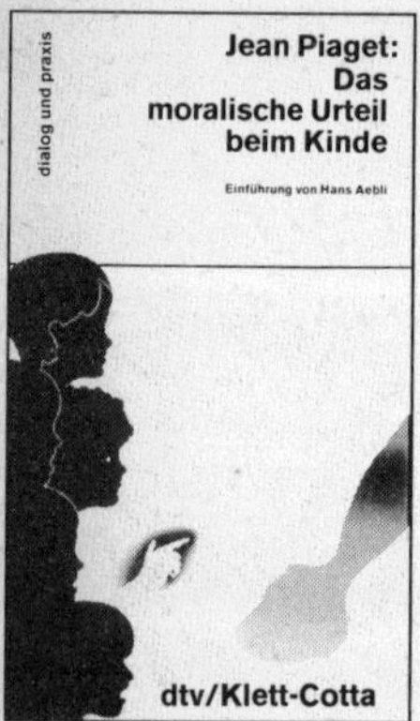


Jean Piaget:
Das moralische Urteil
beim Kinde
dtv 15015

Walter Kempler:
Grundzüge der Gestalt-
Familientherapie
dtv 15008

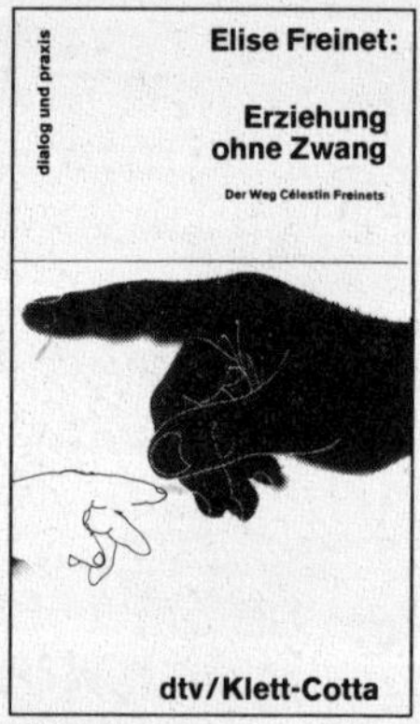


Elise Freinet:
Erziehung ohne
Zwang
dtv 15005

Katharina Zimmer:
Sie wollten nur mein
Bestes
dtv 15009

Rudolf Dreikurs, Shirley
Gould, Raymond J.
Corsini: Familienrat
dtv 15004

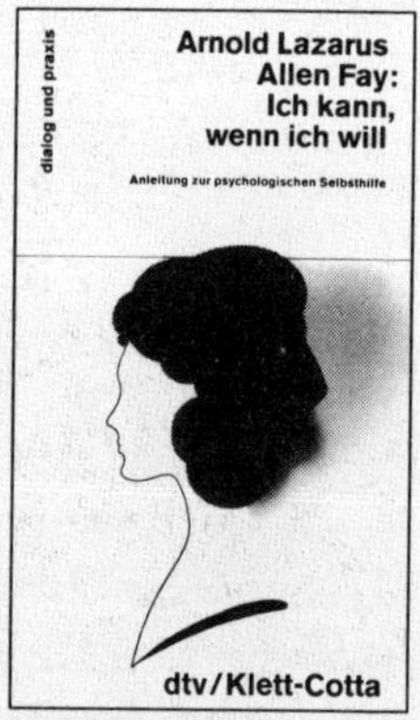


Arnold Lazarus,
Allen Fay:
Ich kann, wenn ich will
dtv 15002